北京市农产品供应策略

王绍飞　著

中国农业大学出版社
· 北京 ·

内 容 简 介

本书分析了北京市农产品供应的状况，并提出了相应的改进策略。全书共分为 9 章，其主要内容是：北京市农产品供应的总体状况和改进策略，北京市农产品消费市场的状况、影响因素、总体规模、总体结构和消费市场策略，北京市本地、外埠、其他农产品的生产供应状况和农产品供应地策略，北京市粮油、蔬菜、果品、畜产品、水产品、花卉的供应特点和策略，北京市农产品的供应渠道分析和渠道建设策略，北京市农产品的运输、仓储、配送、信息、冷链物流和物流改进策略，北京市农产品的价格形成过程、价格影响因素和价格制定策略，北京市农产品的质量安全状况和改进策略，北京市农产品的品牌状况和品牌建设策略。

图书在版编目(CIP)数据

北京市农产品供应策略/王绍飞著. —北京：中国农业大学出版社，2021.4
ISBN 978-7-5655-2578-0

Ⅰ.①北…　Ⅱ.①王…　Ⅲ.①农产品-供应链管理-研究-北京
Ⅳ.①F724.72

中国版本图书馆 CIP 数据核字(2021)第 142601 号

书　　名　北京市农产品供应策略
作　　者　王绍飞　著

策划编辑　赵　中　　**责任编辑**　赵　中
封面设计　郑　川
出版发行　中国农业大学出版社
社　　址　北京市海淀区圆明园西路 2 号　　**邮政编码**　100193
电　　话　发行部 010-62733489,1190　　读者服务部 010-62732336
　　　　　　编辑部 010-62732617,2618　　出　版　部 010-62733440
网　　址　http://www.caupress.cn　　**E-mail** cbsszs@cau.edu.cn
经　　销　新华书店
印　　刷　北京虎彩文化传播有限公司
版　　次　2021 年 4 月第 1 版　2021 年 4 月第 1 次印刷
规　　格　787×1092　16 开本　13 印张　240 千字
定　　价　68.00 元

前言

农产品供应是北京市的重要领域。北京市人口众多，人们的消费水平很高，这意味着北京市是一个巨大的农产品消费市场。农产品与人们的日常生活密切相关，人们对农产品的供应量、价格和质量非常敏感，这意味着农产品供应不容出错。北京市是一个国际化大都市，也是我国政治、文化中心，这意味着农产品供应影响着北京市的文化生活和首都形象。农产品供应是一个城市的基础产业，商业、农业和多种服务业与之相关，这意味着农产品供应对北京市经济发展有重要影响。

过去几十年，北京市农产品供应取得了令人瞩目的成就。农产品供应体系有明显变化，从以前的计划供应体系、农贸市场供应体系，转向以批发市场、生鲜超市为主体的供应体系，并逐步引入了直销配送、网络销售等方式。北京市城市建设发展迅速，城市扩张、居民聚集区分布和商业设施建设有明显变化，使农产品供应格局发生了变化。随着信息产业、现代物流技术、新型商业模式的出现，北京市农产品供应所采用的信息、储运、销售技术发生了重大变化。北京市农产品供应能力大大增强，农产品供应的数量、品种、质量、供应周期都有显著改善，农产品供应效率也有了很大提升。北京市对农产品供应相关产业进行了大力扶持，在支持外埠农产品生产基地建设、疏通农产品进京通道、批发市场建设、社区农产品供应点建设、农产品质量安全控制等方面进行了卓有成效的工作。

北京市农产品供应还面临着诸多问题和挑战。北京市自身农产品生产能力持续下降，农产品供应需要依赖外埠省区，因此农产品运销变得更为重要。人口增长和人们生活水平的提高使消费者对农产品数量、农产品品种、农产品质量、农产品消费方式有了更高要求。供应北京市消费市场的农产品也在发生变化，高端化、特色化、多样化农产品所占比例越来越大。农产品供应渠道较为狭窄，必须进行渠道扩展和寻找新型渠道。农产品物流出现了很多新技术，但北京市物流产业仍然跟不上整个农产品供应的要求。农产品价格持续上涨，平抑物价的难度非常大。农产品质量控制还没有真正规范化，相关法规、检验检疫、违规查处等方面还较落后。

北京市的农产品品牌建设还处于初级阶段，尚未建立起较为完善的制度体系。

有关北京市农产品供应的研究也存在不足。在过去很长时间里，人们常常从农产品流通的视角来进行研究。农产品流通是从农业生产角度出发，寻求农产品如何进入市场和实现农产品价值。农产品流通更倾向于宏观经济管理，试图从上到下建立农产品流通体系。这种研究以提高农产品价值为根本，希望掌控农产品流通渠道，因此倾向于加强垄断和提高价格。正因如此，很多农产品流通的研究者提出了大量建议，但北京市农产品消费者所面临的困难却越来越多。

在较为深入研究北京市农产品流通问题后，我们逐步认识到问题的根本就在于多数研究没有站在消费者立场上。农产品生产者和农产品消费者是对立的两方，生产者自然希望获得更多收益，而消费者自然希望获得更多便利。因此，我们必须改变视角，从客观、中立的角度，将农产品流通和农产品运销相结合进行研究。

本研究共分9章。第一章研究了北京市农产品供应的总体状况和总体策略，它是本研究的引导。第二章研究了北京市农产品消费市场的状况，以此作为北京市农产品供应体系建设的出发点。第三章研究了北京市农产品的生产情况，重点是外埠省区和北京市本地的农业发展。第四章研究了不同类型农产品的供应特点，涉及粮油、蔬菜、果品、畜产品、乳品、水产品、花卉等七类主要农产品。第五章研究了北京市农产品供应渠道，主要包括从产地到零售终端的传统的和新型的渠道。第六章研究了北京市农产品物流，主要包括运输、存储、配送、信息和冷链物流等。第七章研究了北京市农产品价格，主要包括农产品的形成过程、影响因素和控制方式。第八章研究了北京市农产品质量安全状况，探讨了改善农产品质量安全途径。第九章研究了北京市农产品品牌，重点研究改善农产品品牌建设。

本研究是过去几年对北京市农产品供应问题探索的总结，这些探索能够让我们发现一些问题，也让我们提出了一些想法。我们希望本研究对改善北京市农产品供应有所帮助，也希望以此保留一些过去几年工作和生活的印迹。

作　者

2021年1月

目录

第一章　北京市农产品供应总论

一、农产品供应策略的相关概念

(一)农产品

农产品是指农业中生产的物品。农产品生产受光、温、水、病、虫、天气等自然条件的影响很大,生产结果具有不稳定性。农产品生产者难以按合同方式进行生产,因而会面对较大风险。农产品是生物产品,如果不能及时销售和消费,就可能变质腐坏并丧失价值。农产品生产的规模受环境条件制约,生产周期很长。生产周期决定了农产品产量不能中途变更,因此难以适应需求变化。大部分农产品是直接销售,或仅进行简单的初加工后进行销售,因而农产品的附加值很低。农产品较为笨重,在产品运销过程中需要投进较多的人力、物力,因而运销成本较高。农产品价格受多种因素的影响而常常出现剧烈变化,价格的剧烈变化导致生产者的收益变化无常。大部分农产品的生产具有高度的季节性,产品上市时间非常集中。农产品运销需要强大的运输、仓储条件,这也给农产品生产者和运销者带来很大压力。

按照我国对农产品的分类,初级农产品是指种植业、畜牧业、渔业所生产的产品,但不包括经过加工的各类产品。初级农产品包括烟叶、毛茶、食用菌、瓜果和蔬菜、花卉和苗木、药材、粮油作物、牲畜和禽兽虫等动物类产品、水产品、林业产品、其他植物等。在北京市销售的农产品通常是指初级农产品,但并非涵盖所有初级农产品。按照北京市社会经济发展统计的分类,居民日常生活需要的农产品包括八类,即粮油、蔬菜及食用菌、果品、畜产品、乳品、禽蛋、水产品、花卉。在这些农产品分类中,也含有少部分加工农产品。

粮油作物是指小麦、稻谷、大豆、杂粮、甘薯、花生、芝麻、菜籽、棉籽、葵花籽、蓖麻籽、棕榈籽,粮食是指可以直接食用的粮油作物,食用油则是粮油作物加工后的产品。蔬菜及食用菌包括瓜、菜、食用菌,但不包括果品;这类农产品主要用于餐饮食物。果品被单独分类，包括干果、鲜果。畜产品包括猪、牛、羊等鲜肉和鸡、鸭等禽肉，但不包括深加工的肉食产品。禽蛋有时计入家禽产品，有时会单独分类。乳品包括鲜乳和乳制品，其中鲜乳实际上是畜产品，而乳制品是加工产品。水产品包括淡水产品和海水产品，产品形态有鲜活产品、冷冻产品、干制品。花卉是用于生活和绿化的产品，但不包括林木。有些农产品消费总量较小，因此不计入常规统计分类，例如烟叶、茶叶、药材、虫鸟产品等。原木、原竹、生漆等林业制品和棉花、麻、荆条、草等其他植物产品不能直接作为食物，因此通常不列入农产品供应范围。

（二）农产品供应

农产品供应是从农产品流通发展而来的，是侧重农产品运销领域的经济活动和商业活动。

农产品流通是指农产品中的商品部分，通过买卖的形式实现从农业生产领域到消费领域转移的一种经济活动。农产品流通包括农产品的收购、运输、储存、销售等一系列环节。农产品流通的基本作用在于实现农产品的价值，为农业再生产和扩大再生产提供条件；满足城乡人民的农产品需要；调节产销矛盾，引导农业生产；维持农业和其他产业的产品供需关系；提高经济效益，减少农产品损耗。农产品流通受农产品自身的影响而具有多种特点。农产品生产具有明显的季节性，而农产品消费具有常年性，因此农产品流通需要农产品储备和农产品均衡上市。农产品生产具有地域性，而农产品消费具有集中性，因此农产品流通强调渠道。农产品具有易腐、易损、体积大等特点，因此农产品流通的物流技术复杂、经营风险较大。农产品生产是分散生产，而农产品消费是群体性的大规模消费，因此农产品流通需要较强的政府干预。

农产品供应是以消费者为服务对象，通过对信息流、物流、资金流的控制，经由农产品生产者、经营者、运销者，最终由销售网络把农产品送到消费者手中的过程。农产品供应是一个服务过程，它需要在复杂多变的竞争环境下，以最低的成本、最快的速度、最好的质量为消费者提供最满意的农产品和相关服务，通过不断提高消费者的满意度来赢得市场。农产品供应是一项商业增值活动，通过一系列的加工、包装、运输等过程而增加农产品的价值，并给相关企业带来收益。农产品供应是多种主体相互交融的有机体系，每个主体都有自己的目标、经营策略、内部结构和生存动力，因此农产品供应具有很强的系统性、策略性。

（三）农产品供应体系的基本构成

农产品供应体系从总体上是农产品流通和农产品运销的结合体。

农产品流通是研究者经常关注的领域，它是指农产品从生产领域流向消费领域的运动过程。多数研究者从政府角度考察农产品流通，重点是研究农产品流通体系的建设与发展。农产品流通由生产者、消费者、农产品和流通渠道构成，渠道是流通体系的核心。农产品流通体系的建设与发展以农产品流通效率为目标，并通过产供销协调来提高流通效率。

农产品运销是商业领域研究的内容，它是指针对农产品所进行销售和经营的活动。农产品运销是从企业角度所进行的考察，重点是研究农产品运销的方式方法。农产品运销也要研究农产品和销售渠道，同时还关注农产品销售过程中的物流、价格、质量和品牌等问题。农产品运销以利润为核心，研究者通过探讨运销策略和规范来提高农产品运销的效益。

农产品流通和农产品运销是紧密相关的，二者是从不同角度考察同一对象。随着市场经济的发展，单纯从政府角度考察农产品流通会与现实相脱节；但农产品作为关系民生的特殊商品，脱离政府而仅从企业角度考察农产品运销也较片面。正因如此，农产品供应需要将农产品流通与农产品运销结合在一起，以体现政府管理和商业运作的统一性。

农产品供应体系可以包括 8 个部分，即农产品生产、农产品消费市场、农产品、农产品供应渠道、农产品物流、农产品价格、农产品质量安全、农产品品牌。

农产品生产是农产品供应的起始阶段。农产品生产主要涉及农产品种养殖和农产品初加工，它受生产地区的自然条件、农业产业政策、农业生产技术的影响。农产品生产能力、农业产业布局决定了农产品初始成本和来源，它对整个农产品供应体系有主要影响。农产品供应策略的出发点之一就是实现农产品生产的价值。

农产品消费市场是指农产品消费需求状况，它一般分为消费者行为、总体消费市场状况和市场影响因素。农产品消费市场特征决定了农产品供应，这些特征包括农产品消费的种类、数量、方式、价格等。农产品供应策略以农产品消费市场要求为根本，是实现农产品消费市场要求的方式方法。

农产品本身是农产品供应的具体对象。农产品有别于其他商品，它具有易腐易损、运销困难的特点；农产品是人们日常必需品，对社会民生有重要影响。农产品的特殊性决定了农产品需要一套相对独立的供应体系。与此同时，不同农产品有其各自的特点，因此不同农产品的供应渠道和运销方式有很大差别。

农产品供应渠道是联系生产者和消费者的通道，它是农产品流通研究中的重点。农产品供应渠道包括产地批发市场、销地批发市场、生鲜超市、社区菜市场、农贸市场等传统渠道，也包括网络销售、农产品配送、农产品社区直通车等新兴渠道，而粮油国家收储系统、农业展会、农业观光旅游也可视作农产品供应渠道。农产品供应渠道对运销方式有重要影响，它也是制定农产品供应策略的基本依据。

农产品物流是指农产品运销活动，它具有很强的技术成分。农产品物流也可视作具体农产品实物经由供应渠道的运动过程。农产品物流涉及农产品的运输、仓储、配送，以及信息和二次加工活动。农产品物流的重点是物流设施和物流方式，它对农产品运销的中间成本影响很大。

农产品价格也是农产品供应所涉及的重要领域，它关系着农产品供应的效率和效益。农产品价格由农产品生产加工成本、农产品运销成本、商业利润和各种税费构成，并受自然条件、市场变动和多种因素的影响。农产品价格不是孤立的，它是整个农产品供应体系的综合反映。政府和企业看待农产品价格的视角不同，政府希望能够把控农产品价格，企业则希望利用价格上涨获得更多利润。

农产品质量安全是人们关注较少的领域，但它也能反映农产品供应体系的综合状况。农产品质量安全是消费者所获得农产品的质量安全保障。农产品的质量安全发生在生产和运销过程，农产品质量安全管理包括质量认证、质量检验、质量宣传、不安全产品查处等。农产品质量安全与农产品价格密切相关，两者的均衡点就是农产品供应体系的最优状态。

农产品品牌管理也是农产品运销中所涉及的，它是促进农产品销售的重要手段。农产品品牌在农产品流通和农产品运销中的地位完全不同，农产品流通几乎看不到品牌的身影，而农产品运销则必须进行品牌建设和管理。

（四）农产品供应体系所追寻的目标

农产品供应的根本目的是向消费者提供质高价廉的农产品，因此产品、服务、效率、成本是农产品供应体系追寻的根本目标。

从产品角度看，农产品自身好坏取决于品种、保鲜度、质量安全，而农产品供应体系还涉及农产品的多样性。农产品品种与产品市场和供应难易有关，高端特色农产品的受众面窄，大路农产品的价格低廉，农产品供应体系总是在价格、质量上求得平衡，以求得最佳经济效益。农产品质量涵盖了保鲜度和质量安全。农产品不同于其他商品，它对保鲜度要求很高，而保鲜度又与运销时间、运销方式有直接关系。农药残留、有害物质、各种添加剂对农产品质量安全影响最大。农产品的生产、加工、运销过程决定了农产品质量，农产品在供应过程中的追求目标是防止有毒有害物质进入，同时阻止低质伪劣农产品流向消费者。

从服务角度看，农产品应方便购买、满足消费者的高品质要求。农产品是日常消费品，人们购买农产品的频率高、每次购买的数量少，购买距离和销售网点分布对便捷性影响很大。一般而言，人们希望就近购买农产品，但销售网点过于简陋会降低农产品的销售服务品质。服务多数发生在零售终端，卖场环境、销售人员素质、价格、包装等直接影响人们购物的满足感；网络购物、配送等销售方式中送货时间、包装、价格也是影响人们满足感的直接因素。

从效率角度看,农产品供应的速度和供应量最为直观。农产品供应的速度越快,农产品的保鲜度越好、农产品耗损会降低;供应量越大,则受众面越大、均摊运销成本越低。但从深层次看,农产品供应效率实际是整个农产品供应体系的运行效率,它受渠道、销售方式、管理方式、市场关系等多方面的影响。渠道连接着生产者和消费者,渠道拓展面越广,分销速度越快;渠道中间环节越多、渠道中存在垄断环节、渠道脱节,则分销速度越低。从销售方式看,传统农贸市场的分销效率最差,生鲜超市的购物环境好,但运营成本高,配送和网络销售较为方便。在管理上,批发市场、生鲜超市较为容易管理,但社区菜市场、配送等企业则难于管理。

从成本角度看,人们的希望和现实之间存在差异。成本较低是农产品供应效率较高的一种表现特征,它说明供应过程中的渠道环节少、分销速度快、浪费较低,因而在终端价格上会较低。但是,很多因素会导致农产品供应成本增加,例如物流成本、商业利润、管理费用等。

在一个城市的农产品供应体系中,产品、服务、效率、成本总是相互影响的。人们总是希望农产品的品质更好、消费更为便利、分销效率更高、产品价格更低,并使几个方面相对平衡。

(五)农产品供应的策略

策略是为了实现某一个目标,根据复杂的影响因素而制定的行动方案。农产品供应的策略受政府的产业政策和企业的经营模式的双重影响。

产业政策是政府为了实现一定的经济和社会目标而对产业的形成和发展进行干预的各种政策的总和。产业政策主要通过制定国民经济计划、产业结构调整计划、产业扶持计划、财政投融资、货币手段、项目审批等来实现。产业政策的功能主要是弥补市场缺陷、有效配置资源、扶持产业成长、调整经济活动、增强发展能力。在农产品供应中,政府侧重于以农产品流通作为产业政策的基本构架。

经营模式侧重于企业微观经营活动,它是企业为实现目标所采取的方式方法。经营模式是企业对市场做出反应的一种方式,这种方式一般在特定的环境下是有效的。在农产品供应中,经营模式涉及产品定位、渠道选择、物流技术、价格制定、质量管理、品牌建设等一系列内容。

二、北京市农产品供应的总体状况

(一)21 世纪北京市农产品供应的发展状况

1.“十五”和“十一五”期间北京市农产品供应的发展

21 世纪初,北京市农产品供应体系开始建设,初步形成了以市场为载体的农产品供应框架体系。至2000年年底北京市经营农产品的市场共有410家，其中以批发经营为主的有52家，零售为主的358家，年交易量约为762万t。北京市是农产品销售区，本地生产的农产品占农产品供应量比重比较小。多数农产品来自外埠省区，这些农产品通过农产品批发市场进入北京市，并经各类早市、集贸市场、社区菜市场进入消费者手中。这一时期，经由批发市场的农产品达到90%，通过各类早市、集贸市场、社区菜市场进入消费者手中的比重也达到90%。北京市占地1万m^2以上，交易额超过1亿元的农产品批发市场有18家，其中60%集中分布在三环路和四环路附近。这一时期，大钟寺农产品批发市场规模较大，其他市场分布在四道口、左安门地区，总占地面积20万m^2左右。随城市环境整治力度加大，除保留部分早市外，占路市场已基本取缔，新建及利用闲置空地、厂房改造的社区菜市场初步替代了过去占路地摊市场，为方便居民买菜发挥了一定的作用。以农产品经销公司、农产品物流配送中心及生鲜超市为代表的新兴农产品供应方式在农产品供应体系中取得初步发展，为建立现代化的农产品供应渠道奠定了一定的基础。

这一时期，北京市农产品供应主要存在的问题，一是供应规模小，渠道杂乱。这一时期仍以传统供应模式为主，通过新兴供应渠道进入消费领域的农产品比重太低；二是市场机能未能理顺，批发和零售功能在空间上混为一体，导致人流、物流混杂和环境污染；三是市场用地与城市功能发生矛盾，很多市场属于临时占地、设施简陋；四是管理环节薄弱，缺乏对农产品卫生、防疫和安全等的有效监控。

21世纪初，北京市制定了跨越“十五”和“十一五”的农产品供应发展规划。该规划提出，2002—2008年北京市农产品供应的发展目标是构建与北京市经济发展和市民生活品质不断提高相适应、与国际接轨的现代化农产品供应体系，使北京成为辐射华北乃至全国、连接世界的农产品供应枢纽。到2005年，培育8～10个大型农产品经销公司，建成20～30个农产品物流配送中心，并带动郊区绿色安全农产品生产基地的形成和发展；规划市区形成9个左右规范化的大型农产品批发市场；在加强现有社区菜市场规范化管理的同时，重点发展一批连锁经营的社区生鲜超市。到2005年，郊区力争100%以上的食用农产品生产基地达到安全食品标准，力争20%以上的食用农产品生产基地达到绿色食品标准；规划市区的农产品通过经销公司销售的达到20%～30%，通过批发市场销售的有70%～80%；在农产品的零售业中，连锁超市、社区菜市场的销售比重达到70%～80%，早市、集贸市场的销售比重降为20%～30%。到2008年，农产品通过经销公司销售的达到30%～40%，批发市场经由率有60%～70%；连锁超市、社区菜市场、无店铺销售的销售比重达到90%以上，早市、集贸市场的销售比重降到10%以下。

在农产品供应渠道方面，建设现代化的新兴供应渠道和规范化的传统供应渠道共同承载北京市农产品的供应。新兴供应渠道由“生产者或代理商→农产品经销公司→超市→消费者”构成，是北京农产品供应的主要发展方向。传统供应渠道由“生产者或代理商→农产品批发市场→社区菜市场(向生鲜超市过渡)→消费者”构成，是一定时期内北京农产品现代化新兴供应渠道的重要补充。

在经营主体方面，形成农产品经销公司、农产品物流配送中心、农产品批发市场、农产品零售企业的经营主体结构。农产品经销公司是从事农产品供应的专业批发商，是农产品进入北京市场的主要通道。农产品物流配送中心是农产品供应的物流枢纽，承担加工、配货、储藏、运输等职能，主要类型有农产品经销公司设立的物流配送中心、连锁集团设立的物流配送中心、第三方物流配送中心。批发市场是产地农产品进入北京市区的基本通道，规划建设9个左右大型综合农产品批发市场。零售环节直接面对农产品消费者，主要零售渠道包括生鲜超市、社区菜市场、无店铺销售公司。

2002—2005年北京市农产品供应发展主要完成的任务有：(1)制定和发布批发市场、社区菜市场、生鲜超市的规范化标准，制定发布农产品卫生、安全和分级、包装标准；参照国际发达城市经验，制定与北京市情相适应的《批发市场交易法》。(2)发展8～10个农产品经销公司和若干农产品供应公司；建成20～30个农产品物流配送中心。(3)基本完成规划确定的9个大型农产品批发市场、三环内现有批发市场的改造和调整；规范和提高现有社区菜市场，重点发展连锁经营的社区生鲜超市。(4)实现各供应环节农产品的卫生、安全标准化；并实行对农产品供应人、承销人和零售商的备案、不良记录通报制度和农产品安全责任连带制度。(5)在条件较好的批发市场实现农产品分级、包装标准化，并试行拍卖制。

2006—2008年北京市农产品供应发展主要完成的任务有：(1)农产品进入北京市场必须通过认证的农产品经销公司或批发市场。(2)扩大农产品拍卖的场所和品种。(3)建立农产品供应信息网络系统，实现生产和交易信息联网管理。(4)基本建成由现代化的新兴供应渠道与规范化的传统供应渠道共同承载的农产品供应网络体系。

2.“十二五”期间北京市农产品供应的发展

“十一五”时期末，北京市建立完成了以销地农产品批发市场为核心的农产品供应体系，多种渠道、多种方式地满足了农产品供应需要和居民生活消费需求，有效保障了首都城市平稳运行和经济社会发展；北京市也成为我国北方地区农产品供应网络重要枢纽。这一时期，北京市已形成了大型农产品批发市场为主要集散中心、区域性批发市场为重要节点的批发市场格局。北京市综合型和区域性综合型农产品批发市场成为整个农产品批发市场格局的重要组成部分。这一时期，北京市初步形成了京西南、京东、京北3个大型农产品批发市场聚集区。9个大型农产品批发市场合计建筑面积达到220万m^2，批发市场基础设施、交易设施、冷链仓储设施有了很大改善，全部建成检测检疫中心、信息中心和安全监控中心，实现了对农产品主要品种的快速检测、价格和交易信息的及时发布。北京市在全国率先建立了蔬菜政府储备和轮换机制，保证了应急状态下的市场供应。在此期间，北京市完成了进京农产品公路体系建设，按运输量分别为京沪高速、京开高速、京哈高速、京藏高速、京港澳高速、京承高速。在此期间，菜市场、生鲜连锁超市、网店等多样化的零售网络初步形成，既满足了普通居民的基本需求，也适应了居民消费结构升级后的差别化需求，为不同消费层次的居民提供了多元化的选择。主要的农产品供应方式有"农超对接"与"农餐对接"模式、运销专业户供应模式、公司加农户供应模式，其中后两种供应模式都经过批发市场环节，占市场交易总量的80%左右。

这一时期，北京市农产品供应主要面临的问题是农产品自给率偏低，对外依存度较高。城市规模快速发展，同时北京市农产品生产前端和零售末端组织化、规模化水平较低，尤其是一家一户的零售摊商小规模分散进货，导致了农产品物流配送比例较低，农产品批发市场难以远离中心城区，农产品批发市场层次不高。

"十二五"时期，北京市农产品供应发展的主要目标有：农产品批发市场基础设施完善、功能增强；北京市大型农产品批发市场新建项目投入使用；农产品零售网络全面覆盖、分布合理；农产品物流配送渠道通畅、效率提高；初步形成以批发市场为核心、以物流配送中心为支撑、以零售网络为保障的现代农产品供应体系。"十二五"时期，北京市农产品供应发展的具体指标有：北京市蔬菜自给率由不足30%提高到35%；形成2个北京市性综合农产品批发市场，承担北京市80%左右的市场供应量；新增规范化菜市场150个，形成比较完善的农产品零售网络；构建现代化农产品物流服务体系。果蔬、水产品、肉类等三类农产品冷链供应率由目前的10%、30%和50%分别提高到20%、45%和70%以上；生活必需品政府储备能力进一步增强，应急保障体系更加完善。耐储蔬菜品种政府储备应急供应天数达到5天。

在批发市场建设上，主要是优化空间布局、完善功能定位、加强功能配套、加快转型升级。"十二五"期间，形成2个北京市大型综合型农产品批发市场，各远郊区县确保1个区域性综合型农产品批发市场，建立起"2+15"的农产品批发市场体系。巩固新发地农产品批发市场蔬菜、水果交易供应的核心地位，使之成为保障北京市农产品市场供应的主要渠道。在黑庄户地区高水平规划建设北京市性综合型农产品批发市场，使之成为与新发地市场共同形成保障北京市农产品市场供应的双核保障机制。支持现有重点农产品批发市场在保障区域农产品供应的基础上，突出重点、错位经营，逐步向专业化、特色化发展。同时，加快提升物流配送能力，逐步向专业物流配送中心转型。远郊区县区域性农产品批发市场进一步提高承载北京市性综合型农产品批发市场农产品转运能力以及本地农产品的交易集散能力，保障区域农产品市场供应，并逐步发展区域特色，提高专业化经营水平。建设功能完善、设施齐全的现代化北京市大型综合农产品批发市场，应具备交易、集散、储藏、加工、配送等功能，应具备结算中心、信息中心、检测监测中心、安全监控中心、废弃物废水处理中心、加工中心、冷藏中心、配送中心等相关设施。场内应合理设置交易区、加工区、冷藏区、配套商务区和居住区。批发市场应建立规范化的现代企业制度，进场商户实行会员制和公司化经营管理方式，场内交易实行统一电子结算。将新建批发市场建设成为展示北京市农产品生产组织化、规模化水平，展示农产品供应骨干企业现代化的经营管理水平，展示与世界城市和国际商贸中心相适应的现代化批发市场的示范窗口。在四环内，引导岳各庄、大洋路农产品批发市场与大型生产、加工、供应企业进行对接，向农产品物流配送中心方向转型发展。在四环外，农产品中央批发市场对原有市场进行改造提升，稳定供应，提高效率，新建市场启用后则会选择时机将其迁出。引导锦绣大地农产品批发市场在充分发挥粮油等农产品集散功能的同时，强化物流配送功能。进一步巩固顺鑫石门、八里桥、城北回龙观、水屯等区域批发市场农产品集散和物流配送功能。在五环内，禁止新建农产品批发市场，严格限制现有市场扩张占地规模。积极创造条件推动五环内农产品批发市场实施梯度调整。

在农产品供应模式上，北京市的主要任务是发展现代供应模式和提升传统供应模式。发展现代供应模式包括大力发展"农超对接""农餐对接""场店对接"、无店铺供应等以物流配送为特征的现代供应模式，减少供应环节，提高供应效率。现代供应模式交易量占比由20%上升到30%。提升传统供应模式包括促进批发市场向生产前端和零售末端双向延伸，强化物流配送功能，逐步向现代供应模式转型升级，形成传统模式与现代模式相互补充、共同发展的供应格局。传统供应模式交易量占比由80%下降到70%。

在农产品供应体系管理上，按照"市管批发、区管零售"责任划分原则，市管批发、管储备，区管终端、管零售。同时，充分调动社会和企业积极性，整合各种资源，共同推进农产品供应体系建设。市管批发是指政府相关部门密切配合，共同建立农产品日常供应保障机制和应急供应保障机制。区管零售是指区县政府负责以菜市场为重点的农产品零售网络规划建设和运行管理，提高菜市场组织化、规模化水平。

3."十三五"期间北京市农产品供应的发展

"十二五"期间，北京市初步建成了以农产品生产基地和产地批发市场为源头，以销地批发市场为枢纽，以城市物流为链条，以社区菜市场、菜店、超市等为终端的多渠道、多层次、多样化农产品供应体系。生活必需品货源充足，市场运行总体平稳。在此期间，生活必需品政府储备和应急投放体系建设进一步加强；启动了肉菜供应追溯体系试点建设。"十二五"期间，北京市各大农产品批发市场不断完善交易设施，加强信息、检测监测、安全监控、废弃物处理、冷藏、加工配送中心建设，交易环境和市场功能不断完善，供应效率不断提升。农产品零售网点覆盖率和规范化、连锁化水平不断提高。大型传统农产品批发市场开始向"集散批发＋物流配送＋电子商务"转型；大型连锁超市、餐饮企业加强"农超对接""农餐对接"，建立农产品直采直供体系；专业化生鲜农产品电商和专业化生鲜农产品超市开始出现并快速发展；网络平台与实体店铺线上线下相融合的新型生鲜农产品销售模式起步发展；蔬菜经营企业积极开通社区直通车服务，填补社区蔬菜零售网点空白。"十二五"期间，确立了"市管批发、区管零售"农产品供应管理体制，依法推动北京市蔬菜零售网点建设和管理各项工作。创新政府资金支持方式，设立了北京农产品供应产业发展基金，股权投资大型公益性农产品批发市场及其他农产品供应领域项目。

"十二五"期间，北京市农产品供应存在的主要问题有：部分农产品批发市场还存在用地不符合规划、交易设施不足、交易方式相对落后、信息化程度较低、环境秩序混乱、场内经营主体规范化组织化程度不高等问题；农产品零售终端规范化、连锁化、品牌化程度不高；农产品物流专业化程度较低，第三方物流配送发展不够充分，生鲜农产品封闭冷链体系不健全；农产品供应领域的食品安全保障体系建设相对落后，还无法实现农产品供应过程中的全程可追溯。

"十三五"期间，北京市农产品供应的目标是：到2020年，基本建成以农产品生产基地、产地市场为源头，以环首都一小时鲜活农产品供应圈为基础保障，以新发地农产品批发市场和北京鲜活农产品供应中心为双核，以区级农产品批发市场为节点，以规范化、连锁化、品牌化的社区零售网点为终端，以农产品绿色配送系统为链条，以生鲜电商为补充，与建设国际一流和谐宜居之都要求相适应的，供应稳定、规范有序、模式先进、高效畅通、绿色安全的现代化农产品供应体系。

"十三五"期间，北京市农产品供应的主要任务有：(1)加强京津冀农产品供应统筹协调，加快建设环首都一小时鲜活农产品供应圈，引导与鼓励北京市农产品生产、批发与零售企业在京郊、津冀地区及全国主要农产品供应地发展生产基地或与产地生产企业和合作社进行战略合作，提升基地农产品在北京市场的供应比例，提升北京市农产品供应体系的保障能力。(2)加快新发地农产品批发市场转型升级，高水平建设运营北京鲜活农产品供应中心，共同构成北京市农产品供应“双核”保障格局。在农产品批发集散功能基础上强化公共物流配送功能，发展形成“批发集散＋电子商务＋物流配送”的现代化农产品供应枢纽。四环内的农产品综合批发市场和专业批发市场应向农产品零售市场或农产品配送中心转型。中心城区以外的各区，原则上保留一个符合规划要求的区级农产品综合批发市场，鼓励承接中心城区农产品专业批发市场疏解转移，鼓励结合农产品产销需求发展产地农产品批发市场。通州八里桥农产品中心批发市场搬迁至通州区漷县镇；在昌平区南口地区(南口农场)新规划建设一个农产品综合批发市场。(3)引导农产品初加工向农产品供应体系链条前端转移，支持农产品生产企业和农产品供应企业在农产品生产基地和产地批发市场建设发展加工分拣中心，逐步实现半净菜、净菜进京；支持北京市农产品批发市场建设加工配送中心，提供农产品精加工、深加工服务，扩大机关团体企业食堂和餐饮企业食品原材料成品和半成品配送结构比例。(4)因地制宜发展规范化、连锁化、品牌化社区菜店、菜市场、生鲜超市、综合超市搭载、社区蔬菜直通车等多种形式农产品零售终端；鼓励农产品零售与其他社区商业业态功能集成，鼓励各类农产品零售终端与电商平台线上线下融合发展。“十三五”期末，实现北京市社区蔬菜零售网点全覆盖，城市社区规范化、连锁化、品牌化蔬菜零售网点比例达到40%以上。(5)引导农产品的集中配送和纵向一体化服务。鼓励引导农产品批发市场和大型连锁超市设立农产品配送中心，链接农产品生产基地和消费终端。推进发展农产品公路、铁路、航空联运，统筹使用农产品物流资源，构建高效便捷的农产品城市集中配送链条。进一步优化物流组织模式，积极推广末端集中配送、共同配送，提高集约化程度。推动生鲜农产品冷链物流的发展。鼓励农产品生产基地、批发市场、冷链物流企业加强冷链基础设施建设，推广现代冷链物流管理理念、标准和技术，建设具有集中采购和配送能力的冷链物流中心，配备预冷、低温分拣加工、冷藏运输、冷库等冷链设施设备，建立覆盖农产品生产、加工、运输、储存、销售等环节的全程冷链物流体系。(6)进一步发挥北京市农产品供应产业发展基金作用，支持培育发展农产品供应龙头企业，打造具有较强影响力的农产品供应品牌，优化整合农产品供应链条，推动农产品供应企业集约化、规模化、品牌化发展。(7)鼓励各类农产品供应主体广泛应用现代信息技术手段，完善提升企业信息管理系统，建设电子交易平台，推进产销线上对接与交易，发展农产品电商零售终端。完善生活必需品供应市场监测体系。实现生活必需品从源头到终端、从品质到价格等相关环节的全程监测，通过产销信息和价格指数，构建价格引导机制，预警和应对市场价格的波动。完善农产品追溯体系建设。贯彻落实北京市重要产品追溯体系建设实施方案，加快推进农产品追溯体系建设。进一步完善肉菜供应追溯体系，扩大追溯覆盖范围，提高猪肉可追溯比重和覆盖率，以净菜包装企业、连锁超市、直供直销企业为重点，逐步扩大蔬菜追溯覆盖范围。推广应用“北京E追溯”手机App和微信公众号，为消费者提供便利的追溯查询服务。(8)按照北京市人口、消费变化情况和应急保障需求，进一步完善生活必需品政府储备体制机制，建立健全政府储备和企业储备互为补充的储备制度，增强政府储备防范和应对风险能力，使储备结构更加优化、储备规模更加合理、储备品种更加科学、储备保障能力显著提升。完善应急投放体系，强化政府储备监管，确保在应急状态下，北京市生活必需品供应迅速、顺畅、到位，保障有力，维护首都市场供应稳定和城市安全运行。

(二)北京市农产品供应体系的特点与问题

1. 北京市农产品消费市场的特点与问题

北京市农产品消费市场的总体规模巨大，其根本来源是北京市的人均消费量和人口总量。北京市居民农产品消费持续向高层次发展，主要表现为消费的农产品种类更多，更加注重农产品质量安全，农产品加工形式更为多样。北京市居民的农产品消费有结构上差异，差异最大的是城乡差异、家庭收入水平差异。北京市居民农产品消费所面临的困难将长期存在，矛盾最为突出的是农产品价格过高、鲜活农产品的品质较差、购买农产品不方便。造成北京市居民农产品消费困难的因素很多，其中最主要是人口增长、供应体制、农产品销售条件等，而这些因素在短期内难以彻底改变。

北京市农产品消费市场的正面影响是为农产品销售创造了巨大空间。市场空间是产业发展和商业利润的来源，北京市的农产品消费市场为农产品供应产业带来了活力。另外，农产品是人们日常生活的必需品，如果无法满足人们的农产品消费需要，将会产生许多社会问题，因此北京市农产品供应也面临着巨大压力。

2. 北京市农产品生产地的特点与问题

北京市本地农产品生产无法满足自身需要。北京市农产品自给率不足是整体的、长期的，并且还将继续下降。产需现状表明，北京市只能更加依赖外埠省区的农产品供应，农产品供应产业的地位将进一步提升。

近年北京市周边省区的农业生产发展迅速，多数农产品产量居全国前列，农产品供应能力显著提高。

交通条件正在改变农产品供给的格局，其延伸形态扩大了进京农产品供给地的范围。交通条件的改善促使农产品供给地域更加远离城市。这种变化使农产品的生产成本下降，却使农产品的供应成本增加。因此，北京市农产品供给地的分布不是简单地从北京市向外辐射，而是成本适中的环形地域。

产地批发市场和经销商对农产品供给地的分布有重要影响。产地批发市场规模越大，经销商水平越高，则农产品供应量越大，该地区的地位越高。因此，农产品供给地不是自然地域的均匀分布，产地批发市场和经销商对其分布有重要作用。

近年其他地区和城市的社会经济发展和人们生活水平提高，也加大了这些地区和城市对农产品的需求，从而对外埠农产品供应量产生了分流。特别是天津、河北的大中城市及未来的雄安地区对北京市农产品供应有明显的阻隔作用。北京市在整个农产品消费市场中的地位相对下降，因此北京市的农产品供给地应向西部和北部扩张。

3. 北京市不同农产品供应的特点与问题

北京市日常消费的农产品包括蔬菜、果品、粮油、畜产品、乳品、水产品、花卉等，不同农产品的供应方式和所面临的问题有较大差别。

蔬菜价格受种植茬口、蔬菜上市品种、生产方式、季节等因素影响，而且供应环节较多、供应效率较低，容易造成价格持续上涨。北京市蔬菜供应渠道狭窄，因而形成一定程度上的垄断经营。零售网点较少且分布远离居民区，居民买菜较为困难。

北京市果品供应的渠道、销售方式与蔬菜相似，同样也存在价格过高、运销效率较低等问题。北京市果品大部分来自外埠省区，果品运输距离远、时间长，因此果品的新鲜度较低、口感较差。

粮油实行国家收储，这种方式能够有效控制粮油价格，保障粮油供应。粮油收储制度的成本很高，这也是粮油供应中的一个亏损环节。粮油收储与批发、零售的运行体制不一致，对市场和供需变化的反应较为迟缓。

畜产品的供应与需求难于同步，因而其价格具有周期性；市场需求变动、生产规模、疫情等都会加剧价格波动。不合格畜产品对人们身体健康有直接危害，但畜产品的质量保证程度却低于其他农产品。畜产品供应中的另一个问题是储运难度大、销售方式落后。

乳品行业的首要问题是原料奶短缺，其次是原料奶的质量安全。在生产环节，乳品企业普遍存在的问题是生产技术水平不高，产品品种基本相同。北京市乳品市场由大企业控制，这些企业间存在着激烈的市场竞争。在运销上，冷链物流是乳品供应的难点。

北京市水产品供应的普遍问题是供应量少、价格高、水产品不新鲜、居民购买不方便。产生这些问题的根本原因是北京市远离江河湖海、水资源缺乏和水产品养殖业不发达，也有物流和供应方式等方面因素。

花卉供应的主要问题存在于花卉物流、花卉供应网络、花卉交易方式等方面。花卉在人们日常消费中所占比重不大，因此花卉供应对北京市农产品供应体系的影响相对较小。

4. 北京市农产品供应渠道的特点与问题

产地农产品供应渠道是北京市农产品供应中的薄弱环节。北京市农产品的主要供应来源是外埠省区，这些地区远离消费地，市场运行不够规范，经销商对生产者盘剥较为严重。在产地农产品供应环节，产地批发市场数量和规模不够，农民专业合作组织主要不是经营性组织，农产品经纪人是不稳定的个体性群体，农民开拓市场的能力非常缺乏。

北京市销地农产品批发市场在布局分布和市场结构上具有优势。但是，北京市农产品批发市场在经销方式、经销商，以及食品安全、价格形成等功能方面较为落后的，这与北京市的首都和国际大都市的城市地位不相适应。北京市农产品批发市场需要升级换代，从设施建设开始，通过发展“硬件、软件、经营者、市场功能、相关产业”，最终建设更先进的市场体系。

北京市农产品零售渠道由生鲜超市、社区菜市场和车载销售等构成。生鲜超市是北京市农产品零售的主渠道。生鲜超市的问题在于数量少，一般分布在繁华地区和商圈的中心地带。生鲜超市常常远离居民小区，因而使居民生活极为不便。农产品的车载销售和社区菜市场的规模较小，都不是农产品零售的主流渠道。车载销售像是临时性销售手段，社区菜市场则主要由个体摊商经营。

农产品网络销售发展前景广阔，但至今仍是农产品供应渠道中的配角。农产品网络销售需要解决的问题有很多，这些问题有农村的网络基础设施薄弱、农村的信息与现代营销人才缺乏、农产品的标准化程度较低、农产品经销和农产品配送等行业发展滞后等。

另外，国外农产品的市场占有率很低，国外农产品进入北京市的运销成本很高。多数加工的农产品来自外埠，北京市当地农产品加工业发展一般。北京市的农业会展发展迅速，但会展的销售功能不强。

5. 北京市农产品物流的特点与问题

北京市是全国农产品物流最为复杂的城市之一，农产品物流的难度在于运输路线规划、运输车辆管理。北京市农产品运输成本很高，其原因是多次运输、成本重叠。北京市农产品的第三方物流较为落后，运输设备的综合技术水平还不高。

农产品仓储涉及冷藏库、冷藏车和普通仓储库，其中直接能反映农产品仓储行业状况的是冷藏库。近年北京市冷藏库建设十分迅速，但冷库容量仍显不足。北京市农产品仓储设施分布最多的是在农产品生产和加工环节，主要是中小型自用仓库，技术水平较低，冷库比重较小。北京市农产品供应环节的仓储设施主要集中在农产品批发市场，其冷库比例占总冷库库容的70%～80%；零售终端的仓储设施非常少。

北京市的农产品配送由农产品批发市场、农户及合作社、农产品生产加工企业和农产品零售企业共同参与，主要问题是第三方农产品配送在北京市农产品配送中所占比例还较小，配送的规模化与专业化程度还有很大的发展空间。

北京市农产品信息产业发展迅速，但较其他商业部门仍显迟缓，特别需要发展农产品电子商务平台和农产品物流信息系统。

北京市农产品冷链物流的快速发展始于21世纪初，冷链运输车辆包括专业冷藏车、冷藏集装箱、简单保温车、土保温厢式货车，冷链仓储设施主要分布在各农产品批发市场。北京市农产品冷链配送是农产品冷链物流的薄弱环节，"断链"现象经常发生。北京市农产品冷链物流的信息化体系还不够完善，农产品冷链物流管理缺乏信息平台的支持。

6. 北京市农产品价格形成的特点与问题

农产品价格的形成贯穿生产、供应全过程。农产品的地头价格一般处于很低水平，这主要是农户缺乏市场信息和农产品保鲜期较短而导致经销商有意压低价格。在批发环节，农产品会经过多次运输、交易和二次加工，环节越多则成本越高，市场中还有大户垄断市场和哄抬价格。超市是农产品零售的主渠道，超市的场地、经营、人工、税收等基本运营成本很高，另外还有进场费、促销费、堆头费、条码费等多种费用。

北京市每年消费的农产品大多是由周边省区供应，产地对进京农产品价格的影响来自气候、生产规模和供应成本。北京市农产品的种植面积减少、生产成本提高和发展高端特色品种使北京本地生产的农产品呈现价格上升的趋势。

季节对不同农产品的影响有很大差别，畜产品、禽蛋、乳品等大多在室内生产，因而季节对其影响较小；粮油等需要进行储藏，季节对其影响也较小；蔬菜、水果、花卉等在室外生长，因而季节对其影响较大。

市场需求对北京市农产品价格有直接影响。经过多年快速增长后，近年北京市的人口增长速度开始降低。北京市人均农产品消费量趋于稳定，因此农产品价格的上涨主要不是由于人均消费量而引起的。北京市的农产品消费向高品质、特色化发展，人们的消费水平提高会直接推动农产品价格上涨。

农产品供应销售方式有批发零售、农超对接、个人贩售、企业产销、网络销售、协议供应、国家调配、期货交易零售端销售等多种形式，不同方式对农产品价格有不同的影响。运输、存储、配送、信息等相关产业会通过影响农产品供应效率，进而影响农产品价格。

7. 北京市农产品质量安全管理的特点与问题

目前，北京市参与农产品质量安全管理的部门众多，这些部门的职能交叉，各自制定有自己的农产品质量安全标准，颁布有自己的农产品质量安全管理规章政策，从而形成了多头管理的局面。在现行法律、法规和规章体系中，多数从各部门角度制定，对农产品质量安全在农产品生产、供应和消费过程中的形成协调不够。现行体系中，国家法律、行政法规和部门规章较多，地方法规和政府规章仍显不足。

农产品质量安全认证还有缺陷。“三品”的覆盖面仅占少数的市场份额，非“三品”农产品在市场中影响更大。“三品”普遍存在重认证、轻管理的问题，“三品”的质量安全水平难以持续保持。农户和产地经销商为了满足市场销售的要求，想尽各种方法获得农产品证明，地方政府和协会组织也会出于对当地经济发展和自身利益考虑而放松监管，这使得进京农产品证明存在着大量虚假成分。

北京市各个农产品市场的农产品质量安全检验室和检验设施的规模和检验能力有很大差别；一些检验室的设备使用率不高，聘用的检验人员不是专业人员。各个农产品市场对农产品的抽检品种、频率、检测项目没有统一标准，因而各个农产品市场所把握的农产品进场尺度不一样。不少农产品市场偏重对检测成本低、检测时间短的农产品进行抽查，而不愿检验成本高、时间长的农产品。

管理部门以专项整治为手段，一定时期对出现问题较多的农产品质量安全领域进行突击性检查和处理，但是专项整治的后续措施不足。农产品市场常常认为出现农产品质量安全问题对自身形象影响不好，对不法行为睁一只眼闭一只眼，对问题农产品的处理做不到将其彻底消灭。

农产品质量安全宣传存在方向不明的问题。针对消费者的农产品质量安全宣传是普遍缺乏的，因而导致消费者群体缺乏发现农产品质量安全缺陷和抵制农产品质量安全违法行为的能力。与农产品质量安全相关的是农产品质量安全的责任机制，这种机制目前仍未真正建立起来。

8. 北京市农产品品牌经营的特点与问题

北京市农产品的品牌化程度普遍较低，其中蔬菜、果品、水产品、花卉等鲜活农产品的品牌化程度则更低。农产品品牌化程度较低的原因是多方面的。从生产角度看，多数农产品是分散种养殖的；蔬菜、果品、粮食，甚至乳品中的原料奶都属于分散生产。从销售角度看，除乳品、食用油和部分粮食、禽蛋、畜产品外，多数农产品是以散装形式销售的。从消费者角度看，人们购买农产品时更关注农产品的鲜活程度和价格，而对品牌的关注度相对较低。

不同类型农产品的品牌表现差异明显。乳品是所有农产品中品牌影响最大的。在食用油市场，品牌与市场占有率呈紧密相关关系。在粮食市场，少数大品牌的市场占有率很高，其他品牌的市场占有率相对均匀。畜产品有一定的品牌影响。品牌对禽蛋产品稍有影响。果品采用包装箱和远途运输的较多，因而果品更容易标注品牌。人们购买蔬菜时更关注蔬菜的新鲜程度，对蔬菜品牌的关注度极低。鲜活水产品在销售时无法标注产地，这使得人们完全无法辨别其品牌。北京市的花卉品牌主要体现在花卉产地；在零售市场上，人们购买花卉时对其品牌几乎没有关注。

农产品品牌与生产、经营的工业化程度有关。越是倾向于工业化生产、经营的农产品，其品牌作用越大。乳品、畜产品、食用油等农产品的生产者是企业，因而拥有商标并具备形成品牌的基础。多数农户不是企业，因而从一开始就不具备形成品牌的基础。

农产品品牌涉及农产品生产者、地区政府，农产品品牌建设、管理的难度较大。多数农产品生产者的经营观念还停留在产品生产上，他们的市场参与度低，不看重农产品的品牌。“三品一标”的着眼点是农产品的质量和特色，但不等同于农产品品牌。农产品品牌的一个软肋是品牌容易退化，农产品品牌的宣传和保护也是一个难点。

三、北京市农产品供应的总体策略

（一）北京市农产品供应体系发展的方向

北京市农产品供应取得了巨大成就，同时也面临着新的问题和挑战。随着城市建设、社会经济的发展、人们生活水平的提高、市场关系的改变、新型商业模式的出现、物流和信息技术的创新，北京市农产品供应体系正在发生重大的变化。以往农产品供应体系的主要特征是以批发市场为中心、农商分割管理、分销渠道相对简单；当前农产品供应体系则更多呈现出以市场关系为基础、多种经营主体共同参与、多种新型产业共同发展、多种供应方式共存、影响因素增多、市场波动加大的特征。以往北京市农产品供应体系发展的主要思想是“完善渠道、加强调控、稳定供应”，而今后一个时期，北京市农产品供应会更多侧重于完善市场机制和创新商业模式。

通过考察北京市农产品供应近几十年的发展，我们可以看到政府力量起着关键性作用，但这种作用正渐渐变小。改革开放初期，政府在建设批发市场、促使农贸市场退出市区、建设农产品生鲜超市、建立农产品储备体系等方面成绩斐然；近年，政府主要工作放在批发市场升级改造、改进农产品物流设施等方面，这些工作属于对原有农产品供应体系的修补和完善；政府对于北京市农产品供应出现的新问题解决成效不明显，例如居民买菜难、农产品价格快速上涨、农产品零售网点建设迟缓等。与此同时，北京市农产品供应中出现新的发展热点，则主要是市场力量的表现。诸如农产品专营店、农产品网络销售、农产品配送等产业的出现和发展是一种市场现象；农超对接、社区车载销售等也是供求矛盾所引发的解决手段。因此，政府力量变弱、市场力量变强对今后北京市农产品供应体系发展的有根本影响。

今后一段时期，北京市农产品供应体系的发展方向将是建立和完善农产品供应的市场化体系。这种农产品供应体系的本质特征就是依据市场力量促进农产品各个环节和相关产业的发展，政府从主导变化为协调、服务市场的角色。

北京市农产品供应发展的总体策略体现在以下几个方面。

第一，遵循基本的市场供求要求。北京市农产品消费市场庞大且复杂，农产品供应又主要依赖外埠省区。现行农产品供应体系来源于计划经济，它的出发点不是消费市场，而是使居民依赖于农产品供应。供求要求是市场机制的根本，它是未来北京市农产品供应体系建设的出发点。

第二，扩展农产品供应渠道。供应渠道不畅是北京市农产品供应中的主要问题之一，它主要体现在农商对立，割断了批发和零售间的联系；批发市场具有垄断性质，阻碍着外埠农产品进入北京城区市场；农产品零售网点少，居民购买农产品较为不便；新型农产品销售渠道正在出现，但还没有成熟、壮大。

第三，发展农产品供应相关产业。北京市农产品供应体系的发展速度很快，它要求相关产业跟上它的发展速度。与农产品物流相关的运输、仓储、配送，与零售相关的专卖店、社区菜市场、配送，与信息相关的电子商务、网购、市场信息，与农产品加工相关的包装、二次加工，以及农产品质量检验、农产品品牌交易等专项市场都是亟待发展的产业。

第四，不同农产品的供应链建设。北京市农产品供应链尚没有深入细分，多数是不同农产品混在一起。随着农产品供应体系的发展，依据不同农产品的细分供应链将是重要发展领域。

第五，提示农产品供应中的技术和交易方式。在技术方面，诸如冷链物流、网络技术等方面有巨大潜力。在交易方式方面，诸如网上交易、拍卖、配送服务等都需要创新。北京市是我国技术文化的前沿城市，农产品供应的技术和交易方式创新会走在全国最前列。

第六，完善市场机制。完善市场机制的目的是充分发挥市场的作用，提高农产品供应的效率。完善市场机制涉及制度建设、产业政策、政府职能，需要改变政府的角色和对北京市农产品供应管理的方式方法。

(二)北京市农产品供应体系发展的进程

1.以批发市场为核心的农产品供应体系建设阶段

自20世纪70年代我国进行改革开放以来,北京市农产品供应体系主要经历了计划供应阶段、农贸市场阶段和以批发市场为核心的建设阶段。北京市农产品批发市场建设的早期阶段是在原农贸市场基础上的改造建设,其中大型农贸市场改造成一、二级农产品批发市场,小型农贸市场转变成早市、社区菜市场。在北京市城市发展总体规划确定后,北京市开始建设大型农产品批发市场,这些大型农产品批发市场构成了北京市农产品供应的基础框架。随着北京市城市建设,早市逐步消失以及市区菜市场弱化,农产品生鲜超市成为主要农产品零售渠道。与此同时,北京城市扩张迫使大型农产品批发市场向外迁移。近年,北京市将农产品批发市场进行升级改造,重点是设施建设和加强农产品批发市场的综合功能。

目前,北京市农产品供应体系基本处于以批发市场为核心建设的后期阶段。从农产品批发市场建设上,除几个大型农产品批发市场外迁外,批发市场的设施建设已经基本完成。批发市场已经形成了农产品集散、农产品初加工、农产品存储、农产品配送、农产品质量安全控制、农产品市场信息等综合功能。在农产品供应管理上,已经形成围绕农产品批发市场和零售网点的市、区两个层次的管理体制,出台了一大批配套管理政策、措施。不过,北京市农产品供应中的农商分离依然没有解决。在农产品供应渠道上,政府农业部门努力推动批发市场向城市零售终端的渠道延伸,商业部门希望超市扩展农产品购销渠道,居民社区的社区菜市场依然薄弱,"农超对接"等直销形式发展不快。

2.城市农产品供应渠道扩展融合阶段

在未来一段时期,农产品供应体系建设的重点是渠道在城市内部进行扩张。从农产品供应渠道看,农产品产地渠道、农产品批发市场、农产品零售渠道是连贯的,农产品批发市场是这一渠道体系的中间环节。农产品批发市场建设是非常必要的,否则农产品无法顺利进入城市零售终端。但是,批发市场并不是城市农产品供应体系建设的终结,而更庞大的体系是在零售服务环节。

北京市农产品零售服务发展的重点是生鲜超市、社区菜市场、社区零售菜车、农产品专营店、农产品配送、农产品网络销售等。生鲜超市是目前北京市农产品零售的主渠道,它的主管方是北京市事业管理部门。农贸市场占主导的时代,生鲜超市在农产品零售渠道中的地位并不高;由于利润较低,商业部门并不愿意经营农产品;随着农贸市场的消失,迫使人们更加依赖生鲜超市。生鲜超市的发展方向是增加网点,降低成本和销售价格,增加销售品种和提供服务质量。

社区菜市场来自小型农贸市场和街头商贩。20世纪中后期，随着计划经济下的国营农产品供应体系的瓦解，小型农贸市场和街头商贩成为人们日常生活中农产品供应的主要渠道。但小型农贸市场和街头商贩带来的“脏、乱、差”，也迫使政府取缔这种销售方式。社区菜市场作为小型农贸市场和街头商贩的替代方式，以此满足居民的日常需要。但是，社区菜市场规模不大，经营方式承袭了农贸市场和街头商贩，因此居民对其接受度不是很高。社区菜市场的发展方向是规范化管理，可以采用连锁经营等方式进行统一管理。

社区零售菜车也称“社区直通车”，是农产品批发市场向社区延伸销售渠道的一种形式。由于销售网点缺乏，政府部门要求建立一种便民销售方式。农产品批发市场拥有货源，因此可以较为方便地向居民提供生鲜农产品。社区零售菜车目前已经覆盖了北京市的大部分居民社区，其农产品价格和新鲜度为居民接受。社区零售菜车的覆盖面还不够，特别是难以进入偏僻和规模较小的社区；它像一种临时性的销售方式，服务质量和农产品安全也有一定问题；社区零售菜车也有“脏、乱、差”问题，许多高档社区不愿接受这种方式。

农产品专营店是近年兴起的农产品经营销售方式。农产品专营店多由个人经营，它兼有社区菜市场和生鲜超市的特点。农产品专营店的经营品种和规模少于生鲜超市，但它是一种企业形式，比个人摊贩又要规范。农产品专营店具有较好的发展前景，可能成为城市农产品零售的一种主要渠道。

农产品配送在北京市有几十年的发展历史，政府部门也把农产品配送也作为主要的发展扶持产业。农产品配送依托农产品生产企业、农民专业合作组织、农产品销售企业、农产品批发市场，也有一些独立的农产品配送中心。北京市农产品配送业的主要问题是配送企业的实力不强，第三方配送产业还有待发展。

农产品网络销售是基于电子商务平台进行的农产品销售方式。农产品网络销售已经出现了很多年，但其发展远远不及其他行业的网络销售。农产品网络销售的发展瓶颈在于农产品物流，这主要是因为农产品保鲜要求高、难以包装、损耗严重。农产品网络销售发展前景广阔，它所需要解决的问题主要是与物流相关的技术性问题。

3. 农产品供应中管理和经营主体演变阶段

北京市农产品供应中的管理者和经营主体的构成与相互关系会发生变化，这种变化随着城市农产品供应渠道的演变会更加明显。

在北京市农产品供应管理中，农业部门和商业部门的矛盾始终存在。我国采用条块分割、行业分制的管理体制，农业部门和商业部门处于不同的归口管理体系下。农业部门以农业生产为出发点，销售的根本目的是为了促进农业生产；农业部门掌控着批发市场，因此力求从批发市场向消费者延伸渠道；农业部门熟悉农贸市场，因此其经营方式深受批发市场的影响。商业部门以商品销售为出发点，他们把农产品仅仅视作一种商品；商业部门掌控着零售终端，他们更多的期望是跨过批发市场而获得更便宜的农产品货源；商业部门更多倾向于商业利润，对居民生活等“公益性”问题考虑较少。农业部门和商业部门的矛盾必须解决，这可能需要新型管理体制的出现。

在北京市农产品供应经营中，存在着批发市场经营者、超市经营者、农产品经销商等多种主体，这些主体扮演着不同的商业活动角色。但在北京市农产品供应中缺乏综合性经营企业，其原因是政府扮演着综合管理的角色。北京市农产品供应中市场关系还不成熟，批发市场经营者、超市经营者、农产品经销商之间存在协同空隙，因此需要综合性经营企业的出现和参与。

4. 农产品供应中的新型产业大量出现阶段

北京市农产品供应体系演进过程，也是相关产业发展的过程。与农产品供应相关产业的发展不是一个独立阶段，而是与农产品供应体系演进相伴的。北京市农产品供应的相关产业发展的热点将从传统产业向新兴产业转移，可能的热点有农产品再加工产业、新型城市农产品零售业、农产品物流相关产业、农产品服务业等。

农产品再加工产业是指农产品在流通领域进行的二次加工，它不同于农产品在种养殖后的初加工和进入工业化生产的深加工。北京市是巨大的消费型城市，其农产品供应来源于外埠省区，同时需要大量深加工农产品。随着消费水平升级，进京农产品需要在消费地进行售前加工，例如包装、分拣、清洗等，这就是农产品的再次加工。新型城市农产品销售是在销售渠道扩张和销售方式创新下产生的，例如手机销售、卖场自助服务等。这类产业的种类很多，变异性也很强。北京市农产品物流相关产业是一个发展重点，包括存储、运输、信息等，例如网络销售所涉及的数据平台、冷链物流所涉及的新型技术等。农产品供应也会与其他服务业相结合，产生新型产业，例如会展、农业旅游、新型餐饮服务等。

新型产业的大量出现意味着农产品供应体系进入成熟阶段，虽然我们现在还无法预知具体产业形式，但这一阶段是必然会到来的。

5. 农产品供应体系阶段性成熟阶段

北京市农产品供应体系是一个持续演进发展的，成为市场化的、功能完备的有机体是其阶段性成熟的标志。

当农产品供应体系中大量新型产业出现后，这些产业将相互影响、相互关联。农产品供应体系中的各种产业趋于复杂，现行的以政府为主导和行政命令式的管理、建设方式将难以执行。市场机制将发挥根本性作用，各种产业及农产品供应的各个环节主要以市场体系的组成来发挥作用。此时，政府和市场的角色将发生变化。政府将扮演协调者角色，解决各方出现的矛盾；政府使用指导而非干预的手段，引导市场向健康方向发展；在市场出现危机时，政府才对市场进行干预。市场利用自身的资源配置力量，指引相关产业发展；市场自身具有有机性，促使农产品供应体系的自我完善。

（三）北京市农产品供应的对策思路

1. 北京市农产品消费的市场对策

满足消费者需要是北京市农产品供应策略的出发点，为此我们提出要不断满足农产品消费者的高品质需要、挖掘北京市农产品消费的细分市场、创新农产品供应方式、加强农产品销售能力、减少城市规划对农产品供应的限制、农产品供应向“公益性”倾斜、打破垄断和协调农产品供应的相关管理部门。

北京市现行农产品供应体系建设是以农口部门主导的、以批发市场建设的核心的、体现着对农产品供应过程的管制。虽然农产品批发市场体系已经完成，农产品批发市场在不断升级改造，但居民购买农产品仍然较为不便，农产品价格仍然快速上涨。出现这一状况的原因是割裂了批发市场建设和消费者需要的联系，因此我们需要寻找北京市农产品供应的源头。

由于人口众多，北京市农产品消费市场的规模巨大是人们已经熟知的；北京市农产品消费市场的发展方向是结构上的变化，主要体现在消费水平提高和农产品消费精细化。农产品消费市场结构上的变化，意味着农产品供应渠道和供应方式的变化，也意味着新型产业的发展要求。

从政府角度看，从消费者需要出发意味着政府需要不能替代消费者需要，政府必须从主导者、管控者，向协调者、服务者转变。政府应解决自身对北京市农产品供应所带来的难题，即因为城市建设而限制了农产品供应渠道，忽视政府责任而使农产品价格上涨，对供应渠道的垄断导致农产品供应成本提高。

2. 北京市农产品的产地对策

农产品供应的另一端点是农产品生产，我们所提出的核心思路是彻底开放北京市的农产品市场、改善外埠省区对北京市农产品供给。

北京市农产品供应严重依赖外埠省区，这意味着北京市的农产品流通要比北京市农产品生产更为重要。因此北京市的农产品供应地策略要向外埠省区倾斜。

彻底开放北京市的农产品市场是向外埠省区倾斜的第一步。北京市对外埠省区的农产品壁垒仍然存在，批发市场如同外埠省区农产品进京的关口，对外埠省区农产品进京起到了重要限制作用。在市区内，质量安全检验、运输车辆控制、销售网点限制、工商税务管理等都起到了阻碍农产品流通的作用。

从生产地看，近年外埠省区的农产品生产发展迅速，有效地提高了对北京市农产品供应的能力。但是，外埠省区的社会经济发展、国内其他地区和国外对农产品需求的增长，也加大了对进京农产品的分流。加强与外埠农产品产地的合作，为进京农产品提供便利条件也是促进北京市农产品的供应的必要措施。

3. 北京市不同农产品供应的改进对策

不同农产品的供应方式有很大区别。要根据不同农产品的自身特点，解决其供应过程中的薄弱环节。

我国粮油供应实行国家粮油收储制度，同时经由粮油市场进行销售。粮食局系统承担粮油收储管理，改善粮油收储的主要任务是进行粮油精确检测、精确调控能力、完善粮油交易过程。粮油批发市场在粮油供应体系不处于决定性地位，但粮油批发市场具有很强的发现价格、协调供求关系的功能，它对粮油供应的影响将越来越大。粮油市场的改进方向是完善粮油市场建设，增强粮油市场功能，增进粮油市场、粮食局系统、生产企业和消费者的联系。

蔬菜是最典型的鲜活农产品，现行渠道主要依据蔬菜的购销特性来建立的。“控制价格、方便居民”是改善北京市蔬菜供应的主要目标，这涉及批发和零售两个环节。在批发环节，增加销售渠道、提高运输效率、改进交易方式是有效措施。在零售环节，改善蔬菜供应的有效方式是增加网点、改变经营模式。

果品与蔬菜的供应渠道完全重叠。改善北京市果品供应的根本目的是“减缓价格增长、提高果品品质”，其主要手段是“拓宽渠道、改善物流”。果品供应渠道包括批发、零售两个环节，重点是提升批发市场功能，增加零售网点数量。果品供应对运输、仓储条件比蔬菜高，发展现代农产品物流产业对果品供应更为重要。

畜产品供应在屠宰环节采用“厂场挂钩、定点屠宰”，然后进入零售终端。北京市畜产品供应的弱点是零售终端，主要任务是改善超市的冷藏和加工设备，增强社区菜店、便民直通车、农产品配送企业对畜产品的销售能力。畜产品适于进行深加工，因此北京市可以大力发展畜产品的深加工业。北京市自建立畜产品储备制度以来，其干预市场的效果尚不明显；改进储备畜产品的投放方式，以便持续稳定地干预畜产品价格。

乳品是北京市农产品供应中企业化程度最高的。原料奶是乳品供应中容易出现问题的环节，原料奶短缺与过剩的根本原因是奶牛养殖业与乳品加工业的失衡。原料奶质量也容易出现问题，提高原料奶质量的有效途径是扩大规模化养殖和加强检疫检验。乳品行业竞争激烈，政府应尽力维护行业秩序，建立公平的市场环境；防止大企业利用其优势控制资源、垄断市场，以促进整个行业的发展和减少对消费者的间接损害。另外，发展冷链物流对乳品供应有现实意义，它可以延长乳品保质期、增加乳品品种、扩大乳品销售范围、减少乳品损耗。

北京市是远离大海的内陆城市，水产品供应一直较为困难。冷冻水产品对仓储条件要求较其他农产品更高，增加仓储库容对冷冻水产品极为重要。北京市鲜活水产品多来自周边和南方省区，远途运输需要改善。在批发环节，水产品批发市场应建设成为现代水产品物流港，加大水产品存储设施建设，使运输、销售、存储相结合。在零售环节，应鼓励发展水产品零售网点，增加对超市、社区菜店的冷柜、水箱配备。

改进北京市花卉供应要重点解决物流、渠道和销售方式等三方面的问题。在物流方面，发展专业花卉物流企业可以提高储运效率；发展花卉低温冷链运输减少花卉损耗。花卉消费依赖于大型花卉批发市场和专业花店等实体市场，因此增加销售网点较为有效。在销售方式上，花卉的消费方式较为灵活，因此要根据消费者的不同需要采用差异化的销售方式。

4.北京市农产品供应渠道的建设对策

农产品供应渠道联系着农产品生产者和消费者，它一直是北京市农产品供应体系中的核心组成部分。通过对北京市农产品供应体系的考察，我们提出建设以批发市场为基础和以经销企业为核心的农产品供应渠道体系、将批发市场建设成为综合产业平台、发展农产品经销企业、经销企业向京郊农村延伸、发展以超市和经销企业为主的农产品零售业。

北京市农产品供应渠道的主要弊端是批发市场占据核心地位，而批发市场具有垄断性；批发市场使北京市农产品供应渠道较为狭窄，供应渠道延伸不足；批发市场的交易方式较为落后，农产品供应效率较低。为此，北京市必须拓宽农产品供应渠道，消除农产品供应的瓶颈。

农产品批发市场是有重要作用的，其建设已经具有相当规模，已经可以实现农产品的集散、价格形成、市场管理等功能，具有承载物流、信息、食品安全等多个相关产业的能力。批发市场建设方向是进一步完善，使其成为农产品供应的综合性平台。

农产品经销企业是北京市农产品供应渠道发展的关键，建设一批有实力的规范的农产品经销公司，将彻底改变北京市农产供应渠道的格局。农产品经销企业是指按照现代企业制度建设的，拥有市场准入资格，拥有经营场所和经营渠道，从事农产品供应和相关行业的企业。

在渠道拓展上，经销企业向京郊农村延伸，但更重要的是发展以超市和经销企业为主的农产品零售业。农产品零售终端是北京市农产品供应渠道中最为薄弱的环节，需要大力发展生鲜超市、社区菜市场、车载销售、农产品专营店，同时发展网络销售、农产品配送等新型产品销售方式。

5. 北京市农产品物流产业的发展对策

物流是农产品供应直接相关的产业，农产品物流涉及运输、仓储、配送、信息及冷链物流。北京市农产品物流的发展方向是扩大产业规模、提升技术水平。

北京市农产品物流产业水平在全国并不落后，但较北京市农产品供应需要却有一定差距。造成这种差距的主要原因是北京市农产品供应难度大、整体农产品消费需求水平高。

提高运输能力是改善北京市农产品运输的关键。提高农产品运输能力更多应从改变运输方式入手，如更多采用整担运输、多式联运、合理安排运力、运输路径优化等。农产品的标准化有助于提高北京市农产品运输效率，北京市应尽快加强农产品的产品标准和运输标准体系建设。北京市农产品进京货运车证一直存在着供应量少、配置不当、使用效率低等问题，因此必须加强农产品进京货运车证的管理。"绿色通道"政策对改善北京市农产品运输有积极作用，因此应进一步扩展适用"绿色通道"的农产品范围，优化"绿色通道"的运输路径，加强混装、超载农产品运输车辆的管理。

北京市农产品仓储的发展主要着眼于扩大仓储容量和提高仓储技术水平。扩大农产品仓储库容的重点是建设农产品批发市场的仓储设施，发展公共农产品仓储设施和用于商业化经营的农产品仓储设施。提高农产品仓储设施的技术水平是重要任务之一，例如发展建设自动化、智能化仓库。

发展北京市农产品配送业需要强化农产品批发市场和农产品生鲜超市的配送能力，其基本策略是农产品批发市场和农产品生鲜超市下的配送中心各自向对方延伸，即农产品批发市场向下游消费者延伸，农产品生鲜超市向农产品生产领域延伸。发展第三方农产品配送是北京市农产品物流配送的另一个关键，北京市应重点发展三类农产品配送中心，即依托乡镇、批发市场、农产品加工企业的农产品配送中心。

北京市农产品信息产业需要大力发展，其重点是创造农产品信息产业的发育条件，发展农产品物流信息应用系统，加强与农产品供应相关的网络、电子商务应用技术的建设，提高应用人员的技术水平。

北京市农产品冷链物流的发展主要面临政策规划和技术创新两个方面的问题。北京市应加强农产品冷链物流工作中政府和相关协会的扶持力度，应加大农产品冷链物流的技术创新力度，出台针对农产品冷链物流企业的优惠的政策，在资金、政策和保障措施上对大型涉农类企业给予支持。

6. 北京市农产品价格的制定对策

北京市农产品价格持续上涨，这与北京市社会经济发展有关，也与农产品供应滞后有关。北京市农产品价格的增长已经远高于平均商品价格的增长，因此抑制价格过快增长应是北京市农产品供应的主要目标之一。

北京市农产品供应涉及农产品的生产、流通、调控等多个方面。为了防止农产品价格过快增长，北京市在生产方面要保障农产品的供应来源，在流通方面要提高农产品的流通效率，在调控方面要减少农产品的价格波动。

从整个农产品供应体系看，提高农产品生产能力、拓宽农产品流通渠道、提升农产品供应方式、发展现代农产品物流是改善农产品供应体系的基本措施，这些措施的直接效果是提高效率、降低成本，从而达到降低农产品价格的作用。

农产品与一般商品的明显差异就是农产品关系到社会民生，因而农产品供应不是单纯的市场活动，政府参与农产品供应是必不可少的。北京市农产品供应政策中含有刺激价格上涨的成分，市场活动中也含有扰乱价格的因素。因此，政府在价格稳定时应减少对市场的干预，在价格出现异常时必须能够及时进行调控。

7. 改善北京市农产品质量安全管理的对策

保障农产品质量安全是农产品供应中侧重于政府部门职能的一个领域。根据近年北京市农产品质量安全工作的情况，我们提出利用市场力量保障农产品质量安全、建立农产品质量安全强制收费检验检疫制度、建立农产品质量安全凭证制度、建立农产品质量安全信息公开制度、加强对公众的农产品质量安全教育、完善农产品质量安全可追溯体系、加强农产品质量不安全的处置等措施。

我国和北京市对农产品质量安全较为重视，已经制定了一整套相关法律、法规、制度，已经基本建立起农产品质量检验、监控设施。目前，多数问题属于执行方面的问题，技术水平、人员素质和执行力度较差。

在农产品质量安全方面，管理部门与农产品经营者存在对立性。管理部门试图阻止不安全农产品进入市场，农产品经营者出于牟利而躲避监管。因此要把农产品质量安全与市场力量结合起来，在检验、查处、辨识质量安全等方面齐抓共管。在检验控制方面，通过强制检验、依据检验合格凭证进行农产品销售。在查处方面，对不合格农产品进行曝光，严厉查处违法、违规人员和企业。在质量宣传方面，加强对人们的质量安全教育，提高人们的农产品质量安全意识。

8. 北京市产品供应中的品牌建设对策

品牌建设是农产品供应中的薄弱环节。针对北京市的具体情况，我们提出实行有差别的农产品品牌策略、推进农产品的企业化经营、通过市场塑造农产品品牌、提升农产品品牌的商业价值、建立和完善农产品品牌制度。

农产品供应是一项商品销售和经营活动，品牌建设是其必要的组成部分。与此同时，农户和政府部门又都对品牌较为陌生，人们常常把农产品供应视作产品流通过程，而非销售和经营过程。

北京市农产品品牌状况有明显特点，即不同种类的农产品对品牌的要求不一样，越是接近企业化经营的产品，对品牌的要求程度越高；越是接近初级产品、鲜活产品、散装产品的农产品，对品牌的要求程度越低。基于这一特点，北京市农产品品牌建设要推进企业化经营，在商标注册基础上塑造品牌形象。

目前，很多部门将“三品一标”作为农产品品牌建设的重点，但“三品一标”只是农产品质量和特色认证的方式。品牌的本质是消费者对产品的认知程度和企业对产品品质的担保，农产品品牌必须通过市场来塑造。

在商业活动中，人们之所以重视品牌建设是因为品牌自身拥有价值。品牌能够促进产品销售，人们也要为品牌塑造投入成本。农产品品牌建设中的另一个难点是确定农产品品牌价值较其他产品更难，保护农产品品牌的相关权益更难。为此，建立保护农产品品牌、保护农产品品牌使用权益、建立农产品品牌使用和交易市场是必要的。

第二章　北京市农产品的消费状况

一、北京市农产品消费的状况

（一）北京市农产品消费的总体状况

农产品消费是指与人们日常生活中饮食所消费的产品。通常，农产品是指农业生产所得到的初级产品，包括种植业、畜牧业、渔业的产品，但城市农产品消费不包括原木、棉花、烟叶等产品。

城市居民所消费的基本农产品是鲜活农产品，例如蔬菜、瓜果、肉类、禽蛋等，但也包括日常必需的非鲜活农产品，例如食用油、乳制品等。农产品消费包括日常消费和非日常消费。日常消费大多是鲜活农产品和非鲜活农产品，但也有少部分不是农产品，例如食盐等。非日常消费通常不是生活必需品，例如烟酒、糕点等。农产品也可以划分成非加工农产品、初级加工农产品、深加工农产品，非加工农产品和初级加工农产品中多数是鲜活农产品，深加工农产品则多数是加工食品等工业产品。农产品消费进一步延伸，可以涉及餐饮、观光农业、农业会展等领域，其中餐饮通常视作饮食服务。

在农产品消费中，粮食、蔬菜、果品、乳品、畜产品、禽蛋、水产品、花卉是比重最大的几类农产品。这些农产品并不能涵盖所有人们日常消费的农产品，例如食用油就是重要的日常消费的农产品；这些农产品也与经济统计法律不完全一致，例如禽肉会被列入畜产品；有些农产品并不是人们的日常必需品，但产业规模较大，例如花卉。

从静态看，北京市的日常农产品消费规模在 2017 年大约为 1 600 亿元，如果包括其他与吃相关的消费则有 2 400 亿元。从动态看，农产品消费受人口数量、人均农产品消费量、农产品消费结构、农产品价格和社会经济发展的影响。2017 年前后，北京市人均农产品消费量大致稳定，农产品消费结构变动的影响每年大约 8%，农产品价格的影响每年大约 2%，社会经济发展的影响大约每年在 5%以下。

从消费结构看，日常农产品消费中粮食、蔬菜、果品、肉类的比重最大，非日常消费中烟酒、饮食服务的比重很大。随着社会经济发展和人们生活水平的提高，北京市农产品消费的规模和品质都在不断变化。

（二）北京市的粮食消费

北京市粮食消费的基本结构较为稳定。粮食消费主要为小麦、稻谷、玉米和大豆，其中小麦消费约占粮食总消费量的 1/3，稻谷约占 1/4，玉米约占 1/4，大豆约占 1/10。在居民日常生活消费中，面粉和大米的消费比重有所变化，2006 年以前大米占北京市居民消费的 60％，而 2008 年以后面粉消费量逐年增加，达到 50％～60％。北京市玉米消费主要用于饲料，直接食用量并不很大。

随着城市人口的持续增加，北京市的粮食消费总量也在持续增加。2008 年北京市粮食消费总量为 487 万 t，2012 年为 512 万 t，2016 年达到 563 万 t；前几年平均每年递增 1％，近 4 年平均每年递增超过 2％。

随着人们生活水平的提高，口粮在人们粮食消费中的比重下降。餐饮业对粮食的需求量快速增加，其他食品消费在人们日常消费中的比重增加。特别是畜产品和酒品的需求增加，导致饲料用粮和酿酒用粮的快速增加。

（三）北京市的蔬菜消费

北京市经常性消费蔬菜品种有 80 余种，其中消费较多的有 50 余种。销售量最大的 20 种蔬菜是马铃薯、大白菜、甘蓝、洋葱、葱、冬瓜、番茄、胡萝卜、黄瓜、白萝卜、西葫芦、小辣椒、茄子、青椒、芹菜、菜花、蒜、蒜薹、姜和架豆，占蔬菜上市总量的 75％～79％。大白菜、甘蓝、马铃薯、洋葱、冬瓜、胡萝卜、白萝卜、南瓜 8 种蔬菜较耐贮存，是北京市的主要储备蔬菜品种。

北京市的蔬菜消费处于持续增加状态，2005 年北京市蔬菜消费总量为 737 万 t，2014 年为 772 万 t，2016 年为 851 万 t。北京市蔬菜持续增加主要源于城市人口的增长。2000 年北京市常住人口为 1 381.9 万人，2012 年为 2 069.3 万人，2016 年为 2 172.9 万人，过去 16 年平均每年增加近 50 万人。北京市居民人均蔬菜消费大致稳定，不同年份略有波动，每人每年消费大致在 160～180 kg。

北京市居民蔬菜消费的特点是鲜菜消费量较大，约占蔬菜消费量的 90％；蔬菜在食品消费中的比重偏低，2013 年约占 7.8％；蔬菜消费中仍以大路菜为主，近年精细蔬菜消费比重有所增加；城乡居民的蔬菜消费差异较大，城市居民的蔬菜消费量明显大于农村居民的蔬菜消费量，前者较后者高出大约 70％。

（四）北京市的果品消费

果品是北京市居民消费的另一大农产品。北京市居民经常消费的水果有 30

余种，消费量最大是苹果、梨、西瓜、香蕉等；经常消费的干果有 20 余种，消费量最大是花生、瓜子、枣、葡萄干等。

北京市每年人均消费果品 100 kg，每年果品总消费量达到 200 万 t。北京市的果品供应来自本地和外埠，2016 年北京市本地水果产量为 62.2 万 t、瓜果产量为 16.8 万 t；外埠供应的果品主要来自我国南方和周边省区，夏秋季的果品供应是山东、河北，其他季节则来自南方。

果品作为一般消费品，人们在消费时主要关注价格、质量、购买的方便程度。北京市居民购买果品的地点主要是农贸市场、社区菜市场、超市，这主要是考虑到保鲜和购买方便，选择距家较近的地点。一般消费者对果品的价格较为敏感，多数消费者选择农贸市场和社区菜市场的原因就是超市的果品销售价格较高。从质量上看，北京市居民多数认为超市销售的果品比农贸市场要好，但对农药残留等普遍感到担心。北京市居民对水果的新鲜程度关注较多，因此每次购买的数量不是很大，而购买频次较多。

（五）北京市的乳品消费

北京市的乳品消费居全国前列，这些乳品包括杀菌乳、酸乳和乳制品等。由于乳品需要保鲜、冷藏，因此北京市居民消费的乳品主要来自当地生产。2016 年北京市乳制品企业有 28 家，产品主要是液态奶、酸奶、奶酪、牛奶巧克力、奶粉等，其中大型企业有 9 家，包括三元、光明、蒙牛、伊利和达能等。2015 年、2016 年北京市的乳品产量分别为 60.62 万 t、45.7 万 t，约占当年全国乳品产量的 2.29%、1.53%。

从消费习惯看，北京市 95%的居民经常消费各种乳品，2014 年北京市居民人均消费牛奶等制品 46 kg，居全国首位。从消费方式看，北京市居民消费量最大的乳品品种依次是液态奶、奶粉、酸奶、冰激凌，其他消费较多的产品品种还有乳酪和黄油。从消费者群体看，消费者年龄已经从儿童、老年人转变成以中青年为主体。从消费方式看，人们主要是以直接饮用为主，另外也有部分是与其他食品搭配食用。乳品消费与人们的收入水平直接相关，随着人们收入水平的增长，北京市的乳品消费量还会呈上升趋势。

（六）北京市的畜产品消费

北京市目前每年消费的畜产品 140 万～150 万 t，包括猪肉、鸡肉、牛、羊肉等，其中猪肉比重最大，约占畜产品消费量的 60%；鸡肉是北京市消费量居第二位的畜产品，每年消费量约 1.9 亿只。

北京市的畜产品消费人群在年龄上倾向于年轻，年龄越大消费的畜产品量越少。从消费者家庭收入看，中等收入家庭对畜产品的消费量要大于低收入家庭和高收入家庭，这说明畜产品对于一般家庭而言是主要的农产品消费品。北京市居民对畜产品的质量安全较为重视，有调查表明北京市居民购买畜产品时关注的首要因素是畜产品的质量。北京市居民对畜产品最为关注的另一个问题是价格。近年，畜产品价格上升较快，与此同时人们对畜产品的消费量开始下降，这表明人们对畜产品的价格有一定的接受限度。在畜产品品种上，人们消费量最大的猪肉、鸡肉，其次是牛肉和羊肉；在猪肉、鸡肉中，消费最大的是鲜猪肉、鲜鸡肉，其次是冷冻肉、腌肉、卤肉等。

(七)北京市的禽蛋消费

北京市是全国禽蛋消费最大的城市之一。北京市每年人均消费鸡蛋 16 kg，每年消费鸡蛋近 40 万 t。北京市的禽蛋由本地和周边省区供应，2014 年、2015 年、2016 年北京市禽蛋生产量分别为 20.8 万 t、19.6 万 t、18.3 万 t，其余禽蛋的供应来源主要是河北、辽宁等地。

禽蛋中鸡蛋占主要部分，禽蛋产品包括鲜蛋、禽蛋制品。北京市居民的鸡蛋消费中 2/3 是散装鲜蛋，95%以上的消费者购买鲜蛋回家食用。由于鸡蛋易碎，难以长途携带，多数消费者是在离家较近的菜市场、超市购买鸡蛋。消费者对鸡蛋关注最多的是鸡蛋的新鲜程度和营养价值。近年来，包装鸡蛋和品牌鸡蛋的消费量有所增加，这部分鸡蛋的消费人群主要集中在中青年人，其家庭收入处于中高水平。

(八)北京市的水产品消费

北京市远离江河湖海，水资源和水产品养殖条件都比较差，因此北京市的人均水产品消费量在全国处于较低水平。近年来，北京市年消费水产品超过 90 多万 t，其中主要品种是淡水鱼。2014 年、2015 年北京市自产水产品为 6.38 万 t、6.82 万 t，其余水产品都依赖外埠供应和进口，外埠供应地主要是天津、山东、江苏、湖北、河北。

北京市的水产品消费渠道包括宾馆饭店、超市、农贸市场、一般餐饮服务，其中宾馆饭店的消费量占 30%，超市销售占 30%，农贸市场销售占 20%，一般餐饮服务消费占 20%。由于需要远途运输，水产品在北京市的销售价格较高，因此水产品在北京市农产品市场中处于中高档消费品。对于大众消费者而言，水产品在日常生活中的消费量和重要程度也远低于畜产品、禽蛋等。鲜活水产品需要水箱，冷冻水产品需要冰柜，这些设备的成本比较高，因此很多农产品市场、超市对于水产品的销售能力有限。对于大众消费者而言，他们最为关注的是水产品的价格、新鲜程度和购买方便程度，对品牌等其他因素关注程度较低。

(九)北京市的花卉消费

北京市的花卉消费发展迅速,2016 年花卉消费总额达到 38 亿元左右。北京市的花卉消费主要是盆花、鲜切花、干花、种苗(球)、花灌木等,其中盆花占总消费额的 43%,盆花中又以月季、菊花、火鹤、蝴蝶兰等最多。

北京市的花卉消费中有 15%～20%是北京市本地生产的,其余为外埠供应。北京市花卉生产区域主要分布在丰台、大兴、昌平、朝阳、海淀、通州等地。2016 年北京市从事花卉生产的专业农户 1 500 多户、企业 177 个,大型花卉批发市场 21 家。北京市花卉消费的其余 80%～85%来自外埠,主要是我国南部省份。北京市每年还向外地和国际市场提供花卉产品,其中出口额约占产值的 1%。

北京市的花卉消费分为集团消费和个人消费。集团消费在北京市花卉消费占较大比重,主要用于公共绿化、宾馆饭店等公共场所装饰、节日装点等。观光花卉正在成为一种新的消费形式。北京市近年建立了一批花卉休闲观赏园,各大公园、旅游景区经常举办花卉主题的展览和花文化活动,旅游、花卉展会等也成为花卉的大宗消费。

北京市的个人花卉消费者主要是 16～35 岁的年轻人士,这部分人士普遍接受过较好的教育,其收入水平在同龄人中居偏上水平。个人消费者购买花卉的频次并不算高,主要是在节假日和赠送他人时购买,有时也用于家庭装点和净化空气。个人花卉消费者主要的购买渠道是花卉市场,也有部分从花卉商店和流动商贩处购买。

二、北京市农产品消费的影响因素

(一)自然条件对北京市农产品消费的影响

北京市地处暖温带和半温润地区,属大陆性季风气候,春季多风,夏季炎热多雨,秋季晴朗温和,冬季寒冷干燥。从地理地貌看,北京市位于北大平原北端,西、北和东北群山环绕,东南是缓缓向渤海倾斜的大平原。这种地理条件决定了北京市不具备靠自身条件基本满足北京市农产品供应的条件。由于夏季较短、耕地面积不、缺乏水资源,使蔬菜、果品、粮食、畜产品、水产品的生产能力较低。

由于北京市自己供给农产品的能力较低,居民农产品需求主要靠山东、河北、辽宁、内蒙古等周边省区供应。北京市农产品生产供应地距离北京市较远,致使运输成本较高;在北京市农产品零售终端价格中,生产成本、运输成本和商业利润是主要构成成分。进京农产品的运输方式主要是公路运输,运输能力提升也较慢。

北京市周边省区的自然条件和农业生产技术水平,也对北京市的农产品供应有很大影响。北京市周边省区面积辽阔，农业生产能力巨大，其不足是适于农作物生长的季节时间较短。这种季节特点造成农产品供应量的波动较大，特别是蔬菜、果品等应季农产品供应影响较大。

北京市及其周边省区的生产供应条件，决定了北京市的北方型、波动大、成本高的农产品消费模式。北京市居民的农产品消费属于北方型，蔬菜、果品消费品种少，以大路菜和果品为主；畜产品、乳品和禽蛋消费量较大，而水产品消费量较小。北京市夏季、秋季农产品供应量较大，价格较低，而冬季、春季农产品供应量较小，价格与夏秋季价格相比涨幅较大。多数农产品价格高于其他省区，致使北京市居民农产品消费支出较大。

(二)城市对北京市农产品消费的影响

北京城市定位是国家首都、全国政治和文化中心，强调其城市构成为国家机关、大型文化机构、大型企业总部、国际驻华机构所在地，以及旅游和交通枢纽城市。在经济发展上，第三产业要占经济规模的 70％以上，而第一产业占经济规模要在 1％以下。由于强调自然环境保护，对农业发展进行了一定限制。在城市空间发展上，通过城市新区建设、旧城疏散、村镇整合，为城区功能改造腾出空间。2018 年北京市常住人口为 2 173 万人，2020 年控制在 2 300 万人。北京市对城市发展建设用地实行严格控制，计划 2020 年时城市建设用地控制在 1 650 km^2，包括中心城市的 778 km^2、新城的 640 km^2 和乡镇组团的 212 km^2。

北京市城市发展对农业发展进行了限制，这表现在经济总量、空间布局和产业结构上。在经济总量要求第一产业下降到 1％以下，在东部次区、西部次区和山区次区有限制地发展生态农业。这一发展方向符合北京市城市总体功能的要求，但同时也大大制约了北京市农产品的生产，使北京市必须依赖外埠对自己的农产品供应。

北京城市发展对居民生活空间进行严格控制。在城市功能上，北京市主要强调城市政治、文化中心等功能，没有将城市居民生活纳入在主要考虑范围内，因而在农产品流通、消费等方面缺乏配套设计。对城市中心区的规划，着眼于城市人口外迁，而不是城市人口的就地生活。城市新区的建设较晚，生活配套设施建设还很不完善。乡镇及其组团原本位于农村，没有按照城市居民生活进行配套设施建设。

北京市对城市人口发展速度进行了错误设想。北京市在城市规划中对人口增长速度采用人为臆想的方式进行了估算。这种方式基于的是城市承载力的限度，而不是外来人口涌入城市愿望。北京市人口实际增长速度达到城市规划设计的 2 倍，这更加剧了居民生活空间上的困难。

居民生活空间限制和城市人口超预期的增长，给北京市农产品流通带来的首要困难是场地缺乏。由于农产品流通需要农产品交易市场，而农产品交易市场占用土地面积很大，并且农产品交易市场用地的经济效益相对其他产业是比较低的。在北京市严格控制城市建设用地、限制居民生活空间、农产品交易市场土地经济效益较低的情况下，拿出大量土地由于农产品流通是不现实的。

城市发展给北京市农产品流通带来的另一个困难是交通问题。农产品运输车辆数量众多，农产品运输过程中对城市环境污染比较严重。为此，北京市采取了限制农产品运输车辆进入城市的措施，并将农产品交易市场建设在北京市的五环以外。由于农产品交易市场远离城区，又不容许农产品运输车辆进入城区，这必然性地使生活在城区的居民在农产品消费上陷入困境。

(三)社会经济发展对北京市农产品消费的影响

北京市近年经济总体增长较快，2012—2017年，地区生产总值分别为17 801亿元、19 500.6亿元、21 330.8亿元、22 968.6亿元、24 899.3亿元、28 000.4亿元，增长幅度分别为7.7%、7.7%、7.3%、6.9%、6.7%、6.7%。2012—2017年，全年城镇居民人均可支配收入分别为36 469元、40 321元、43 910元、52 859元、57 275元、62 406元，实际增长幅度分别为7.3%、7.1%、8.6%、7.0%、6.9%、7.0%；农村居民人均可支配收入分别为16 476元、18 337元、20 226元、20 569元、22 310元、24 240元，实际增长幅度分别为8.2%、7.7%、8.6%、7.1%、7.0%、6.7%。

北京市近年第一产业中多数与居民生活直接相关的农产品生产呈下降趋势。2012—2017年，北京市第一产业总产值分别为395.7亿元、421.8亿元、420.1亿元、140.2亿元、129.6亿元、120.5亿元，增长率分别为9%、6.6%、－0.4%、－9.6%、－8.8%、－6.2%。林业产值被平原造林带动而呈现高速增长，“十二五”时期年均增长27.8%，2017年增长12.7%。2012—2017年，粮食产量为121.8万t、113.8万t、96.1万t、63.9万t、62.7万t、53.7万t、41.1万t，分别增长－6.6%、－15.6%、－33.5%、－1.9%、－14.4%、－23.5%；蔬菜产量为296.9万t、279.9万t、266.9万t、236.2万t、205.1万t、183.6万t、156.8万t，分别增长－5.7%、－4.6%、－11.5%、－13.2%、－10.5%、－14.6%；肉类产量为44.4万t、43.2万t、41.8万t、39.3万t、36.4万t、30.4万t、26.4万t，分别增长－2.7%、－3.2%、－6.0%、－7.4%、－16.5%、－13.2%；出栏生猪为312.2万头、306.1万头、314.4万头、305.8万头、284.4万头、275.3万头、242.1万头，分别增长

－2.0％、2.7％、－2.7％、－7.0％、－3.2％、－12.1％；家禽为 10 736.7 万只、10 089.4 万只、8 529.8 万只、7 550.7 万只、6 682.8 万只、3 882.7 万只、1 382.4 万只，分别增长－6.0％、－15.5％、－11.5％、－11.5％、－41.9％、－64.4％；禽蛋产量为 15.1 万 t、15.2 万 t、17.5 万 t、19.6 万 t、19.6 万 t、18.3 万 t、15.7 万 t，分别增长 0.7％、15.1％、12.0％、0.0％、－6.6％、－14.2％；水产品产量为 6.1 万 t、6.4 万 t、6.4 万 t、6.8 万 t、6.6 万 t、5.4 万 t、4.5 万 t，分别增长 4.9％、0.0％、6.3％、－2.9％、－18.2％、－16.7％；牛奶产量为 64 万 t、65.1 万 t、61.5 万 t、59.5 万 t、57.2 万 t、45.7 万 t、37.4 万 t，分别增长 1.7％、－5.5％、－3.3％、－3.9％、－20.1％、－18.2％；干鲜果品产量为 87.8 万 t、84.3 万 t、79.5 万 t、74.5 万 t、87.9 万 t、66.1 万 t、61.1，分别增长－4.0％、－5.7％、－6.3％、18.0％、－24.8％、－7.6％。上述情况表明，除林业和禽蛋之外的粮食、食用菌、干鲜果品、肉类、出栏家禽、牛奶等其他农产品生产都呈现下降趋势。

北京市近年物价指数上涨较快，农产品物价指数也呈现同步上涨。2012—2017 年，北京市居民消费价格指数分别上涨了 3.3％、3.3％、1.6％、1.8％、1.4％、1.9％；其中食品类价格指数分别上涨了 6.6％、4.7％、3.2％、1.6％、3.3％、－0.6％，除 2017 年外，食品类价格上涨速度远远超过居民消费价格上涨的总体水平。在食品类商品中，蔬菜价格分别上涨 12％、9.6％、－3.7％、7.9％、9.9％、－8.9％，肉禽及其制品价格分别上涨 6.7％、6.7％、－0.1％、2.7％、6.5％、1.8％，水产品价格分别上涨 4.8％、3.4％、6.1％、1.9％、3.9％、4.4％，干鲜瓜果价格分别上涨 2.1％、5.7％、11.7％、－7.9％、－1.8％、2.6％。

北京市社会经济发展状况表明，近年北京市经济总体发展较快，居民收入也呈现较快的增长，因此居民的农产品消费状态水平是持续增长。食品类商品价格增长速度较居民收入增长速度要低，但两者差距不大，这表明居民实际获得农产品数量有所增加，但增加幅度不大。北京市第一产业呈现较大的下降，这表明北京市更加依赖外埠省区的农产品供应，农产品流通成本是有较大上升的。综合来看，近年北京市居民的农产品消费数量和总额都在增加，但单位农产品消费价格的增长要快于农产品消费数量的增长。

（四）人口对北京市农产品消费的影响

北京市人口总量巨大，人口增长速度较快，这使得北京市对农产品需求的总量和增长速度一直处于较高水平。2012 年北京市常住人口 2 069 万人，其中外来人口 774 万人；2014 年北京市常住人口 2 115 万人，其中外来人口 803 万人。2016

年以前的近20年，北京市每年人口以50万人速度递增，2012年人口增长速度为2.2%，2014年人口增长速度为2.5%。2016年以后，由于加大对城市人口增速的限制，北京市人口增长开始趋缓。2017年，北京市人口为2 171万人，较前一年减少2.2万人。

人口快速增长导致北京市农产品需求持续增长。2015年以前每年粮食消费需要增加20万t，食用油消费增加1.2万t，蔬菜消费增加36万t，乳品消费增加2.3万t，畜产品消费增加3.6万t，禽蛋消费增加0.18万t，果品消费增加5万t。2016年，北京市粮食消费达到563万t，食用油7万t，蔬菜851万t，果品79万t。

北京市的人口文化素质较全国保持在较高水平。2017年北京市大专文化程度的人口占6岁及以上人口的13.7%，本科占18.65%，研究生占4.9%，大专及以上文化程度的人口合计占37.3%，远远高于全国平均水平。

人口文化素质水平对农产品消费的影响反映在消费结构上。人口文化素质较高的人群倾向于精细农产品品种，并对农产品质量安全、农产品品牌、农产品包装和服务有较高需求。

北京市人口的总体收入和消费水平居全国较高水平。2013年北京市城镇居民人均可支配收入为4.03万元，其中低收入家庭人均可支配收入1.85万元；农村居民人均纯收入为1.83万元。2017年北京市居民人均可支配收入为5.73万元，其中城市居民人均可支配收入6.24万元，农村居民人均可支配收入2.42万元。在居民八大类消费支出中，与农产品直接相关的食品类价格处于较高水平。2013年北京市食品类价格上涨4.7%，2017年食品类价格上涨2.0%。

人均收入水平和产品价格水平的持续增长，也使得北京市农产品消费总量处于较快的增长状态。人均收入增长使居民有能力消费更多农产品，价格上涨也迫使居民不得不花更多钱在农产品上。

(五)消费方式对北京市农产品消费的影响

北京市农产品零售终端包括超市、农贸市场和社区菜市场，居民主要以超市和农贸市场为农产品购买地点。去超市购买农产品的主要是城市居民。居民选择超市的原因是超市规模较大，蔬菜质量较为可靠；超市经营多种日用消费品，居民可以顺便购买农产品；超市距离居民小区较近，而农产品是居民日常经常购买的商品。城乡结合部的居民选择去农贸市场购买农产品。农贸市场的好处是购买较大，农产品较为便宜、新鲜程度较好。社区菜市场目前在农产品销售中处于补充地位。社区菜市场的问题在于规模较小，农产品价格较高，商贩的服务质量较差。

居民购买农产品的时间包括两个时段。平时购买农产品的人群较为平稳，一类是年纪大的居民，他们负责日常生活采购；另一类是上班族，他们下班后顺便购买生活必需的农产品；这两类人群的购买量相对稳定。节假日是农产品的购买高峰时段，这时上班族有较多的空余时间，而且消费者中有大量年轻人，他们能够大量而集中地购买农产品。

居民购买农产品的品种相对稳定。农产品是人们日常经常消费的产品，农产品消费与人们的生活习惯密切相关，一旦人们形成了某种消费习惯，则这种习惯较难改变。在北京市居民消费的农产品中，一部分大宗农产品是受政府控制和调节的，这些农产品的消费量大、质量较好、价格较低，是北京市居民消费中比重较大的农产品。农产品消费中稳定性较差的有两种情况：一种是批量较小、新进入市场的品种，一种是质量较差而采用底价销售的品种，这两种农产品被北京市居民接受的程度都比较差。

北京市居民每次采购农产品的数量较少，一般家庭一次采购农产品的数量是维持几天的生活需要。农产品具有容易腐败，保鲜较难的特点，这使得居民不会一次采购过多农产品。随着人们生活、居住方式的改变，家居环境不适于存储农产品，这也限制了居民大量采购农产品。采购批量的减少，使采购参数相应增加，进一步限制了采购距离、采购时间，也相应地增加了采购成本。

价格是居民购买农产品最为关注的因素。农产品是居民日常生活所需，消费量较大，价格稍高则会增加居民日常生活支出。农产品的单价较低，因此其价格弹性较大，居民对农产品价格变动较为敏感。农产品又有较高的可替代性，当某种农产品价格较高时，人们很容易想到购买其替代农产品。在购买人群中，年纪大者和中低收入者较多，由于收入不高，他们更注意生活的节俭。

北京市居民对农产品质量是比较关注的，特别是农产品的新鲜程度。农产品对人们的身体健康影响较大，这使得人们不得不时常关注农产品的质量。近年农产品质量问题频出，尤其是农药残留、兽药和食品添加剂等曝光频率较高，使消费者对农产品质量变得更为警惕。但是，北京市居民在农产品质量方面的知识并不多，因而他们在辨别农产品质量方面也有很多困难。

北京市居民对农产品的价格、质量、新鲜程度关注较多，而对农产品的品牌关注较少。人们关注品牌较少的原因是：多数农产品还没有品牌，特别是在农贸市场和社区菜市场销售的农产品很少进行品牌销售；在超市的一些品牌农产品价格偏高，只有少数收入水平较高的顾客才注意品牌。

包装是近年农产品消费发展较快的领域。超市在农产品零售终端中所占比例的增加，而超市是一个卫生、整洁要求较高的卖场，这促使农产品在销售时包装、条码、产品规格方面得到提升。另一方面，销售商希望增加农产品附加值，也希望减少农产品在流通过程中的损耗，这也促使农产品包装得到了改善。

服务一直是农产品销售中的薄弱环节。北京市农产品最初的主要销售渠道是农贸市场，而农贸市场几乎谈不上什么销售服务，这使得居民习惯了低层次的销售环境、销售人员和销售方法。这种状态沿袭至今，使得农产品几乎是北京市居民日常消费中销售服务最差的领域。

（六）供应方式对北京市农产品消费的影响

北京市农产品流通的组织方式是以农产品批发市场为核心，把超市、农贸市场、社区菜市场作为零售终端，经营活动偏重于非公益性。这种农产品流通方式对北京市居民的农产品消费也产生着重大影响，很多居民消费方式实际上是这种流通组织方式所强加的。

北京市农产品流通方式发源于农贸市场，由农贸市场演进形成现在的农产品交易市场体系。农产品交易市场体系中批发功能较为强大，而零售功能较为弱小；随着农贸市场退出城区，农产品交易市场中的零售功能更为弱化。近年来，农产品批发市场试图以菜车进社区等方式重新夺回城市零售渠道，但效果并不显著。农产品交易市场系统缺少零售终端，使得北京市居民难以进行大批大量地采购，消费成本较高。

超市在北京市农产品零售中的地位越来越高。农贸市场退出城区后，城区农产品零售终端主要交给超市。超市属于北京市商业系统管理，对原本属于农业系统管理的农产品并不热衷。由于农产品批发市场控制着批发环节，超市无法直接掌握农产品进货渠道，致使农产品货源困难。出于对居民消费能力的考虑，北京市实行农产品价格限制，经营农产品的利润有限，这也正常超市不愿经营农产品。对于超市而言，农产品占据了销售场地，应当与其他经营品种一样分摊经营成本，因此倾向于提高农产品零售价格上述这种情况，迫使北京市居民以消费其他日用品方式来消费农产品，不得不接受较高的农产品零售价格，并使农产品消费高端化。

北京市长期以来没有把农产品零售作为公益性活动。在城市开发和居民社区建设时，没有为农产品销售提供场所，致使北京市多数居民社区无法建立社区菜市场。在从业人员上，社区农产品销售人员多是个体商贩，这些商贩素质较低，多数社区对这些人员采取驱赶态度。社区场地、人员工资、管理费用较高，而销售量较小，致使农产品单位售价较高。场地少、服务差、价格高，最终使居民不愿在社区采购农产品。

三、北京市农产品消费市场的规模与结构

(一)北京市农产品消费市场的规模

根据表 2.1 的相关数据的统计，近年北京市食品烟酒消费总额约 1 650 亿元左右。食品烟酒消费包括烟、酒、饮料，其比重不足 5%，因此生鲜农产品和初加工农产品的市场规模约 1 600 亿元。吃类食品零售总额包括了深加工农产品和与吃相关的其他产品，2014—2017 年分别为 1 861 亿元、1 967 亿元、2 287 亿元、2 489 亿元，呈快速上涨趋势。

表 2.1　2012—2017 年北京市人均食品烟酒消费额和吃类商品零售总额

年份	人口（万人）	人均食品烟酒消费额（元）	食品烟酒消费额（亿元）	吃类商品零售总额（亿元）	食品烟酒消费占吃类商品零售总额的比例（%）
2012	2 069.3	7 041	1 457	1 760	21
2013	2 114.8	7 693	1 627	1 805	11
2014	2 151.6	8 143	1 752	1 861	6
2015	2 170.5	7 584	1 646	1 967	20
2016	2 172.9	7 607	1 653	2 297	39
2017	2 170.7	7 551	1 639	2 489	52

影响农产品消费市场变化的直接因素有人口数量、人均农产品消费量、农产品消费结构、农产品价格和社会经济因素。北京市人口一直呈高速增长，直到 2017 年才开始有所下降。根据近年北京市农村居民的农产品消费量的分析（表 2.2），2012—2016 年北京市农村居民的农产品消费总量分别为 336.2 kg、351.2 kg、351.6 kg、339.2 kg、337.2 kg，这说明人均农产品消费量的变化范围不大。农产品生产者价格指数体现了农产品生产成本变化，居民消费价格指数体现了各类消费品的平均价格变化。从上述两个指标看，近年价格对农产品消费的单纯性因素超过 2%（表 2.3）。农产品消费结构是一个复合因素，它是指人们消费量不变而消费层次提升时的影响。近年来，北京市吃类食品零售总额和居民消费水平的平均增长约 10%（表 2.3），这包括了价格变动因素和消费结构变动因素，由此粗略估计农产品消费结构对农产品消费市场规模的影响约 8%。社会经济发展会导致人们生活的方方面面的改变，间接地影响农产品消费市场。从今年北京市地区市场总值看（表 2.3），社会经济对农产品市场的影响约 5%。

表 2.2 2012—2016 年北京市农村居民的农产品消费量 kg

年份	2012	2013	2014	2015	2016
粮食	102.3	103	98.2	105.6	102.1
豆类	7	7.9	7.3	7.4	7.7
蔬菜及菜制品	100.5	102.8	101.8	91	92.7
植物油	9.8	9.5	9.5	9.4	9.7
猪肉	14.9	16.2	15.4	15.3	14.9
牛、羊肉	4.2	5.1	4.9	4.1	4.7
禽肉	4	5.2	5.1	4.2	4.4
蛋类及其制品	11.1	11.7	11.6	11.7	11.8
奶及奶制品	12.5	16.8	19.3	13.9	13.3
水产品	5.3	6.9	6.4	5.6	5.7
食糖	1.2	1	0.9	1	1.3
酒类	16.1	15.5	17.9	17.4	16.9
茶叶	0.6	0.6	0.7	0.5	0.5
干鲜瓜果类	46.7	49	52.6	52.1	51.5

表 2.3 2000—2017 年北京市农产品消费相关指标

年份	人口（万人）	农产品生产者价格指数	居民消费价格指数	吃类商品零售总额（亿元）	吃类商品零售总额增长率（%）	居民消费水平（元）	居民消费水平增长率（%）	地区生产总值（亿元）	地区生产总值增长率（%）
2000	1 363.6	95.0	103.5	471.4	9.5	9 759	1.2	3 212.8	18.4
2001	1 385.1	102.0	103.1	528.7	12.2	10 179	4.3	3 769.9	17.3
2002	1 423.2	92.4	98.2	540.2	2.2	12 153	19.4	4 396.9	16.6
2003	1 456.4	102.5	100.2	596.4	10.4	13 470	10.8	5 104.1	16.1
2004	1 492.7	106.2	101.0	644.9	8.1	15 158	12.5	6 164.9	20.8
2005	1 538.0	102.9	101.5	751.0	16.5	16 591	9.5	7 141.4	15.8
2006	1 601.0	99.1	100.9	818.8	9.0	18 771	13.1	8 312.6	16.4
2007	1 676.0	114.4	102.4	940.4	14.9	21 472	14.4	10 071.9	21.2

续表2.3

年份	人口 （万人）	农产品生产者价格指数	居民消费价格指数	吃类商品零售总额 （亿元）	吃类商品零售总额增长率 （%）	居民消费水平 （元）	居民消费水平增长率 （%）	地区生产总值 （亿元）	地区生产总值增长率 （%）
2008	1 771.0	112.3	105.1	1 073.3	14.1	23 547	9.7	11 392.0	13.1
2009	1 860.0	98.3	98.5	1 201.0	11.9	25 757	9.4	12 419.0	9.0
2010	1 961.9	106.5	102.4	1 354.7	12.8	28 925	12.3	14 441.6	16.3
2011	2 018.6	110.7	105.6	1 636.6	20.8	32 364	11.9	16 627.9	15.1
2012	2 069.3	104.7	103.3	1 759.9	7.5	35 385	9.3	18 350.1	10.4
2013	2 114.8	104.7	103.3	1 804.7	2.6	39 516	11.7	20 330.1	10.8
2014	2 151.6	99.7	101.6	1 860.5	3.1	42 166	6.7	21 944.1	7.9
2015	2 170.5	99.8	101.8	1 967.3	5.7	45 653	8.3	23 685.7	7.9
2016	2 172.9	99.7	101.4	2 296.7	16.7	48 910	7.1	25 669.1	8.4
2017	2 170.7	96.2	101.9	2 489.3	8.4	52 912	8.2	28 014.9	9.1

(二)北京市农产品消费市场的结构

除花卉外，北京市居民日常消费的农产品主要有粮食、豆类、蔬菜及菜制品、植物油、猪肉、牛、羊肉、禽肉、蛋类及其制品、奶及奶制品、水产品、食糖、酒类、茶叶、干鲜瓜果。从表 2.2 和表 2.4 看出，北京市城市居民和农村居民的农产品消费总量分别为 326 kg、343 kg，城市居民消费量最多的依次是蔬菜及菜制品、粮食、干鲜瓜果、肉制品、奶及奶制品，农村居民消费量最多的依次是粮食、蔬菜及菜制品、干鲜瓜果、肉制品、酒类。

表 2.4　2017—2018 年北京市全部居民的农产品消费量　　kg

农产品	年份	
	2017	2018
粮食	75.7	91.9
豆类	6.3	7.6
蔬菜及菜制品	91.9	106.3
植物油	8.3	7.1
猪肉	12.7	16.3

续表2.4

农产品	年份	
	2017	2018
牛、羊肉	5.8	5.9
禽肉	5.5	5.8
蛋类及其制品	12.1	14.6
奶及奶制品	22.5	26.0
水产品	8.6	8.9
食糖	1.1	1.1
酒类	10.8	10.5
茶叶	0.6	0.5
干鲜瓜果类	63.9	74.7

北京市居民的农产品消费分为日常消费和非日常消费，其中日常消费占55%，非日常消费占45%（表2.5、表2.6）。日常消费包括粮食、豆类、蔬菜及菜制品、植物油、猪肉、牛、羊肉、禽肉、蛋类及其制品、奶及奶制品、水产品、食糖、酒类、茶叶、干鲜瓜果，其中消费额最大的依次是肉类、干鲜瓜果、蔬菜及菜制品、粮食。非日常消费包括其他食品、烟酒、饮料、饮食服务，其中饮食服务占总消费的25%，烟酒和饮料占总消费的15%。

表2.5 2015—2016年北京市居民的农产品消费额 元

农产品	年份					
	2015			2016		
	全市居民	城市居民	农村居民	全市居民	城市居民	农村居民
谷物	578	595	469	530	543	452
薯类	55	58	43	62	64	49
豆类	57	60	50	62	64	53
食用油	233	246	153	211	219	166
蔬菜和食用菌	544	572	362	579	604	417
肉类	920	957	684	924	949	763
禽类	147	157	84	146	155	91
水产品	318	349	119	303	330	131
蛋类	152	157	115	131	135	110

续表2.5

农产品	年份					
	2015			2016		
	全市居民	城市居民	农村居民	全市居民	城市居民	农村居民
奶类	388	417	206	368	394	205
糖果糕点类	253	275	109	268	291	121
干鲜瓜果类	746	800	403	708	754	414
其他食品	253	269	152	263	278	173
烟酒	647	658	581	606	609	586
饮料	367	395	185	335	358	189
饮食服务	1 926	2 126	657	2 112	2 326	747

表 2.6 2015—2016 年北京市居民的不同农产品消费比重 %

农产品	年份					
	2015			2016		
	全市居民	城市居民	农村居民	全市居民	城市居民	农村居民
谷物	7.62	7.35	10.73	6.97	6.73	9.69
薯类	0.73	0.72	0.98	0.81	0.79	1.05
豆类	0.75	0.74	1.14	0.81	0.79	1.14
食用油	3.07	3.04	3.50	2.77	2.71	3.56
蔬菜和食用菌	7.17	7.07	8.28	7.61	7.48	8.94
肉类	12.13	11.83	15.65	12.15	11.76	16.35
禽类	1.94	1.94	1.92	1.92	1.92	1.95
水产品	4.19	4.31	2.72	3.98	4.09	2.81
蛋类	2.00	1.94	2.63	1.72	1.67	2.36
奶类	5.12	5.15	4.71	4.84	4.88	4.39
糖果糕点类	3.34	3.40	2.49	3.52	3.60	2.59
干鲜瓜果类	9.84	9.89	9.22	9.31	9.34	8.87
其他食品	3.34	3.32	3.48	3.46	3.44	3.71
烟酒	8.53	8.13	13.29	7.97	7.54	12.56
饮料	4.84	4.88	4.23	4.40	4.43	4.05
饮食服务	25.40	26.28	15.03	27.76	28.81	16.01

四、北京市的农产品消费市场策略

(一)北京市农产品消费市场的特点

1. 北京市农产品消费市场规模巨大

北京市农产品消费市场的总体规模巨大,其根本来源是北京市的人均消费量和人口总量。北京市的人均农产品消费量与全国平均水平接近或略高。2016 年全国人均蔬菜消费量约 100.1 kg,北京市居民人均蔬菜消费量超过 160 kg;全国人均果品消费量约 32 kg,北京市居民人均果品消费量达到 100 kg;全国人均乳品消费量约 35 kg,北京市居民人均乳品消费量达到 48 kg。北京市人均年禽蛋、畜产品消费高于全国人均水平,而粮食、水产品消费低于全国人均水平。2017 年北京市人口超过 2 173 万人,是全国最大的 3 个城市之一,人口总量决定了北京市拥有一个巨大的农产品消费市场。

北京市农产品消费市场巨大形成的正面影响是为农产品销售创造了巨大空间。市场空间是产业发展和商业利润的来源,北京市的农产品消费市场为农产品供应产业带来了活力。从另一方面看,农产品是人们日常生活的必需品,如果无法满足人们的农产品消费需要,将会产生许多社会问题,因此北京市农产品供应也面临着巨大压力。

2. 北京市农产品消费市场的层次较高

北京市居民农产品消费开始发生变化,主要表现为消费的农产品种类更多,更加注重农产品质量安全,农产品加工形式更为多样。蔬菜消费中,菌类等高营养价值蔬菜、绿花菜等南方蔬菜、荠菜等野菜逐步进入居民的日常消费。果品消费中,鲜橙等南方和进口水果增加迅速。居民农产品消费倾向于新鲜化,过去的耐储存蔬菜,如大白菜、马铃薯等消费比例有所下降。在消费习惯上,居民趋向购买时令菜和反季节菜,花椰菜、番茄、韭菜等反季节菜在淡季更加畅销。

居民开始了解农产品质量安全知识,对农产品质量和品牌的关注度较以往更高。在蔬菜消费中,居民更欢迎那些使用生物农药和高效低残留化学农药,多施有机肥料,污染较少的蔬菜。在生产技术上,那些用温室和无土栽培方法培育出来的清洁蔬菜也很好的销路。在乳品消费中,三元、伊利、蒙牛以外的许多小品牌乳品难于进入北京市场。畜产品消费中,居民更愿意购买有品牌的肉食品。

农产品在加工、包装和销售方式上正在发生变化。农产品加工向深度发展,鲜橙汁等饮料产品、酸奶等乳品所占市场份额越来越大。人们在日常消费中,对包括的要求越来越高，品牌蔬菜、熟肉制品的包装大大提高了产品的附加值。旅游、观光农业也成为农产品销售的一种方式。居民在外就餐人数激增，餐饮业成为农产品销售的另一个重要渠道。

3. 北京市农产品消费市场的结构差异明显

北京市居民的农产品消费有结构上差异，差异最大的是城乡差异、家庭收入水平差异。

北京市城市居民与农村居民的农产品消费结构有明显差异。除粮食消费外，城市居民消费的蔬菜、肉禽、鸡蛋和水产品都远远高于农村居民。2016—2018 年，北京市城市居民与农村居民的消费支出之比在 2.2 倍左右，城市居民的农产品消费能力明显高于农村居民。2017 年北京市城市居民的粮食、蔬菜、猪肉、禽肉、蛋类、乳品、水产品、果品的人均消费量为 72.4 kg、92.4 kg、12.4 kg、5.7 kg、12.1 kg、24.0 kg、9.1 kg、65.8 kg，农村居民的相应农产品人均消费量为 96.7 kg、88.7 kg、14.4 kg、4.0 kg、11.8 kg、12.9 kg、5.6 kg、51.7 kg。

北京市不同收入水平家庭的农产品消费支出存在差异。2017 年北京市低收入、中低收入、中等收入、中高收入、高收入居民的收入分别为 22 170 元、38 452 元、53 023 元、71 451 元、116 018 元。北京市人均食品烟酒类消费占消费支出的 20%左右，但低收入居民的食品烟酒类消费远高于高收入居民。

4. 北京市居民的农产品消费面临长期困难

北京市居民农产品消费所面临的困难将长期存在。“吃”是人们生存的基本条件，因而对人们的生活影响巨大。北京市居民在“吃”上所面临的问题，是继住房、交通以后第三个极其难以解决的问题。

农产品价格过高是北京市居民“吃”的首要问题。近年来，农产品价格一直处于高位，是北京市除房价以外物价上涨最快的领域。北京市农产品价格上涨最快的是超市、社区菜市场等零售环节，农产品批发市场等批发环节价格上涨也较快。

北京市农产品中蔬菜、水果、水产品等鲜活农产品的品质较差。北京市鲜活农产品需要长途运输，因而供应时间较长。北京市的农产品存储设施缺口较大，特别是冷库、冷藏运输车辆等，致使鲜活农产品的损耗率仍然很高。农产品在市内供应中问题较多，主要有农产品运输困难，配送行业还不够发达，农产品加工和包装不足，农产品零售方式落后等。

北京市居民的另一个农产品消费问题是购买不方便。北京市已有的居民小区缺乏农产品销售场所，居民无法就近购买农产品。农贸市场退出城区后，超市的农产品零售能力不足，无法为居民进行充足供应。新建居民小区远离市区，居民购买农产品更为不便。现有从事农产品销售的人员素质较低，批发和零售环节的服务质量较差。

5.改善北京市居民农产品供应的难度较大

造成北京市居民农产品消费困难的因素很多，其中最主要是人口增长、供应体制、农产品销售条件等，而这些因素在短期内难以彻底改变。

北京市每年新增人口数量过大。北京市的人口总量已经超过北京城市规划所设计城市人口承载量的极限，而北京市的各种设施是以根据城市人口承载量而建设的，因此包括农产品供应在内的各种公用设施是根本无法满足城市人口增长需要的。人口增长是前面农产品供应出现问题的根本原因。

北京市农产品供应体制加剧了农产品供应困难。农业主管部门控制着农产品批发市场，但却无法进入城市零售终端；商业主管部门控制着城市农产品零售终端，但却没有农产品应货源；这种农商分割导致农产品供应链的断裂，从而必然性地造成了北京市居民“吃”的困难。

北京市农产品供应问题具体体现在零售场所、农产品运输和农产品销售方式上。北京市城市建设没有将农产品销售纳入公益性范围，致使居民居住集中地缺少农产品销售场所。由于维护农产品批发市场的垄断地位和城市环境保护的需要，禁止农产品运输车辆进入城区，导致农产品运输困难。超市在经营农产品时，处于经营成本的考虑，不断提高农产品零售价格。

(二)满足北京市农产品消费市场的宏观策略

1.减少城市规划对农产品供应的限制

北京市现有城市对农产品供应有很大的影响。城市规划确定了城市规模，进而限定了人口总量和农产品市场规模。城市规划决定了农产品供应的场所，特别是批发市场、超市、社区菜市场等用地面积较大的交易场所。

北京市的城市规划对北京市人口总数的预测与现实差距很大，该规划预期2020年时将北京市人口控制在1 800万人，但实际2008年就已经突破1 800万人，2014年已经达到2 113万人，2017年为2 173万人。农产品消费总量与人口数量直接相关，而农产品供应与人口数量直接相关。由于现有城市规划对人口增长远远低于实际情况，导致农产品供应能力低于实际人口需要。

现有城市规划对北京市农产品供应场所用地规划不够合理。农产品批发市场过少，而且远离城市，致使农产品批发市场成为北京市农产品供应的重要瓶颈。市区超市多为大型综合型超市，由于成本问题而对鲜活农产品经营场地进行了挤压。城市居民小区缺乏市区菜市场等场所，使得居民日常生活很为不便。

由于现有城市规划存在的问题，需要对该规划进行调整。对城市人口数量需要考虑实际情况，在无法有效控制城市人口增长的情况下必须按照实际人口数量配置农产品供应的行业规模。对城市建设用地进行调整，要保证居民生活配套设施用地，防止由于经济效益较低而压缩农产品供应等基本设施场所用地。

2. 拓宽农产品供应的渠道

北京市农产品消费呈现多样化特征，这种多样化主要体现在城乡差异、收入水平差异，同时也影响到教育水平、职业和居住场所的差异。目前，北京市农产品供应渠道过于狭窄，批发主要依赖农产品批发市场，零售主要是超市、社区菜市场，而城区零售终端主要依赖超市。农产品作为一大类商品，其涵盖的商品品种非常广泛，因此很有必要根据不同消费需求，拓宽其供应渠道。

在批发环节，除现有的农产品批发市场外，还应大力发展农产品直销和大型农产品经营企业。北京市的农产品批发市场已经发展多年，现已经具有相当规模，是北京市农产品批发体系的主体。近年在政府主管部门推动下开展的"农超对接"为农产品生产基地、农民专业合作组织直接进入城市开辟了渠道。"农超对接"在本质上不是经营实体，也不是一种独立的农产品供应渠道，它是超市和农产品生产基地、农民专业合作组织之间的销售方式，因此这种方式还有待改进。大型农产品经营企业是指从事农产品批发的独立性实体，它直接联系农产品生产和农产品零售终端，拥有运输、存储能力。大型农产品经营企业应与农产品批发市场并行发展，以解决农产品批发市场交易方式落后、供应效率较低的问题。

在零售环节，除现有超市、社区菜市场外，还应开放农产品专营店、中小型农产品零售企业。超市、社区菜市场是目前农产品供应渠道中最为薄弱的环节。超市的主要问题是运营成本高、销售能力有限、居民购买农产品不够方便。社区菜市场缺乏经营场所、菜价高、服务质量差。因此，应大力发展其他形式的农产品零售渠道。农产品专营店是指具有中小规模，独立经营农产品的零售企业。农产品专营店可以发布在居民社区，它作为正规企业，其经营能力和服务质量要高于农产品零售商贩。农产品专营店可以使用各种小型零散的经营场所，以解决居民社区缺乏社区菜市场的经营场所问题。中小型农产品零售企业是指从事与农产品相关的运输、存储、信息、零售等业务的独立企业，只有农产品供应的相关产业得到发展，农产品零售环节才能形成一个有机的产业集群。

农产品配送和农产品电子商务也是农产品供应中需要更快发展的新型渠道。农产品配送行业是农产品批发和农产品加工的延伸，主要面对单位食堂、饭店、餐饮服务等农产品消费大户，它是与超市并行的农产品供应渠道。农产品配送具有运输、存储、农产品加工等功能，这一行业的壮大，能够更好地提高农产品零售环节的效率。农产品电子商务是与信息产业相关的新型供应渠道，它既是农产品交易的网络平台，也能开展农产品零售。信息产业已经进入成熟的高速发展时期，农产品电子商务将是未来非常活跃的商业领域。

3. 开放农产品供应的产业政策

农产品供应的“公益性”是近年讨论的主要问题。持农产品供应公益性观点的人士认为，农产品消费与交通、住房相似，涉及千家万户和人民生活水平，因而不能完全以营利为目的，需要政府干预、扶持和控制市场。持农产品供应非公益性观点的人士则认为，农产品作为一种商品必须把其经营交给市场，现有的批发、零售都是市场行为。农产品供应偏于公益性时，需要政府主导和参与；但现实情况是政府并没有在零售场所、零售价格、农产品运输和存储等方面掌握和提供资源，因此公益性农产品供应是难于实现的。农产品供应偏于非公益性时也遇到了困难，主要是居民社区缺乏农产品零售场所、农产品价格高、居民购买农产品非常不便。但是，农产品供应所出现的问题出于商业化经营，而是政府希望垄断农产品经营，同时在城市规划时对农产品供应设施条件较为忽视所造成的。

上述分析表明，政府在制定农产品供应政策时应放弃“农产品供应属于公益性”的政策，全力推进农产品经营的非公益化。农产品的品种繁杂，经营的统一性非常差，因而难以像交通、住房、水电、电信等行业由政府控制和经营。目前，政府也没有能力在农产品零售场所、零售价格、农产品运输和存储等方面提供大量资源，而农产品供应过程就是由大量经销商、零售商贩、超市等经营的，是完全的商业性活动。因此，政府应从商业活动角度出发，通过完善市场规则、创造良好的市场环境、减少政府行政干预，来促进农产品供应产业的发展。

4. 打破垄断和协调农产品供应的相关管理部门

打破垄断格局是实现农产品供应完全商业化的重要前提。北京市农产品供应领域处于部门垄断中，农业部门控制着农产品批发市场，商业部门控制着超市。为维护农产品批发市场和超市的农产品供应主渠道地位，农产品供应相关产业和其他形式的农产品经销企业受到限制，从而造成农产品供应渠道过窄，居民的农产品消费不便。打破垄断格局必须大力发展多种形式的农产品供应企业，通过市场竞争来农产品供应的完全商业化。

农业部门和商业部门的另一矛盾在于部门之间的协调性较差。农业部门企图以批发市场为主体，向城市延伸供应渠道；商业部门希望依靠零售终端，向农业生产者获取农产品进货来源；农业部门与商业部门在农产品批发和零售之间出现了断裂，这是造成北京市农产品供应诸多问题的主要原因。为了减少农业部门和商业部门的矛盾，可以发展能够融合批发和零售的中间型农产品供应经营企业，农业部门和商业部门也可以通过策略协调进行共同发展。

(三)满足北京市农产品消费市场的微观策略

1.挖掘北京市农产品的细分市场

在微观上,农产品供应是由农产品经营者完成的,这要求经营者有更强的市场开发和销售能力。北京市农产品市场具有规模大、层次高的优势,但农产品自身具有替代性也使农产品市场细分不够充分。农产品市场细分不足的重要表现是各种农产品在相同的卖场中销售,不同农产品的供应渠道和销售方式差别不大。实际上,农产品消费者也是一些主体相对独立、彼此存在一定交融的群体,他们构成了多元化、多层次、多变量的农产品细分市场。挖掘农产品的细分市场的意义在于可以发现有吸引力的潜在市场,并采用有针对性的供应策略和销售手段,提高农产品供应效率。

在微观上,农产品市场细分和目标市场定位是相互关联的。目标市场是农产品供应者服务的特点农产品消费群体。目标市场定位是农产品供应的起始阶段,农产品供应者需要根据不同细分市场的特点进行深入分析,并结合自身的竞争优势以确定是否进入某个细分市场。

2.满足农产品消费者的高品质需要

农产品供应必须与消费者需要相适应。随着北京市农产品需要层次的提升,农产品供应的水平也需要提升。多样化、精品化、有机化是未来北京市农产品市场的发展趋势。北京市作为国际化大都市,其农产品消费集合着多地区、多国家的风格,这使得北京市农产品市场是一个丰富多彩的市场。多样化选择又使人们对大陆蔬菜、果品的消费日益减少,取而代之的是有特色、精品化的品种。当前农产品生产、销售过程所产生的污染较多,这使得消费者更为警觉,对农产品质量要求更高,对有机农产品的更容易接受。

近年北京市农产品市场对包装、品牌开始重视。包装是产品的延伸,它的作用不仅仅是对产品的保护,而是产品销售中的竞争手段。农产品供应者必须根据农产品的不同特点采用合适的包装,增强其市场竞争力,促进产品销售。品牌是人们识别产品的标志,随着市场竞争和质量、信誉的积累,品牌在产品中的价值也日益增加。农产品供应者必须创造能被社会广泛接受和认可、具有较高声誉的品牌农产品,强化农产品品牌的建立、运营与维护,对农产品品牌进行宣传来提高其知名度。

3.创新农产品供应方式

“批发-零售”是北京市农产品供应的基本方式。批发市场是由政府主导,纳入城市发展建设规划的农产品供应场所。批发市场规模大、设施先进、地理位置优越，承担着北京市农产品供应的枢纽作用。北京市的农产品供应不能脱离批发市场，而应充分挖掘批发市场的潜力。生鲜超市是城市农产品零售的主渠道，它具有购物环境好、设施完备、销售能力强的优势，它的改进方向是合理布局、降低销售价格、提高农产品保鲜度等。

农产品直销是跨越批发环节，将农产品直接送达销售终端。北京市的农产品直销主要是"农超对接"，而不是农民进城贩卖。北京市的零售终端包括农产品生鲜超市、社区菜市场、机关与餐饮等团体客户。农产品直销可以大大减少供应环节和交易成本，同时也能有针对性地满足不同消费群体的不同需要。

网络销售与农产品物流、农产品配送相结合，是农产品供应中发展前景最好的方式之一。利用现代信息技术，通过网络进行农产品的销售，可以无限量增加农产品的信息流和货物流，扩大产品的远程远期交易量，节省交易费用，提高营销效率。与此同时，网络销售可以实现农产品消费者和生产者的直接联系，最大限度地扩展了农产品消费市场的边界。

4. 加强农产品销售能力

经销商是农产品供应微观领域的主角，经销商的着眼点是农产品供应而产生的商业利润。农产品经营的商业利润受农产品价格、农产品供应成本的影响。采用精明的价格策略可以增加商业利润，例如实行优质优价、按市场需求定价和区域定价，结合品牌、质量、季节因素，并在市场进行细分的基础上采取差异化价格策略。降低农产品供应成本也可以增加商业例如，例如减少中间环节，加快储运速度，降低农产品损耗。促销策略对农产品销售能力有重要影响，它是经销商综合驾驭市场的能力，例如经销商可以使用整合营销传播建设农产品品牌，可以利用会展经济提示品牌和开拓市场，可以使用事件营销、新闻营销、公关营销等方式进行农产品销售。

第三章　北京市农产品的供应产地

一、北京市本地的农产品生产

(一)北京市的自然条件与城市发展

北京市的总面积有 16 410 km^2,地处燕山和太行山的交会处。北京市的西面是西山,北面是军都山,山地占全市面积的 61%;北京市的东南部是华北平原,平原占全市面积的 39%;平原地区海拔不高,山区海拔 1 000 m 左右。流经北京市的河流有潮白河、北运河、拒马河、永定河、泃河。北京市夏季气温较高,湿润多雨;冬季气温较低,干燥寒冷;春秋短促,温差较大。北京市地质条件复杂,土壤类型多样。北京地区的自然条件适于生物生存,生物种类较为丰富。

北京市城区包括首都功能核心区、中心城区、城市副中心,合计 1 626 km^2。平原地区有大兴、亦庄、顺义、昌平、房山等五个新城,用于疏解人口和承接城市功能。平原地区的面积为 6 338 km^2,其中可用于农业生产的非开发面积占 55%。西北部生态涵养区包括门头沟、平谷、怀柔、密云、延庆和昌平、房山的山区,是京津冀大生态涵养区的组成部分。

由于北京市的城市功能定位是政治、文化、国际交往、科技创新中心,北京市的经济发展要服务于这一功能定位,因而农业生产也受到了很大限制。从城市结构看,北京市能够用于农业生产的有两个地区,即 3 400 km^2 的东南部平原和 6 000 km^2 的西北部山区。平原地区可以发展蔬菜、水果等种植业,山区可以发展林业、生态农业。花卉、休闲农业等符合首都功能的产业适于发展,而粮食、畜产品等土地利用率低、影响生态环境的产业会予以控制。

(二)北京市农业的发展方向

北京市的土地利用政策是保护基本农田、加大生态控制区面积。北京市正在扭转农业用地逐步减少的局面,希望永久划定基本农田面积。2020 年北京市的耕地保有量不少于 166 万亩(1 亩约等于 667 m^2),其中基本农田为 150 万亩。北京市的生态控制面积包括农田、山地、森林、河湖,2020 年、2035 年、2050 年分别达到全市面积的 73%、75%、80%。加大生态控制面积需要严格控制土地开发,对农产品生产也有很大限制作用。

北京市农业的发展方向是都市型现代农业,它是农业生产、生活休闲、生态保护、科技示范的有机结合。在农业生产中,北京市的粮食、畜禽养殖为限制调整产业,蔬菜、水产品、林果为稳定型产业,籽种为大力发展产业。北京市的粮食生产持续下降,全市粮田面积 2014 年、2016 年分别为 144 万亩、125 万亩,2020 年将降低到 80 万亩。压缩粮食生产的主要原因是粮食种植用水量很大,土地利用的经济效益较低。畜禽养殖也将进一步减少,2020 年畜禽养殖占地约 2 万亩,肉禽、生猪的年出栏量分别减少 25%和 30%。减少畜禽养殖的主要原因是环境保护,重点调整达不到健康标准的养殖场。蔬菜种植保持稳定,种植面积维持在 70 万亩,继续实施“菜篮子”工程和行政首长负责制。蔬菜属于鲜活农产品,它的流通成本较高,保持蔬菜种植稳定有助于居民日常生活供给。水产品养殖保持不变,养殖占地仍将保持 5 万亩左右。北京市远离江河湖海,但水产品需求巨大,水产品养殖已无压缩空间。果品种植也将保持稳定,2020 年果园面积保持在 80 万亩。北京市山区面积较大,林业发展速度较快,果品种植有较好的条件。北京市种植也发展非常迅速,2020 年籽种田将达到 30 万亩。籽种产业涵盖农作物、畜禽、水产、林果花卉,它属于高技术、高收益产业,也是种养殖土地压缩后的有效替代产业。

北京市农业生产总面积为 250 万亩,集约经营、提高单位土地利用效益是北京市农业发展主要手段。籽种产业替代传统粮食种植的效益可观,2020 年北京市籽种销售额预计可以达到 150 亿元。北京市水资源严重缺乏,通过节水技术改造,2020 年北京市农业用新水可以从当前的 7 亿 m^3 将至 5 亿 m^3。北京市目前有 11 万亩景观农田,观光农业、创意农业、休闲农业增加了土地收益,是都市型现代农业的典型形式。

(三)北京市农产品生产的产业布局

北京市 2016 年粮食播种面积 131 万亩,其中夏粮 24 万亩、秋粮 107 万亩,粮食年产 47 万 t,粮食自给率不足 8%。北京市粮食在“两带三群”。优质高产粮食生产带在顺义、通州、房山、大兴、延庆,主要种植平原高产作物。生态作物种植带在燕山、太行山浅山和山前平原,主要种植越冬作物。绿色杂粮生产群在密云、房山、延庆、平谷、怀柔,主要生产豆类、薯类等杂粮。鲜食产品生产群在平原和浅山区,主要生产玉米、花生。其他高效粮经作物生产群分散分布,生产其他高效经粮作物。

北京市2016年蔬菜种植面积约70万亩，年产蔬菜450万t，蔬菜自给率35%。北京市蔬菜生产主要分布在“一带三园”。南菜园在大兴、房山，供应全年蔬菜品种，种植面积20万亩。北菜园在延庆、怀柔、密云、昌平和门头沟，供应冷凉蔬菜，种植面积17万亩。东厢菜园在通州、顺义、平谷，供应精品蔬菜，种植面积33万亩。环城都市型现代蔬菜展示体验带在朝阳、海淀、丰台，用以展示农业生产新技术、新设备、新品种。北京市的蔬菜特色产业有食用菌产业、西甜瓜产业、绿色有机食品产业、加工配送蔬菜产业、蔬菜工厂化生产产业。

北京市近年果树种植总面积231万亩，其中果园面积80万亩；果品总产量121万t，其中果园果品产量62万t。北京市果品生产主要分布在“八带百群千园”。苹果产业带在山前暖区，面积有14万亩；梨产业带在永定河、潮白河沙地，面积有16万亩；大桃产业带在平原、丘陵地区，面积有40万亩；葡萄产业带在平原、山区盆地，面积有7万亩；柿子产业带在丘陵黄土区，面积有20万亩；板栗产业带在花岗岩、片麻岩成土区，面积有65万亩；核桃产业带在山地沟谷，面积有20万亩；仁用杏产业带在深山区，面积有17万亩。另外，北京市还有100个“名特优新”品种群和1 000个公园式旅游观光休闲果园。

北京市2016年生猪、家禽出栏数分别为275.3万只、3 882.7万只，禽蛋、牛奶产量分别为18.3万t、45.7万t。北京市划有5 202.3 km^2 的畜禽禁养区，畜禽养殖分布在禁养区之外的“四带”。生猪产业带在平谷、顺义、通州、大兴、昌平、房山；奶牛产业带在延庆、密云、怀柔、顺义、通州、大兴、房山；肉禽产业带在房山、门头沟、延庆、怀柔、密云、平谷；蛋禽产业带在房山、延庆、怀柔、密云、大兴、平谷、通州。

北京市渔业生产占地面积5万亩左右，2016年渔业产值9.2亿元。北京市渔业生产主要分布在“四区六带十条沟”。渔业资源养护和增殖重点区在拒马河、怀九河和怀沙河、密云水库、永定河等4个区域；观赏鱼养殖带在通州、平谷、昌平、怀柔、延庆、密云的6个地带；生态渔业、冷水渔业和休闲渔业分布在怀柔、密云、昌平、房山、延庆的10条沟域。

北京市种植生产占地到2020年约有30万亩，主要生产地区分布在“一个核心、两大区域、五类基地”。一个核心是指在海淀区的中关村国际种业园区；两大区域是指丰台的会展功能区、顺义的物流功能区；五类基地是指种植、畜禽、水产品、林果花卉、外埠的种业生产基地。

(四)北京市农产品的生产量

北京市近年农产品生产量总体处于下降状态。从表3.1可以看出，2011—2016年，粮食、蔬菜、肉类、出栏生猪、出栏家禽、禽蛋、水产品、牛奶、干鲜果品的年均增长率分别为－14.4%、－9.1%、－5.8%、－2.4%、－17.3%、4.2%、2.1%、

－1.6％。除禽蛋、水产品外，其他农产品的产量都不同程度地有所下降，其中粮食和出栏家禽降幅最大。

表 3.1 2011—2018 年北京市主要农产品产量

农产品	2011 年	2012 年	2013 年	2014 年	2015 年	2016 年	2017 年	2018 年
粮食(万 t)	121.8	113.8	96.1	63.9	62.7	53.7	41.1	34.0
蔬菜(万 t)	296.9	279.9	266.9	236.2	205.1	183.6	156.8	130.6
肉类(万 t)	44.4	43.2	41.8	39.3	36.4	30.4	26.4	17.5
出栏生猪(万头)	312.2	306.1	314.4	305.8	284.4	275.3	242.1	169.4
出栏家禽(万只)	10 736.7	10 089.4	8 529.8	7 550.7	6 682.8	3 882.7	3 115.2	3 726.8
禽蛋(万 t)	15.1	15.2	17.5	19.6	19.6	18.3	15.7	11.2
水产品(万 t)	6.1	6.4	6.4	6.8	6.6	5.4	4.5	4.51
牛奶(万 t)	64	65.1	61.5	59.5	57.2	45.7	37.4	31.1
干鲜果品(万 t)	87.8	84.3	79.5	74.5	87.9	66.1	61.1	49.9

北京市农产品生产能力下降源于产业结构调整。随着城市规模的扩大，城市建设用地挤占了农业生产用地，直接用于农产品生产的种养殖面积减少，使农产品生产的总体规模下降。城市开发还使土地价值提高，相对增加了农产品生产成本，使外埠进京农产品更具价值优势，间接压缩了北京市农产品生产规模。北京市农业向都市型现代农业发展，休闲农业、创意农业等非生产农业的比重逐渐加大，使种养殖业规模减小。为疏解非首都功能，北京市限制发展高污染、高水耗产业，粮食、畜产品等种养殖业被逐年调减。

(五)北京市农产品的自给率

北京市农产品生产规模减小，使多数农产品自给率下降。以 2014 年农产品产量计算，北京市粮食、蔬菜、肉类、禽蛋、水产品、牛奶、干鲜果品的自给率分别为 8％、16％、26％、61％、8％、61％、37％。在北京市农业“十二五”规划中，相关部门希望蔬菜、猪肉、禽蛋、牛奶、禽肉、水产品的自给率在 2015 年分别达到 35％、30％、66％、68％、70％、15％。但到 2016 年，以当年农产品产量(肉类、水产品为 2015 年产量)计算，北京市粮食、蔬菜、肉类、禽蛋、水产品、牛奶、干鲜果品的自给率分别为 6.7％、12.1％、24.3％、57.2％、7.3％、47.1％、39.5％。除禽蛋、牛奶外，北京市的其他农产品的自给率都不高(表 3.2)。

北京市不同农产品的自给率与生产用地、消费量有直接关系。粮食、水产品的自给率极低是因为粮食需要大量耕地，水产品需要有大量水资源。禽蛋和牛奶的生产集约化很高、占地面积少，因而自给率就高。粮食、蔬菜的消费量很大，致使自给率很低。禽蛋、牛奶、果品的消费量较低，因此自给率较高。

表 3.2 近年北京市主要农产品产量的自给率

农产品	农产品产量(万 t)	农产品大约消费量(万 t)	自给率(%)
粮食	53.7	800	6.7
蔬菜	183.6	1 522	12.1
肉类	36.4	150	24.3
禽蛋	18.3	32	57.2
水产品	6.6	90	7.3
牛奶	45.7	97	47.1
干鲜果品	79.0	200	39.5

二、外埠省区的农产品生产

(一)山东省的农产品生产

山东省是中国东部沿海的一个重要省份，位于黄河下游，东临渤海、黄海，与朝鲜半岛、日本列岛隔海相望，西北与河北省接壤，西南与河南省交界，南与安徽、江苏省毗邻。山东半岛与辽东半岛相对，环抱着渤海湾。特殊的地理位置，使山东省成为沿黄河经济带与环渤海经济区的交汇点、华北地区和华东地区的结合部，在全国经济格局中占有重要地位。

山东省是粮食生产大省，夏粮作物主要是冬小麦，秋粮作物主要是玉米、地瓜、大豆、水稻、谷子、高粱和小杂粮。小麦、玉米、地瓜是山东省的三大主要粮食作物。21 世纪前几年，山东省的粮食总产量一致保持在 4 000 万 t 以上；2010 年山东省粮食总产量达到 4 336 万 t，平均亩产达到 408 kg；2011 年，山东省粮食总产量为 4 426 万 t，平均亩产 619 kg。2013 年山东省粮食总产量达到 4 530 万 t，小麦、玉米的平均亩产分别达到 600.4 kg、606 kg。山东省粮食生产稳步增长主要依靠中低产田改造、高标准粮田建设、高产创建和新品种新技术推广。

棉花是山东省的重要作物，主要产区在黄泛平原。从 2007 年开始，山东省的棉花种植面积和总产量逐年降低。2010 年前，山东省棉花平均年产量约 94 万 t；2011 年，山东省棉花种植面积为 1 130 万亩，总产量 78 万 t，平均亩产量 69 kg。

2012年山东省棉花种植面积有1 020万亩，总产量70多万t，平均亩产量70 kg。山东省棉花产量下降的原因是棉花价格和植棉效益大幅度降低，植棉用工多、投资大、成本高，植棉的政策支持力度也不够。

山东省的油料生产在全国具有重要地位，其面积、产量和出口分别占全国的1/4、1/3和1/2以上，油料主产区在胶东与鲁中南丘陵区和黄泛平原地势较高的沙土地。2009年山东省油料作物种植面积1 520万亩，总产380万t，其中花生1 162万亩，总产量331万t；2011年，山东省花生种植面积1 196万亩，总产量339万t；2013年山东省花生种植面积为1 200万亩，总产量352万t。近年来，山东省油料作物总产量稍有下降，其主要原因是油料作物价格波动幅度较大，种植效益不稳定；另外，油料作物主要种植在中低产田，机械化程度低，种植区域分散，也使得油料作物种植比较效益低。

山东省主要种植北方果树，是全国水果主要产区之一。山东省生产各种水果20多种，品种达数百个，其中苹果产量占全国的1/4以上，桃、梨、葡萄等在全国也占有重要位置，水果产量中的70%以上销往外省和出口。2005年、2010年、2011年、2013年，山东省的水果产量分别为1 201万t、1 438万t、1 488万t、1 400万t。

山东省蔬菜生产自然条件优越、品种资源丰富，是全国最大的蔬菜产地。山东省的蔬菜有100多个种类，3 000多个品种，70%以上销往省外，出口量占全国的1/3。山东省蔬菜生产基本实现了由以城郊生产为主到以建设农区大基地生产为主，由以秋菜生产为主到以冬春菜生产为主，由以大路菜生产为主到以精细菜生产为主，由以省内消费为主到以供应省外和出口为主的转变。2005年、2010年、2011年、2013年，山东省的蔬菜产量分别为8 608万t、9 030万t、9 181万t、10 810万t。

山东省也是全国农区畜牧业大省，肉、蛋、奶产量在全国名列前茅。山东省的优质畜牧品种有鲁西黄牛、渤海黑牛、莱芜猪、里岔猪、青山羊、寿光鸡等。2010年山东省的肉、蛋、奶产量分别为700万t、375万t、270万t；2011年山东省的肉、蛋、奶产量分别为711.05万t、401.64万t、278.95万t。2013年山东省的肉、蛋、奶产量分别为774.8万t、396.2万t、281.2万t。

山东省濒临黄海和渤海，海岸线长达3 121 km，湖泊总面积1 496.6 km^2，蓄水量23.5亿m^3，水产生物资源十分丰富。2010年山东省水产品总产量783.5万t，其中海水产品645.9万t，淡水产品137.5万t；2011年山东省水产品总产量达到813.5万t，其中海水产品664.4万t，淡水产品149.1万t；2013年山东省水产品总产量达到851.9万t，其中海水产品688.2万t，淡水产品163.7万t。

（二）河北省的农产品生产

河北省环抱北京市，东与天津市毗连并紧傍渤海，周边其他接壤省区分别是山东省、河南省、山西省、内蒙古自治区、辽宁省。河北省地势西北高、东南低，由西北向东南倾斜。河北省的地貌复杂多样，高原、山地、丘陵、盆地、平原类型齐全。河北省的总体气候条件较好，温度适宜，日照充沛，热量丰富，雨热同季，适合多种农作物生长和林果种植。按地带划分，河北省的冀北高原为一年一熟低温作物区，冀北高原以南至长城以北为一年一熟中温作物区，长城以南至滹沱河以北为二年三熟作物区，南部为一年二熟作物区。

河北省是全国13个粮食主产省之一，在全国粮食生产中占有重要地位。河北省的粮食作物主要是小麦、玉米，其总产量占到全省粮食总产量的80%以上。2010年以后，河北省的粮食生产发展迅速，粮食播种面积保持在9 300万亩左右，其中4 000万亩为粮食生产核心区，小麦、玉米的播种面积为7 000万亩。河北省注重提高粮食的综合生产能力，包括农田基础设施建设、先进适用技术推广、粮食生产核心区建设等，2014年河北省的粮食播种面积达到9 500万亩。2010年河北省的粮食总产量为2 910.17万t，平均亩产345.8 kg；2011年河北省的粮食总产量为3 172.6万t，平均亩产366.47 kg；2013年，河北省的粮食总产量为3 365.0万t，平均亩产355.2 kg；2014年河北省的粮食总产量为3 360.2万t，平均亩产353.6 kg。

河北省是蔬菜生产大省，是另一大进京蔬菜生产地。河北省的蔬菜品种以大路菜为主，产量最大的是大白菜、黄瓜、西红柿，近年豇豆、胡萝卜、四季豆等小品种蔬菜的产量增长较快，食用菌生产也保持着快速增长。2011年，河北省的蔬菜播种面积为1 737万亩，总产量为7 384.3万t；2013年，河北省的蔬菜播种面积为1 830万亩，总产量为7 902.1万t；2014年，河北省的蔬菜播种面积为1 856万亩，总产量为8 125.7万t。河北省的蔬菜生产已经向设施化、规模化、产业化方向发展。2013年，河北省设施蔬菜播种面积达到蔬菜播种总面积的31%，2014年这一比重达到32.3%。河北省重点建设了24个蔬菜生产示范县，2013年这些蔬菜生产示范县的蔬菜播种面积和蔬菜产量分别为全省的30.1%和29.9%。河北省通过建设蔬菜生产基地来实现蔬菜生产产业化，2013年全省的112个县区的蔬菜生产基地的特色蔬菜产量达到全省的31.1%。

果品生产是河北省农业的三大支柱之一，其果树种植面积居全国第一，果品总产量居全国第二。河北省果品是典型的北方品种，主要有苹果、梨、核桃、红枣、板栗和葡萄。2011年，河北省的果树种植面积为2 300万亩，果品总产量为1 100万t。2013年，河北省的果树种植面积为2 583万亩，果品总产量为1 345.9万t。2015年，河北省苹果的种植面积400万亩，产量750万t；梨的种植面积300万亩，产量600万t；核桃的种植面积400万亩，产量30万t；红枣的种植面积500万亩，产量120万t；板栗的种植面积350万亩，产量40万t；葡萄的种植面积150万亩，产量

150 万 t。

畜牧业是河北省农业的另一支柱。2010 年以来，河北省主要通过规模化养殖提高畜牧产品产量，并通过畜产品质量安全监管提高畜牧产品质量。2010 年河北省的肉类产量、禽蛋产量、牛奶产量分别为 435 万 t、360 万 t、480 万 t；2012 年肉类产量、禽蛋产量、牛奶产量分别为 443.0 万 t、342.7 万 t、470.2 万 t；2013 年肉类产量、禽蛋产量、牛奶产量分别为 448.8 万 t、346.1 万 t、458.0 万 t。

(三)内蒙古自治区的农产品生产

内蒙古自治区位于河北省北部，是北京市的一个农产品供应省区。内蒙古自治区地域辽阔，土地总面积 118.3 万 km^2，地貌以内蒙古高原为主体，由草原、森林和荒漠组成，有众多河流，自然资源十分丰富。内蒙古自治区拥有 1 亿多亩耕地，土质肥沃，日照充足，非常适合农作物生长，是我国重要的粮食生产基地。内蒙古自治区拥有 5 片草原，草质优良，也是我国重要的畜牧业生产基地。内蒙古自治区现有水面 1 379 万亩，适于发展内陆淡水渔业。

内蒙古自治区的主要粮食种植地区分布在河套平原、土默川平原、西辽河平原、嫩江西岸平原和广大丘陵山区，粮食作物主要有玉米、小麦、水稻、大豆、马铃薯五大作物和谷子、高粱、莜麦、糜黍、绿豆等杂粮杂豆。内蒙古自治区的粮食生产得益于优越的自然条件，包括适于农作物生长的多样性土壤，丰富的农作物品种资源和充足的阳光资源。虽然内蒙古自治区是我国自然灾害比较严重的地区，但有利于农业生产的条件仍占主导。在生产方式上，内蒙古自治区侧重于地域特点和自然优势，通过建设生产基地发展粮食生产。农业种植结构继续优化，设施农业、高效农业得到大力推广，农业正呈向精细化、规模化、效益化、现代化方向发展。2002 年以来的 10 余年时间，内蒙古自治区的粮食产量保持持续增长。2011 年，内蒙古自治区的粮食播种面积为 8 341 万亩，粮食总产量 2 387.5 万 t，平均亩产 286.2 kg。2014 年，内蒙古自治区的粮食播种面积为 8 601 万亩，粮食总产量 2 753 万 t，平均亩产 319.7 kg。

内蒙古自治区是我国重要的畜产品生产、加工和输出基地，全区天然草场面积 13.2 亿亩，其中可利用草场面积 10.3 亿亩，可饲用牧草 900 余种，主要优良牧草 217 种。内蒙古自治区的畜牧业主要包括肉、蛋、奶、毛绒、皮张等五大类。内蒙古自治区发展畜牧业的主要措施是建设规模化养殖基地和改良畜牧品种。2012 年，内蒙古自治区已经相继建成一大批奶业生产基地、肉牛和猪禽生产基地、肉羊和细羊毛生产基地、羊绒生产基地。全区羊肉产量超万 t 旗县达到 37 个，牛肉产量超万 t 旗县达到 21 个，牛奶产量超 10 万 t 旗县达到 26 个，山羊绒产量超 100 t 旗县达到 23 个。内蒙古自治区原有地方畜牧品种有蒙古马、蒙古牛、蒙古羊、双峰驼、白绒山羊，通过改良和引进，新型优良品种已有数十个。2012 年，内蒙古自治区的牲畜存栏数为 1 亿多头只，肉类、牛奶、禽蛋、绒毛的综合生产能力分别达到 245 万 t、910 万 t、54 万 t、12 万 t。2014 年，内蒙古自治区的牲畜存栏数为 1.29 亿多头只，肉类、牛奶、绒毛的总产量分别为 252 万 t、788 万 t、13 万 t。

(四)辽宁省的农产品生产

辽宁省位于我国东北地区的南部，与河北省接壤，是另一个北京市农产品供应省。辽宁省土地面积为 14.8 万 km^2，其中山地为 8.8 万 km^2，平地为 4.8 万 km^2，水域和其他为 1.2 万 km^2。辽宁省的东、西两侧是山地丘陵，中部是辽河平原，南部的辽东半岛插入黄海、渤海之间。辽河平原自然资源丰富，土壤肥沃，是辽宁省的粮食基地。辽宁省属温带大陆性季风气候，雨热同季，日照丰富，四季分明。

辽宁省是北方粮食生产大省，2012 年粮食种植面积为 4 790 万亩，粮食总产量 2 070.5 万 t；2014 年粮食种植面积为 4 852.7 万亩，粮食总产量 1 753.9 万 t；辽宁省粮食生产在 2011—2013 年达到一个高峰，粮食总产量分别为 2 035.5 万 t、2 070.5 万 t、2 195.5 万 t。辽宁省粮食作物主要以玉米、水稻为主，玉米、水稻的种植面积占全省粮食种植面积的 90%以上。玉米是辽宁省第一大粮食作物，其种植面积占全省粮食种植面积的 50%，2014 年玉米总产量为 1 170.5 万 t。辽宁省的水稻种植面积约占全省粮食种植面积的 16%，2014 年水稻总产量为 451.5 万 t。辽宁省的其他主要粮食作物还有豆类、薯类、小麦、高粱，种植面积分别在 300 万～500 万亩。

辽宁省的蔬菜生产居全国中上水平，2012 年全省蔬菜种植面积约 650 万亩，蔬菜总产量 4 013 万 t。辽宁省的蔬菜属于北方品种，主要是黄瓜、西红柿、辣椒和茄子，其他产量较大的蔬菜还有白菜、萝卜、马铃薯和大葱，瓜类主要是西瓜、甜瓜。近年，辽宁省蔬菜生产的重点是发展设施蔬菜，2012 年辽宁省设施蔬菜已经达到蔬菜总产量的 75%。

辽宁省是猪肉调出大省，生猪生产能力及猪肉供给水平全国领先，2010 年以来每年生猪省外年调出量超过千万头。2010 年辽宁省生猪出栏 1 588 万头，猪肉产量 215 万 t；2012 年生猪出栏 2 728 万头，猪肉产量 230 万 t；2013 年生猪出栏 4 000 万头，猪肉产量 338 万 t；2014 年生猪出栏 2 839 万头，猪肉产量 240 万 t。辽宁省生猪生产依赖规模化养殖，2014 年全省生猪标准化规模化养殖率已达到 64%，猪肉产量的 70%来源于规模化养殖场。

辽宁省乳品生产也居全国前列，2011—2014 年全省乳品产量为 129 万 t、138 万 t、121 万 t、131 万 t。辽宁省乳品生产的优势是饲料和规模化养殖。辽宁省

2013 年的饲料生产能力达到 1 287 万 t，2014 年为 1 126 万 t，其中年产 5 万 t 以上的饲料生产企业占 44%。辽宁省奶牛规模养殖比重达到 75%，2014 年全省存栏 200 头以上的奶牛标准化养殖场有 1 532 个，年末全省奶牛存栏 56 万头。

辽宁省近年的禽肉、禽蛋生产居全国前四位。2011—2014 年辽宁省的禽肉产量分别为 125.1 万 t、130.3 万 t、128.1 万 t、130.6 万 t；同期禽蛋产量分别为 269.4 万 t、282.9 万 t、276.8 万 t、279.3 万 t。辽宁省的禽肉、禽蛋生产坚持规模化、设施化，并在品种选育、生态化养殖等方面居全国之前。

（五）国内其他农产品供应地区的生产

除北京市周边省区，国内供应北京市农产品的其他省区主要是南方省份。南方省份供应部分南方水果，主要供应地区是海南省和广东省。

海南省位于我国南部，海南岛是我国的第二大岛。海南省总面积 3.5 万 km^2，森林覆盖率达 60%，热带天然林约占全省森林面积 50%。海南岛地处热带北缘，属热带季风气候。海南岛入春早，升温快，日温差大，全年无霜冻，冬季温暖。海南省雨量充沛，有明显的多雨季和少雨季。海南省植物资源丰富，是我国南方水果的最理想产地。

海南省农作物中除粮食外，主要是糖蔗、油料、蔬菜、水果，其中水果产量最大的是香蕉、菠萝、芒果、荔枝、椰子、胡椒、槟榔。2013 年海南省水果总产量 441.9 万 t，其中香蕉 201.33 万 t、菠萝 38.86 万 t、芒果 44.69 万 t、荔枝 16.94 万 t，另外，椰子 2.52 亿个、胡椒 4.00 万 t、槟榔 22.38 万 t。2014 年海南省水果总产量 420.3 万 t，其中香蕉 167.33 万 t、菠萝 38.24 万 t、芒果 45.54 万 t、荔枝 17.704 万 t，另外椰子 2.41 亿个、胡椒 4.00 万 t、槟榔 22.95 万 t。

广东省是我国大陆最南的省份，陆地面积 17 万 km^2。广东省地形复杂，地势北高南低，山地和丘陵占全省土地面积的 62%。广东省的水资源主要来自降雨，水资源总量丰富，但水资源空分布不均。广东省地处低纬地带，太阳辐射多，热量丰富，是我国太阳能最丰富的地区之一，也是我国植物生长量最大的地区之一。

广东省农作物主要是粮食、糖蔗、油料、蔬菜、水果、茶叶，其中水果产量最大的是香蕉、柑、橘、橙、菠萝、柚子、龙眼、李子、荔枝。2013 年广东省园林水果总产量 1 359 万 t，其中香蕉 426 万 t、柑、橘、橙 370 万 t、荔枝 110 万 t、菠萝 87 万 t、柚子 75 万 t、龙眼 70 万 t、李子 58 万 t。2014 年广东省园林水果总产量 1 436 万 t，其中香蕉 424 万 t、柑、橘、橙 388 万 t、荔枝 125 万 t、菠萝 89 万 t、柚子 85 万 t、龙眼 80 万 t、李子 62 万 t。

三、农产品进口和加工农产品供应

(一)农产品进口

我国进口的主要农产品有粮食、乳品、食用植物油、棉花、鲜、干果及坚果、冻鱼、食糖,其中粮食包括大豆和玉米、小麦、小麦粉、大麦、稻谷与大米等谷物及谷物粉,乳品中主要是奶粉,食用植物油主要有豆油、花生油、橄榄油、棕榈油、菜籽油与芥子油,鲜、干果及坚果中最多的是香蕉、鲜龙眼。粮食是我国进口量最大的农产品,这主要是粮食关系国计民生并用于储备;粮食中又以大豆的进口量最大,其次是谷物及谷物粉。

我国农产品进口国主要包括美国、巴西、新西兰、澳大利亚、加拿大、泰国、印度尼西亚、马来西亚、印度、法国、越南、智利,其中从美国、巴西、新西兰、澳大利亚和加拿大等5个国家进口的农产品就占农产品进口总量的60%以上;美国是我国农产品进口的第一大来源国,占我国农产品进口总额的25%以上,主要进口商品为大豆。

我国农产品进口的省份有山东、广东、北京、上海、江苏、福建、天津、辽宁、浙江、广西;其中山东、广东、北京、上海和江苏是我国农产品进口的主要集中地,这些地区的农产品进口额约占我国农产品进口总额的65%。

2011—2014年北京市农产品进口额分别为118亿美元、180亿美元、141亿美元、128亿美元,分别占当年我国农产品进口额的12%、16%、7.6%、6.5%。北京市进口农产品的主要种类是食用植物油、食用油籽、冻鸡、乳品、水海产品、肉及杂碎、鲜蛋、鲜果、干果及坚果,其中进口量最大的是食用油籽、食用植物油、肉及杂碎。

国际农产品市场近年基本保持平稳,加至进口农产品在北京市的市场比重不大,因而对北京市的农产品市场影响有限。在过去50年中,全球主要农产品产量增速与消费量增速基本相当,因而农产品供需基本上是平衡的。我国粮食主要依靠自我供给,粮食进口来源国则多处于产能过剩状态。近年我国大豆和食用油进口增加速度较快,国际市场对中国需求的增加做出了相应的反应。

(二)加工农产品供应

农产品加工是以农业生产的原始产品和野生动植物资源进行的工业加工,一般分为初级加工和深加工。农产品初加工是指对农产品一次性的不涉及农产品内在成分改变的加工,一般是对刚收获的农产品进行的去籽、净化、分类、晒干、剥皮、大批包装等加工。农产品深加工是指对农业产品进行深度加工制作,这种加工改变了农产品的原始成分或结构，形成了新型的产品形式。在国际上，农产品加工涉及食品、饮料和烟草加工，农产品加工业纺织、服装和皮革工业，木材和木材产品包括家具制造，纸张和纸产品加工、印刷和出版，橡胶产品加工。但与人们日常直接相关的加工农产品是食品。食品是指各种供人食用或饮用的成品和原料，非加工食品一般归于鲜活农产品，加工制造出的食品归于加工农产品。在农产品大类中，乳品就是加工农产品。

加工农产品与鲜活农产品很大不同。农产品加工是工业化生产过程，因此农产品加工也属于不同的工业制造行业。加工农产品以工业产品形式出现，有产品品牌、产品规格、质量标准、生产许可等。加工农产品需要进行精确成本核算，其价格的形成也遵照工业品方式。加工农产品不受地域限制，其生产场所分布广泛。加工农产品不像鲜活农产品那样容易腐烂变质，因此可以长期保存、远途运输。加工农产品在超市销售，销售主体是加工企业，销售方式也与一般商品完全相同。加工农产品以鲜活农产品为原料，加工农产品消费间接影响农产品供应。

四、北京市的农产品供应地策略

（一）北京市农产品供应的特点

1. 北京市农产品消费市场巨大

北京市农产品消费有自身特点，对农产品供给有直接影响。2016 年北京市拥有常住人口 2 173 万人，食用类商品消费 2 297 亿元。农产品需求与城市人口有直接关系，几十年来北京市人口一直保持增长，这极大地增加了对农产品的需求。农产品需求与生活水平也有直接关系，生活水平的提高，使人们在数量和质量两个方面增加了对农产品的需求。农产品需求与城市建设有间接关系，随着城市的扩大和建设用地的减少，农产品流通成本会增加，进而间接增加农产品销售价格。规模巨大的农产品消费具有相当大的吸引力。未来限制人口数量的政策使北京市农产品消费在总量上不会有过快增长，但农产品消费的水平将继续提高。

2. 北京市自身农产品供应能力将长期不足

从多方面考察，北京市本地农产品生产将无法满足自身需要。北京市农产品自给率不是在某些方面不足，而是在整体上不足。北京市农产品自给率不是短时间的不足，而是长期的不足。根据北京市人口增长预计，北京市农产品消费总量达到峰值时会比现在高出 10%以上。这也就意味着北京市农产品自给率还将继续下降。

北京市农产品生产主要依赖两大地域。西北部自然生态涵养区除林果业外没有更大发展农业生产的潜力。东南部平原随着城市扩张而被压缩，其农产品生产能力不会有大幅度增长。东南部平原处于京、津、冀一体化的中心地带，京、津、冀一体化所产生的产业开发会影响这一地区农产品生产。北京市农业发展规划加大了非生产性农业产业比重，农产品生产的总体规模也受到了限制。

北京市农业部门希望增加当地农产品产量，提高北京市农产品自给率，但近年所提出的农产品生产目标很多未能实现。农产品生产目标难以实现，说明了北京市农产品生产能力达到了极限，短期大幅度提高农产品生产量可能性较小。从长远看，北京市的人口的增加、人们生活水平的提高、城市建设的发展、农业生产用地的减少等对农产品供求影响的方向没有改变，北京市自身农产品供给能力仍然会持续下降。

3. 农产品流通的产业地位将进一步提升

产需现状表明，北京市只能更加依赖外埠省区的农产品供应。近年生产技术发展使外埠省区农产品生产能力有很大提升，交通条件改善也使农产品进京更为便捷，因此外埠省区的生产能力能够满足北京市农产品供应的要求。

北京市作为大型消费城市，外埠省区是农产品来源主要的供应格局将提升农产品流通的产业地位。以往北京市农业发展规划所涉及粮经作物、蔬菜、果品、畜牧、水产品、籽种、休闲观光、农产品加工、农产品流通等九大产业，农产品流通虽然得到重视，但位居其后。今后对北京市而言，搞好农产品流通可能比搞好农产品生产更为重要。

(二)外埠省区农产品供应的特点

1. 自然条件是农产品供给的基本

向北京市供给农产品的外埠省区主要有河北、山东、内蒙古、辽宁、山西等。这些地区有南部的平原、西部的草原、北部的平原和山地、东部的大海；这些地区国土面积辽阔，土壤肥沃，提供了充足的农产品生产土地；这些地区气候适宜，适合多种农作物的生长。这些外埠省区具有明确的产业分工，蔬菜、果品、粮食、油料、畜产品、乳品、禽蛋、水产品的产业门类齐全，可以满足北京市农产品市场的多种需要。

北京市周边省区的自然条件是农产品供给的先决条件。辽河平原、三江平原是我国主要的水稻、玉米产地，中原地区是我国主要的小麦产地，粮食又适于长途运输，因而这两地是北京市粮食的主要供给地。内蒙古自治区以内蒙古高原为主体，由草原、森林和荒漠组成，是最适宜的畜产品生产、加工的地区。山东省自然条件优越并具有特殊的地理位置，是粮食、油料、蔬菜、果品的生产大省。河北省紧邻北京市，也是北京市蔬菜、果品、粮食、畜产品的重要供给地。由于远离大海和内陆水资源不足，北京市及周边外埠省区的水产品供给一直处于相对缺乏的状态。

2. 外埠省区的农产品供应能力显著提高

近年北京市周边省区的农业生产发展迅速，多数农产品产量居全国前列。山东的粮食、油料、蔬菜、果品，河北的粮食、蔬菜、果品，内蒙古的畜产品，辽宁的粮食、蔬菜、畜产品、乳品、禽蛋等生产能力都保持在较高水平。

生产技术发展是北京市周边省区提高农产品供给能力的根本动因。山东省、河北省大力发展设施农业，使蔬菜总产量显著增加，使蔬菜品种和供给季节有明显改善。内蒙古自治区的畜产品基地建设和辽宁省的标准化、规模化养殖使畜产品产量大幅度增加。山东等省提高粮食产量产地则主要依靠中低产田改造、高标准粮田建设、高产创建和新品种新技术推广。生产技术发展不均衡使北京市农产品供给地有明显的区域分工。

北京市周边省区具有农产品外销能力。一方面，这些省区的农产品生产能力高于自身消费能力，表现在人均农产品拥有量高于全国其他省份，因而其农产品倾向于外销。另一方面，北京市是一个巨大的农产品消费市场，它也将吸引周边省区的农产品进入北京市。

3. 交通条件正在改变农产品供给的格局

交通条件对农产品供给有至关重要的影响。进京农产品主要通过陆路运输，除粮油、畜产品等耐贮农产品可以用铁路运输外，大部分蔬菜、果品等鲜活农产品需要通过公路运输。公路体系是农产品供给的基础条件，其延伸形态决定了农产品供给地的范围。近几十年，北京市周边的公路体系建设快速发展，目前已经形成了以京哈、京沪、京台、京港澳、京昆、京藏、京新、京津、大广、京平、京秦等 11 条高速和 G101－G112 等 12 条国道为主干的较为完善的公路网。这些公路网使原本贴近北京市的农产品供给地延伸到河南省、山西省等较远地区。但是，公路网也不能使农产品供给地无限延伸。公路运输成本较高，其中主要包括燃油费、公路费、车辆和人工费、农产品运输损耗等。当距离增加而使运输成本高于销售利润时，也就达到了农产品供给地域的极限。

交通条件改善促使农产品供给地远离城市。近年各地区城镇建设使产业结构发生了变化，部分农业用地改变用途，接近城镇的土地增值迫使农业用地远离交通便利的地区。这种变化使农产品的生产成本下降，却使农产品的流通成本增加。因此，北京市农产品供给地的分布不是简单从北京市向外辐射，而是成本适中的环形地域。

4. 流通体系与政策对农产品供给有重要影响

北京市农产品流通以批发市场为核心，一般农产品流通过程是经纪人、专业合作社、农民将农产品销往产地批发市场，再由经销商组织销往销地批发市场，然后在农产品生鲜超市、社区菜市场、零售摊贩进行分销。产地批发市场和经销商对农产品供给地的分布有重要影响。产地批发市场规模越大，经销商水平越高，则农产品流通量越大，该地区的地位越高。因此，农产品供给地不是自然地域的均匀分布，产地批发市场和经销商对其分布有重要作用。

北京市一直与农产品供给地区保持着良好的合作。在生产方面，北京市积极支持周边省区的农产品生产基地建设，以保障农产品供给的品种、数量和质量。在流通方面，北京市通过开辟绿色通道、减少税费，以降低进京农产品的流通成本。但由于地域管辖原因，北京市对产地批发市场和经销商影响较弱，这使得北京市对农产品供给货源缺乏主导性。

5. 周边省区城市发展对北京市农产品供应格局的影响

北京市周边省区不仅对北京市提供农产品，也要对其他地区和城市提供农产品。近年其他地区和城市的社会经济发展和人们生活水平提高，也加大了这些地区和城市对农产品的需求，从而对外埠农产品供应量产生了分流；特别是天津、河北的大中城市及未来的雄安地区对北京市农产品供应有明显的阻隔作用。北京市在整个农产品消费市场中的地位相对下降，因此北京市的农产品供给地应向西部和北部扩张。

（三）北京市农产品的供应地策略

1. 开放北京市的农产品市场

北京市是一个特大型的农产品消费城市。北京市自身农产品生产供应能力不足以满足北京市的需要，对外埠农产品生产供应的依赖是一个现实，这一现实要求我们在建设农产品供应体系时必须考虑本地与外埠的内在关系。

北京市本地农业生产部门从其自身利益出发，必然追求发展生产和占领市场。发展生产可以扩大供应量，对满足北京市农产品消费需求是有利的；发展生产的负面影响是占有资源，使农产品生产成本升高。占领市场的积极作用是主动适应市场需要，提升农产品生产销售的能力；占领市场的消极作用是进行地方保护，对外埠农产品生产、供应者进行限制。

北京市周边省区是北京市的主要外埠农产品生产、供应者。对于北京市周边省区而言，北京市是一个巨大市场并且北京市距离较近，这使得北京市对这些周边省区具有巨大的吸引力。但从另一角度看，这些周边省区内部也有市场，其外销市场更为广阔；在北京市农产品市场难于进入时，周边省区会转向内部和其他外销市场。因此，周边省区对北京市的农产品供应不仅仅取决于这些省区的愿望，还取决于进入北京市农产品市场的难度。

基于上述原因，北京市要摆好外埠和本地的主次位置，对外埠农产品生产、供应者进行开放。

北京市本地农产品生产、供应者应积极适应市场需要，对自身进行产业调整，减少本地与外埠的简单直接的竞争。本地农产品在高端市场、小批量的细分市场、难于运输存储的农产品市场等方面具有优势，而在大陆品种、大量低价农产品等方面不具有优势。北京市政府应给与本地农产品生产、供应者的平等市场待遇，减少对本地农产品的市场保护，这种保护从另一角度看就是对外埠农产品的限制。北京市政府应减少对本地农产品生产的单纯性补贴，这种补贴实际是增加农产品生产成本，间接引发对本地农产品的市场保护。

北京市应对外埠农产品生产、供应者彻底开放市场。这种市场开放主要是减少对外埠农产品进入北京市农产品市场的阻碍，包括进入渠道、税收、流通方式等，在保障农产品安全和价格平稳的前提下，为外埠农产品进入北京市农产品市场提供方便。市场开放的根本是减少农产品进入北京市农产品市场的流通成本，包括运输、存储、销售、税费等；流通成本必须具备比较优势，这是需要站在外埠农产品生产、供应者角度考虑的。

2.改善外埠省区对北京市农产品供给

北京市一贯重视外埠省区对北京市农产品供给，许多政策措施行之有效。建立绿色通道，减少过路费和取消对进京农产品运输车辆的不合理限制，这些措施大大提高了农产品进京运输的效率。减少进场费、摊位费和其他交易税费，这些措施降低了农产品进京的交易成本。在农产品产地建设生产基地，加强与农产品产地的合作，这些措施为北京市农产品供给提供了更好的保障。

除已经实行政策措施外，基于外埠省区农产品供给的特点，北京市可以在以下几个方面进行改进。第一，在产地建立农产品经销企业。出于地域管辖的原因，北京市难于控制产地农产品的交易市场和流通，但经销企业不受地域管辖的限制。北京市可以通过投资、控股等多种形式，在产地建立或控制农产品经销企业。通过这些企业组织货源、控制产地农产品价格，从而更好地服务北京市。第二，开发北京市高端农产品消费市场。北京市拥有消费水平较高、规模较大的高端农产品消费市场，这是北京市较其他城市或地区的优势。开发这一市场有助于农产品产地经济发展，促进优质农产品流向北京市。第三，推进农产品供给地向西北地区偏移。北京市以南城市和地区的社会经济发展较快，形成了对北京市农产品供给的阻隔。北京市有必要在西北地区获取更多的农产品供给地。西北地区主要是畜牧、粮油、禽蛋产地，需要进一步发展蔬菜、水果等其他农产品生产。

第四章　北京市各类农产品的供应

一、北京市的粮油供应

(一)北京市粮油的消费状况

北京市是巨大的粮食消费城市,这与北京市的人口规模密切相关。2015 年、2016 年北京市的人口分布为 2 171 万人、2 173 万人,粮食消费总量分别为 569 万 t、563 万 t。农村粮食消费主要用于口粮、饲料粮、种子粮;城市粮食消费主要用于口粮、加工企业生产饲料用粮、食品加工用粮、工业用粮、制酒用粮。在粮食消费品中,口粮比重最大,约占粮食消费总量的 63%;饲料粮居第二位,约占粮食消费总量的 29%;其他约占粮食消费总量的 8%。北京市的主要粮食消费品种是面粉、稻米、玉米、大豆和杂粮,分别占粮食消费总量的 33%、25%、25%、10%、7%。2006 年以前北京市居民粮食消费中比重最大的是大米,约占消费总量的 60%;2006 年以后北京市居民消费的面粉开始增加,占 50%～60%;玉米主要用于饲料粮,居民很少直接食用。近十几年北京市粮食消费总量以每年平均 1%～2%的速度增加,2011 年以前增速稍慢,近几年增速稍快。在粮食消费总量中,口粮的消费比重在下降,餐饮业的粮食消费快速增加,畜禽养殖所用饲料粮大幅度增加,酿酒用粮也在增加。在粮食品牌中,市场占有率较高的面粉类产品有古船、香雪等,大米类产品有北大荒、冰灯、七河源、古船等。

北京市的食用油消费在我国列居第 2 位,仅次于上海市。近年北京市的食用油消费增长速度较快,2008 年北京市的食用油消费量为 40 万 t,到了 2015 年增长到了 57 万 t,上涨了 43%。北京市食用油用于居民食用和生产加工,2008 年居民口油为 19.5 万 t、工业和食品加工用油 20 万 t;2015 年居民口油为 36.5 万 t、工业和食品加工用油 35.5 万 t。北京市消费的食用油品种主要是色拉油和花生油,其中色拉油占总消费量的近 70%,花生油占总消费量的 20%,其他是菜籽油、芝麻油等。北京市食用油的集团消费比重较大,家庭购买的食用油约占 76%,而单位以发放福利形式购买的约占 24%。在食用油品牌中，市场占有率较高的有鲁花、金龙鱼、火鸟、福临门、汇福、绿宝、多力等。

(二)北京市粮油的供应来源

我国水稻种植大省在南方，种植面积的前 10 位依次是湖南、广东、四川、江西、广西、湖北、江苏、浙江、安徽、福建。但在北京市销售的大米主要来自东北，其中 90%的大米产地是盘锦、五常、东港等地，其他少量大米产地是河南、天津和泰国。南方大米在北京市销售量很少的原因是南方大米是两季稻，口感较差；南方水稻产地距离北京市较远，运输不便。我国小麦种植大省在北方，主要产区有河南、河北、山西、河南、山东、安徽、湖北、江苏、四川、陕西等。河南是小麦种植第一大省，产量约占全国的 1/4。北京市销售的面粉也多来自北方，市场占有率较大的品牌有北京的古船、辽宁的香雪、河北的金沙河、山东的风筝、内蒙古的河套、黑龙江的北大荒、江苏的苏三零等。玉米是我国第 3 大粮食作物，种植大省有河北、内蒙古、辽宁、吉林、黑龙江、山东、河南、四川、陕西、甘肃。在北京市销售最多的玉米来自吉林和黑龙江，主要用于饲料和工业生产。北京市本地粮食在消费总量中的比重一直就很低，近年更是被持续压缩。北京市目前粮食种植面积为 131 万亩，2015 年、2016 年的粮食产量分别为 62.7 万 t、53.7 万 t，自给率分别为 11%、9.5%。北京市压缩粮食种植面积的原因是粮食种植耗水量很大，土地使用效率较低。

色拉油的主要原料是大豆。我国大豆产量位居世界第 4 位，主要产地在东北、黄淮海和南方。黑龙江是我国最大的大豆种植省，种植面积约占全国的 40%。我国大豆 85%以上依赖进口，每年大豆进口量占世界大豆贸易量的 65%以上，2015 年、2016 年、2017 年我国大豆进口量分别为 8 169 万 t、8 400 万 t、9 000 万 t。花生是我国第 2 大油料作物，种植地区有山东、四川、福建、安徽、湖南、浙江等。山东是我国花生种植面积最大是省份，种植面积、产量分别占全国的 25%、30%。菜籽油的产区在长江流域，较大的菜籽种植省区有四川、重庆、湖北、湖南、安徽、江苏和贵州等。菜籽油的消费量在 2002 年以前居我国首位，但近年大豆进口和色拉油消费量的增长，使菜籽油的地位下降。北京市销售的菜籽油比重较小，其主要因为菜籽种植地在南方。北京市的油料作物种植面积很小，2015 年仅为 2 100 hm^2；北京市 2015 年、2016 年精制食用油产量分别为 3.42 万 t、3.46 万 t，自给率约 6%左右。

(三)北京市粮油的供应方式

粮油批发市场是粮油供应的重要渠道，由综合及专业粮油批发市场和农产品批发市场构成。目前，北京市规模较大的粮油批发市场有 19 家，其中专业粮油批发市场有 9 家，从事粮油批发的经营户有 1 300 多户，经营户采用租赁摊位方式经营。超市和社区菜市场是粮油零售渠道，北京市有超市和社区菜市场 2 000 余家，粮油零售业的从业人员有 1 万余人。

北京市一些粮油加工、进出口和经营企业的也参与粮油流通，其中的大型企业较少，主要有中粮集团、京粮集团，以及区县粮油公司等。粮油企业与粮油批发经营户不同，这些企业业务涉及粮油储备、粮油进出口、粮油加工、粮油销售，一定程度上扮演着国家粮油政策执行者的角色，因而对北京市粮油市场、粮油供应有很大的影响。

粮油储备体系是粮油供应中的关键环节。北京市拥有由粮食局系统管辖的国家、市、区县三级粮油储备库。2017 年年初北京市参与粮食储备的企业有 51 家，储备库总面积 499 万 m^2，标准粮食仓容 504 万 t。储备粮油采用吞吐轮换方式来供应市场、稳定物价。北京市的粮油每年轮换 20%～30%，轮换期间粮油的实际储备不得低于储备库总库容的 80%。粮油采购和销售采用竞价交易、定向购销方式，竞价交易在粮油交易机构定期组织的粮油竞价交易会进行，定向购销是指政府指定购销的地区和对象。管理部门对粮油储备进行监控，以保持充足、稳定储备粮。动用储备粮油的情况是粮油明显供不应求、粮油价格出现异常波动、出现重大自然灾害或其他突发事件。

粮油储备供应的下游是居民粮油供应和粮油加工企业。居民粮油供应采用覆盖全市的网点体系，这些网点平时自主经营，出现突发事件时则成为应急供应点。北京市目前拥有粮油供应点 810 个，基本覆盖了所有街道、乡镇和中大型社区。粮油加工企业是粮油的另一大消费方，一般涉及粮油深加工、食品、酿酒等行业。我国 90%以上的粮油加工企业是民营企业，中小企业居多。2017 年北京市规模以上粮油加工企业有 117 家，工业总产值约占北京市的 1%。

（四）北京市粮油供应中的问题

北京市粮油供应是我国粮油供应体制下的一个标准案例，这种体制结合了粮油计划购销和粮油市场流通。粮油计划购销过程是国家进行的政策性收购、轮换储备和定向销售。粮油市场流通是经营企业通过批发市场、零售终端进行的销售。放开粮油市场是推进市场经济的要求；但粮油关系社会民生，粮油供应完全交由市场将面临很大风险。粮油计划购销和粮油市场流通存在互补，但两者也存在着诸多矛盾。

粮油收购以国家主导，政府制定收购价格；粮油企业大量收购，然后向政府获取财政补贴。粮油收购价加上流通成本会高于粮油销售价格，粮油供应从开始就是一个亏损过程。除了销售给国家外，农户很少有其他粮油销售渠道，因而常常出现卖粮难的情况。

北京市的粮油供应地距离较远，大多在华中、东北及山东等地。粮油运输主要依靠铁路，并且是粮油仓库到粮油仓库的运输。这种运输方式时间长、过程复杂、物流设备要求高，因而运输成本很高。粮油运输由国家控制，粮油运输、仓储的现代化程度不高，这些也造成粮油运输难。

北京市的粮油储备量巨大，粮食的有效储备库容能达到年消费量的 90%，粮食储备量能满足 8～11 个月的消费。粮油储备成本很高，这也是粮油供应中的一个亏损环节。粮油轮换周期是 4 个多月，轮进、轮出过程会造成人为的价格波动；粮油轮换都是大宗交易，轮进、轮出对市场有冲击作用。

粮油市场流通过程无法反映供求状态。粮油收储制度使国家控制了粮油收购到粮油储备轮出的供应阶段。粮油批发、零售的货源来自储备轮出。在这一过程中，前端是计划经济方式，后端是市场经济方式，后端受前端的控制。在粮油批发市场，经销商销售各地的粮油产品，因此批发市场很大程度上反映了各地粮油储备轮进、轮出的综合状态。

粮油生产由农业部门主管，粮油收储、销售由商业部门主管，农业部门和商业部门在粮油供应中存在矛盾。农业部门不了解消费需求，粮油生产主要依据计划指标，这使得供求脱节、粮油卖出困难。商业部门不掌握粮油来源，在市场波动时缺乏应对的主动性。

粮油收储制度无法反映市场供求关系，因而准确的粮油储备量难于确定。粮油储备过多会浪费，粮油储备过少无法应对突发事件。确定粮油储备量需要监测消费量和库存量，调整供应量常常落后于消费需求变动，粮油收购量也常常不随消费量变动而变化。

(五)北京市粮油供应的改进对策

国家粮油收储制度、粮油管理中的农商分离、粮油运输困难等不少问题是北京市自身无法解决的。在现实条件，北京市应把改进粮油供应的重点放在粮食局体系和粮油批发市场。粮油批发市场充分发挥自身功能，可以减少粮食局系统的压力；粮食局系统更好的管理，可以维护粮油市场的运行，降低粮油市场和粮油价格的波动。

在未来一段时间，粮食局系统的主要任务是进行粮油精确检测、精确调控能力、完善粮油交易过程。粮油情况监测是针对北京市粮油消费、粮油交易状况的监测，它是粮油精确投放的依据。2017 年北京市开始建设区县级粮油监测预警体系，监测对象包括超市、粮油批发市场、粮油加工企业、饲料企业等，市级粮油监测预警体系尚未开始建设。粮油库存监测是要了解粮油储备状况，主要针对粮油储备量、粮油质量安全。粮油库存监测主要采用常规检查和集中检查。北京市已经开始建设智能化粮库,粮情监测仓库占总库容的80%,但库存监测技术水平需要进一步提高。粮油价格的分析、预测是粮油管理的重要工作。加强分析精度、提高预测准确性对粮油调控有重要作用。北京市粮油竞价交易会每月举办一次,每次销售粮食在万t级别、油料在千吨级别,每次采购粮食在十万t级别。交易会采用现场和网上竞价方式,有严格的粮油审批、出库程序。增加交易会场次、放活交易批量、下放审批权限、简化交易流程和出库手续可以改善储备粮油的交易。

粮油批发市场在粮油供应体系不处于决定性地位,但粮油批发市场具有很强的发现价格、协调供求关系的功能,它对粮油供应的影响将越来越大。北京市应明确粮油批发市场的定位,支持粮油批发市场的建设。粮油批发市场应加强规划,使之拥有完善的存储、交易、检验、运输等设施,并具备停车、住宿、金融、信息等服务条件。粮油批发市场是外埠粮油产品进京的重要渠道,也是粮油经销企业的重要经营场所;因此要培育市场主体,引进多方面企业进场经营。粮油批发市场有很强的服务功能,包括粮油物流与配送、粮油信息服务与电子商务等;因此应加强批发市场与粮油加工企业、粮油零售终端的联系,提高粮油供应能力。

二、北京市的蔬菜供应

(一)北京市蔬菜的消费状况

蔬菜在北京市农产品供应中占举足轻重的地位。北京市居民消费的蔬菜大约有150种,其中经常消费的有80种,主要消费的有50种。耐贮类、茄果类和叶类蔬菜销售量最大,分别占蔬菜总销售量的37%、15%、11%。大白菜、马铃薯、甘蓝、西红柿、刺黄瓜、葱、茄子、青椒、冬瓜、洋葱、芹菜、蒜、胡萝卜、小辣椒、菜花、白萝卜、西葫芦等17种蔬菜占全部蔬菜销量的60%～70%。大白菜、甘蓝、马铃薯、洋葱、冬瓜、胡萝卜、白萝卜、南瓜等8种蔬菜是北京市基本的储备蔬菜品种。新鲜蔬菜在北京市居民消费中比重很大,大约占蔬菜销售量的90%。蔬菜消费中又以大陆菜为主,特色蔬菜、精品蔬菜的比重不大。

十几年来北京市蔬菜消费总量一直处于高速增长状态,直至近两才开始走向平稳。2005年北京市蔬菜消费总量为737万t,2014年为772万t,2015年为859万t,2016年为851万t。北京市蔬菜持续增加主要源于城市人口的增长,2005年北京市常住人口为1 538万人,2014年、2015年、2016年分别为2 115万人、2 171万人、2 173万人,2015年以前平均每年增加近50万人。蔬菜消费总量增长的同时,北京市人均蔬菜消费量呈下降趋势。2005年北京市人均蔬菜消费为每年479 kg,2014年、2015年、2016年分别为365 kg、396 kg、391 kg。北京市城乡居民的蔬菜消费水平有很大差距,农村居民的人均蔬菜消费量大约仅有城市居民的

60%。

北京市的蔬菜价格在逐年提高，特别是近几年增长速度更快。2002—2008年北京市蔬菜平均价格每年上涨8%，2009—2010年每年上涨23%，2011—2016年每年上涨34%。以农产品批发市场销售额/销售量计算的平均蔬菜价格，1月份大白菜的价格在2006—2008年每千克分别为0.52元、0.87元、0.57元，2014—2016年每千克分别为0.89元、1.25元、1.51元。

北京市居民蔬菜消费支出总体上不高，2004—2014年城市居民和农村居民每年人均用于蔬菜消费的支出分别为442元、272元。蔬菜价格上涨以及居民其他各种消费支出的增加，使蔬菜在北京市居民消费中比重正在下降。2008年、2010年蔬菜在北京市居民食品消费中的比重分别占约17%、14%，2013年这一比重城市居民和农村居民分别为7.3%、9.8%。

(二)北京市蔬菜的供应来源

河北省是北京市蔬菜的第一供应大省。河北蔬菜生产近年增长速度较快，2008年河北省蔬菜种植面积有1 652万亩，蔬菜产量6 685万t；2016年河北省蔬菜种植面积达到1 853万亩，蔬菜产量8 193万t。河北省蔬菜生产主要分布在6个地区。坝上地区的种植面积约占全省的15%，主要种植错季叶菜和薯类；河北东部地区的种植面积约占15%，主要种植观光、采摘蔬菜；环京津地区的种植面积约占30%，主要种植设施蔬菜、精品特色蔬菜；河北中部地区的种植面积约占20%，主要种植全年各种蔬菜；沧州、衡水地区的种植面积约占10%，主要种植春秋和冬季大棚蔬菜；河北南部地区的种植面积约占10%，主要种植露地和大棚蔬菜。蔬菜是河北农业的支柱产业，多年来一直居全省种植业首位；蔬菜生产占全国第二位，仅次于山东省。河北省设施蔬菜较为发达，2016年设施蔬菜种植面积有609万亩，产量2 895万t。河北省蔬菜的产业化程度较高，拥有一大批蔬菜专业合作社和大型蔬菜加工企业。河北省是北京市、天津市主要的蔬菜生产供应基地，在北京市的市场占有率超过45%。

山东省是北京市蔬菜的第二供应大省。山东省蔬菜生产较为稳定，2008年山东省蔬菜种植面积为2 975万亩，蔬菜产量9 851万t；2016年山东省蔬菜种植面积为3 000万亩，蔬菜产量1 0327万t。山东省蔬菜生产分布广泛，各地都有蔬菜种植。山东省种植的蔬菜有150种，2 500多个品种，包括全年供应的大陆菜和各种精品特色蔬菜。山东省蔬菜产业占全国首位，种植面积占全国的1/10，产量占全国的1/7。蔬菜也是山东省农业的第一大产业，2016年蔬菜产值约占全市农业产值的44%。山东省设施蔬菜十分发达，2016年达到1 500万亩，占全国的1/4。加工出口是山东省蔬菜产业的优势，全省有蔬菜加工企业3 000多家，出口量占全国的 1/3。山东省的蔬菜产业化程度很高,全省有产业化组织 5 000 个、专业合作社 2 万个,有 150 万人从事蔬菜运销。山东省蔬菜在北京市的市场占有率近 40%,其中寿光对北京市的蔬菜供应量最大。

北京市自产蔬菜仅占全市蔬菜供应的第三位。近年北京市蔬菜生产处于下降状态,2008 年北京市蔬菜种植面积有 135 万亩,蔬菜产量为 321.3 万 t,蔬菜自给率为 30%;2016 年北京市蔬菜种植面积下降到 70 万亩,产量下降到 183.6 万 t,蔬菜自给率下降到 12%。北京市蔬菜生产主要分布在北菜园、南菜园、东厢菜园。北菜园在西北部浅山区,面积 17 万亩,主要种植冷凉蔬菜;南菜园在南部平原,面积 20 万亩,种植全年各种蔬菜;东厢菜园在东部平原,面积 33 万亩,主要种植精品、特色蔬菜。由于生产成本较高以及北京市农业产业政策的要求,北京市蔬菜生产向外向型、设施型发展,重点发展特色蔬菜和高附加值蔬菜,推进产销对接,蔬菜生产主要供应超市、农产品加工企业。

除河北省、山东省、北京市外,北京市每年还从天津、内蒙古、山西、海南等 15 个省、自治区、直辖市收购蔬菜。北京市的经常性蔬菜储备有约 10 万 t。

(三)北京市蔬菜的供应方式

北京市蔬菜供应是完全化的市场活动,它涉及产地批发、销地批发、零售和配送等过程。

蔬菜供应的第一个环节是从地头向产地批发市场汇集。从事产地运销的有经销商、农民专业合作组织、经纪人和自产自销的农民。普通蔬菜经销商多数是个体经营,每户有 2～5 人,其中实力较强的大户拥有较成熟的经销网络和运输设备。农民专业合作组织服务于本地农民,批发量较大。经纪人常常从属于经销商,自产自销的农民在蔬菜流通中的地位并不重要。批发市场是蔬菜经销的主要场所,河北、山东等外埠省区的蔬菜批发市场针对北京市就是产地批发市场。目前,河北有大型蔬菜批发市场 36 家,山东有 45 家。山东寿光蔬菜批发市场是我国最大的专业蔬菜批发市场,该市场集蔬菜集散、价格形成和信息交流为一体,蔬菜交易规模大、品种全、品质高。寿光蔬菜批发市场与北京市建有国家级蔬菜运输绿色通道,北京市 30%的蔬菜都来自寿光。

北京市农产品批发市场分为一级和二级市场,进京蔬菜将在此进行批发分销。在批发市场进行经营的主要是经销商,也有配送公司和个体商贩。北京市的农产品批发市场大多是综合性市场,这些市场同时经销蔬菜、果品、粮油及其他农副产品。除蔬菜交易外,这些市场也承载者经过形成、信息、物流和服务功能。新发地是北京市最大的一级农产品批发市场,它有 2 000 多个摊位,平均每天经销蔬菜 1.6 万 t;新发地经销的蔬菜 21%来自河北省,19%来自山东省。

蔬菜零售渠道包括超市、社区菜店、便民直通车等。生鲜超市多分布在城区，是城市蔬菜零售的主渠道。生鲜超市于 21 世纪初在北京市出现，与此同时农贸市场开始退出市区。生鲜超市采用专营店、连锁店的经营方式，是符合居民生活的现代化卖场。在农贸市场退出城区后，居民小区存留有市区菜市场。社区菜市场面积不大，由个体商贩摆摊销售。近年社区菜市场也开始消失，逐步由社区菜店取代。社区菜店是生鲜超市的延伸，采用农超对接直营或连锁经营方式。便民直通车是农产品批发市场向零售端发展的产物，目前已经覆盖了北京市的 600 多个小区，新发地有 300 多辆。便民直通车销售的蔬菜直接来自批发市场，价格较为便宜，蔬菜也较新鲜。

蔬菜配送是一种新型业态，它介于农产品物流与农产品零售之间。从事蔬菜配送的有农村蔬菜配送中心、配送企业和蔬菜加工企业。蔬菜配送的主要方向是超市、集团单位和社区菜店。蔬菜配送针对品种多、批量小、次数多、路途远的需求，通过低价采购、线路优化、包装清理等获得利润，它在未来也是与电子商务配合的蔬菜经销方式。

（四）北京市蔬菜供应中的问题

北京市蔬菜供应中的首要难题是价格上涨。十几年来北京市蔬菜价格一直在上涨，特别是近几年上涨幅度更大。北京市蔬菜价格受生产、流通成本的影响。北京市 70%蔬菜由外地供应，其运输费用、仓储费用较高。北京市蔬菜平均价格是产地批发市场的 3 倍以上，其中仅运输成本就占 1/3。蔬菜价格受种植茬口、蔬菜上市品种、生产方式、季节等因素影响，而且流通环节较多、流通效率较低，造成价格上涨。从海南收购的蔬菜，经过多道流通环节后，卖到消费者手中价格就可能涨到 10 倍。北京市蔬菜供应渠道狭窄，因而形成一定程度上的垄断经营，这也是推高蔬菜价格的重要原因。山东寿光到北京新发地是进京蔬菜的主要通道，它们是两个特大型产地和销地批发市场，中间以公路运输相连接，这使得“寿光-新发地”成为进京蔬菜的必由之路。许多河北省的蔬菜会先转运到寿光，然后再进入北京市。在批发市场有不少经销大户，他们已经有能力操控市场，抬高蔬菜价格。新发地市场商户中每年交易过亿的就有 30 多家，交易最高的每年接近 20 亿元。

居民买菜难是北京市蔬菜供应中的又一问题。北京市农产品批发市场在 21 世纪初进行重新规划建设，大多分布在五环路以外。北京市生鲜超市、社区菜店、便民直通车等蔬菜零售网点的数量较少。海淀区有 2 609 个居民社区，但 2018 年社区菜店不足 700 个。北京市有 25 645 个居民社区，但有便民直通车的社区才 600 多个。生鲜超市、社区菜店离居民区较远，使居民感到十分不便。相关研究表明居民对超市、社区菜市场的接受距离是 530 m、330 m，而实际这两者的距离是

1 500 m、830 m。

(五)北京市蔬菜供应的改进对策

“控制价格、方便居民”是改善北京市蔬菜供应的主要目标，这涉及批发和零售两个环节。在批发环节，增加销售渠道、提高运输效率、改进交易方式是有效措施。增加批发市场数理，这些批发市场分布在北京市东南部地区、公路的国道或主干道沿线、周边省区，从而形成一个蔬菜批发市场体系。二级批发市场会适度外移，在这一过程中应扩大二级批发市场的规模，增加二级市场与蔬菜产地的直接联系。运输效率是降低蔬菜供应成本的关键因素。北京市应扩大“绿色通道”政策覆盖的蔬菜品种范围，确保“绿色通道”畅通；要调整外埠蔬菜运输车辆进京的法律政策，解决蔬菜运输车辆进京难的问题；应开发新型运输方式，加大蔬菜运输车辆的吨位；应协调铁路部门对蔬菜的铁路运输提供保障，给予运力支持，促进蔬菜的大批量、长距离铁路运输。现在批发市场的交易方式仍是“摆摊设点，对手交易”。这种交易方式效率低，同时也容易让经销大户操控市场。蔬菜批发应引入拍卖方式，使交易过程规范化、科学化；加快电子商务平台建设，使蔬菜交易摆脱大户控制；完善市场信息，使蔬菜交易更加透明。

在零售环节，改善蔬菜供应的有效方式是增加网点、改变经营模式。农贸市场退出城区后，北京市又开始着手清除社区菜市场；与此同时，蔬菜零售网点的建设却十分迟缓。北京市在城市建设规划中没有充分考虑居民的生活需要，没有预留充足的零售网点空间。城市地价高、房租贵，使蔬菜零售的价格高、利润低，蔬菜零售的商业化经营并不容易。北京市必须以政府力量参与蔬菜零售网点建设，必须将蔬菜零售网点纳入公益性经营范畴。北京市应推进蔬菜零售的连锁化经营，这种方式可以实现采购、销售、品牌的统一化管理，提高经营效益。便民直通车是一种居民接受的蔬菜零售方式，北京市应扩大这种零售方式的覆盖面，加大便民直通车进入小区的次数。进一步加深农超对接，使农民专业合作社、蔬菜生产基地不仅能进入超市，也能逐步进入居民社区。

三、北京市的果品供应

(一)北京市果品的消费状况

果品在北京市居民的日常农产品消费中占重要地位。北京市居民消费的果品来自本地和外埠省区，夏秋季果品的供应地是北京、山东、河北，其他季节则来自我国南方。北京市本地生产的果品约占总量的 30%，主要品种有苹果、梨、葡萄、桃、柿子、枣等；外地生产的果品占总量的 70%，主要品种有柑、橘子、柚、香蕉、菠萝、荔枝、龙眼等;另外还有少量进口水果,如红提、蛇果等。北京市果品消费数量大、种类多、覆盖了各类消费层次,全国生产的各类果品在北京市场都能见到。

北京市的果品消费居全国前列,人均消费量超过全国人均消费量的1倍。2005年北京市人均果品消费100 kg,全市果品消费总量160万t;2016年北京市人均果品消费120 kg,全市果品消费总量270万t。北京市居民平时习惯消费的水果有30多种,消费量最大的依次是苹果、梨、西瓜、香蕉等;习惯消费的干果有20多种,消费量最大的依次是花生、瓜子、枣、葡萄干等。

北京市果品价格呈波动式,2011年、2014年上涨较快,近两年涨幅较小。2009—2016年北京市水果的总体价格上涨了32%,年均上涨4.2%。以农产品批发市场的水果年销售额/年销售量来计算,2006—2008年水果的平均价格每千克分别为2.6元、2.7元、2.9元。2006年北京市本地生产水果的平均价格是2.4元/kg,2015年为5.3元/kg。北京市果品价格有明显的波动周期,每年9月底水果价格开始上扬,春节前后达到最高,春夏季南方早熟水果上市后水果价格开始回落,夏季北京市和周边省区水果上市时价格最低。

北京市居民喜欢就近购买水果,购买场所主要是超市、社区菜店。这主要是因为超市、社区菜店大多同时销售蔬菜和果品,人们购买蔬菜和果品的方式也近似。人们购买水果时注重新鲜程度,购买数量不是很多,但购买次数频繁。人们普遍认为超市销售的水果质量更好,但很担心农药残留等质量安全问题,品牌正逐渐开始为人关注。人们很看重价格,普遍认为超市销售的水果价格较高,因此社区菜店的水果也有很好的销路。

(二)北京市果品的供应来源

在北京市销售的果品来自全国各地,其中销量较大的是北京、河北、山东、海南、广东,合计市场占有率超过75%。

北京市西北部的山区、半山区属于生态涵养带,林业和果品种植发展速度较快。北京市有紧邻消费市场的优势,果品运输成本低、容易保鲜。北京市果品生产较为稳定,2011—2016年的干鲜果品产量分别为87.8万t、84.3万t、79.5万t、74.5万t、87.9万t、79.0万t。北京市果品种植主要集中在顺义、密云、平谷、大兴、怀柔、房山、通州等区县,果树种植总面积231万亩,其中果园面积80万亩。北京市主要果品的种植面积是板栗65万亩、大桃40万亩、核桃20万亩、柿子20万亩、杏17万亩、梨16万亩、苹果14万亩、葡萄7万亩。

河北省地处温带,拥有山地、丘陵、平原等多种地形,自然条件适宜果品种植。河北省紧邻北京、天津,果品生产的市场优势也较明显。河北省种植的果品主要有苹果、梨、桃、核桃、杏、山楂、柿子、红枣、板栗和葡萄。河北省的果品产量占全国第二位，2015 年、2016 年水果产量分别为 1 508 万 t、1 525 万 t，干果产量分别为 544 万 t、585 万 t。除桃、梨、葡萄的种植地在河北中南部外，其他果品的种植地多在河北省北部的燕山、太行山浅山区。2016 年河北省的果品种植面积 2 800 万亩，居全国首位。河北省主要果品的种植面积是苹果 363 万亩、葡萄 132 万亩、桃 131 万亩、梨 297 万亩、红枣 424 万亩、核桃 413 万亩、山楂 59 万亩、仁用杏 265 万亩、山杏 732 万亩、柿子 73 万亩、板栗 445 万亩。

山东省西部是平原、中部是山区、东部面临大海，气候适合果树种植。山东省主要种植北方果树，种植品种有 20 多种，其中产量最大的是苹果、桃、梨、葡萄等。山东省是我国水果生产的第一大省，产量约占全国总产量的 12%。2015 年、2016 年水果产量分别为 3 220 万 t、3 255 万 t，其中园林水果为 1 703 万 t、1 729 万 t。山东省苹果种植面积 400 万亩，产量占全国的 1/4，主要产区在胶东半岛；桃 110 万亩，主要产区在临沂、潍坊、淄博和泰安；梨 68 万亩，主要产区在聊城、烟台、滨州、菏泽；葡萄 60 万亩，主要产区在烟台、淄博、青岛和聊城。

海南省是北京市南方水果的供应大省。海南岛入春早，升温快，日温差大，全年无霜冻，冬季温暖。海南省雨量充沛，有明显的多雨季和少雨季。海南省植物资源丰富，是我国南方水果的最理想产地。海南省水果产量最大的是香蕉、菠萝、芒果、荔枝、椰子、胡椒、槟榔。2015 年、2016 年海南省水果产量分别为 407 万 t、396 万 t。海南省主要果品的种植面积是香蕉 50 万亩、菠萝 22 万亩、芒果 70 万亩、荔枝 32 万亩、龙眼 15 万亩。

广东省地处低纬地带，太阳辐射多，热量丰富，是我国植物生长量最大的地区之一。广东省地形复杂，地势北高南低，山地和丘陵占全省土地面积的 62%。广东省水果产量最大的是香蕉、柑桔、橙、菠萝、柚子、龙眼、李子、荔枝。2015 年、2016 年广东省水果产量分别为 1 520 万 t、1 580 万 t。广东省主要果品的种植面积是香蕉 192 万亩、柑、橘、橙 100 万亩、菠萝 60 万亩、柚子 55 万亩、龙眼 118 万亩、荔枝 430 万亩。

(三)北京市果品的供应方式

北京市果品供应由市场承担，其基本过程是果农、批发市场、零售终端、消费者。果品运销的起点是果品收购，果农、农民专业合作社将成熟果品在地头出售给经销商、经纪人，经销商、经纪人负责分拣、包装、运输。果品运到产地批发市场，在此汇集成大批量商品并进行交易。产地批发市场的买家来自全国各地，他们负责果品的再次分拣、包装、运输。果品通过公路、铁路运输到销售城市，并在销地批发市场进行分销。新发地市场是北京市最大的一级农产品批发市场，另外还有几家二级批发市场。农产品批发市场中的买家是生鲜超市、社区菜店、零售商贩、果品配送商、果品集团购买单位等。生鲜超市是城市农产品供应主渠道，它兼卖果品和其他农产品。社区菜店分布在居民小区，它主要销售果品、蔬菜。零售商贩在早市、菜市场进行果品贩售，但早市、菜市场正在减少。配送是一个新兴行业，果品配送的对象是宾馆、饭店、学校和一般消费者。一些单位也大批量购买果品，作为福利分发给员工。

北京市果品供应与蔬菜供应的方式基本相同，但果品供应过程也有自己的特点。北京市的果品产地分布在全国各地，河北、山东等周边省区多采用公路运输，但海南、广东等远方省区则要使用铁路运输。铁路运输更为集中、批量更大、组织过程更为复杂。果品销售时多采用分箱包装，只有西瓜、哈密瓜等采用散装方式。分箱包装属于农产品初加工，因此果品的产地、品牌、质量比蔬菜的要求更高。果品的保存期较蔬菜长，因此果品可以储存在仓库，这些仓库最好是调气冷库。为延长保质期，很多果品在采摘后会进行防腐、涂蜡等处理，这些也处理也将增加果品的成本。不少消费者的果品需求不如蔬菜迫切，因此果品销售也较平稳。果品品种要比蔬菜多，价值比蔬菜高，上市时间不如蔬菜集中，因此果品价格的波动要低于蔬菜。

(四)北京市果品供应中的问题

北京市果品价格上涨较快，且波动很大。2010—2016 年北京市果品价格平均上涨了 4.26%，稍微低于食品平均价格涨幅的 4.47%；但 2010 年、2011 年、2014 年的涨幅为 9.6%、10.7%、11.7%，而 2015 年、2016 年的涨幅为 −7.9%、−2.1%。果品价格上涨与北京市农产品价格上涨的趋势一致，但波动幅度很大则说明北京市果品供应不稳定。

北京市果品供应的另一个问题是渠道狭窄、零售网点分布不合理。北京市果品供应要经过产地批发市场和销地批发市场，两者间以公路、铁路相连接。各地果品必须首先汇集到批发市场，零售商业也必须从批发市场进货。批发市场中经销大户可以控制市场，操纵交易价格。这种局面在批发环节造成了垄断，推高了果品供应价格。北京市有近 26 000 个居民小区，生鲜超市数量少且远离居民区，社区菜店的覆盖率不足 30%，便民直通车的覆盖率不足 3%。零售网点缺乏使居民购买果品很不方便，同时也是推动果品零售价格上涨的原因。

物流是北京市果品供应中的一个问题。北京市果品供应的环节较多，果品运销效率较低。河北、山东等周边省区的进京果品通过公路运输，运输车辆吨位小，运输往返次数多，倒货的人工费用高，车辆在批发市场驻留时间长。海南、广东等南方省份的进京果品需要铁路运输，但新发地等主要批发市场没有铁路线，仍然需要二次运输。北京市农产品存储设施不足，特别是缺少果品存储所需要的调气冷库，这大大影响了果品的保鲜期。我国各地果品物流技术水平相差较大，缺少加工、包装、运输的统一标准也使得果品运销效率下降。

北京市果品品质较为一般，果品的质量、新鲜度都不如果品种植大省。北京市果品大部分来自外埠省区，果品运输距离远、时间长，因此果品的新鲜度较低、口感较差。我国果品商品化处理比率较低，工业化加工比率不足一成。很多地区果品的农药残留较多，优质果比率不高。外埠省区进京果品运销过程复杂，果品损耗大，残果率较高，这也影响了果品品质。

（五）北京市果品供应的改进对策

改善北京市果品供应的根本目的是“减缓价格增长、提高果品品质”，其主要手段是“拓宽渠道、改善物流”。果品供应渠道包括批发、零售两个环节。北京市应增加批发市场数量，特别是一级批发市场的数量；这些批发市场分布在北京市外围，特别是东南部面向河北、山东的地区。北京市应扩大二级批发市场的规模，并重新规划这些二级批发市场的位置分布；二级批发市场可以向外部迁移，也可以减少一、二级批发市场之间的差距。销地批发市场要与外埠省区的产地批发市场相匹配，尽可能减少两者之间的交通距离。

在城市零售端，北京市应增加生鲜超市的数量。生鲜超市应摆脱大型综合的束缚，多办一些果蔬专营店；生鲜超市或果蔬专营店应适度缩小规模并尽可能接近居民社区，这样可以降低经营成本和方便居民生活。北京市要在压缩社区菜市场的同时，大力发展社区菜店。社区菜店最接近居民，是居民购买果品的最方便场所。北京市应将社区菜店纳入公益建设范畴，在城市规划中保留充足的社区菜店空间。北京市应便民直通车数量，使之覆盖更多居民社区。便民直通车在销售蔬菜的同时应增加销售果品的比重。

运输对果品供应有直接影响。北京市应进一步减少进京果品蔬菜运输车辆的收费，加大“绿色通道”政策的执行力度。北京市应促使果品运输提高效能，大力发展大吨位运输、冷链运输。随着南方果品的增加，铁路运输亟需改善。北京市在批发市场建设中要考虑铁路条件，将批发市场靠近铁路或建设专用铁路支线。在城区内，北京市应增加用于果品蔬菜运输的专用车、冷藏车，并支持果品蔬菜配送企业的发展。

果品供应对仓储条件要求更高。北京市的仓储设施一向缺乏，仓储设施也主要用于粮油、蔬菜、畜产品的储备。果品容易腐烂变质，存储需要冷藏和调气设备。调气冷库的运营成本高，经营风险大。北京市应重视农产品仓储设施建设，寻找更安全、成本更低的仓储技术。果品通过加工也能提高保鲜和存储期，这些技术包括包装、涂蜡、防腐和深加工等。

四、北京市的畜产品供应

(一)北京市畜产品的消费状况

北京市经常消费的畜产品有猪肉、禽肉、牛肉、羊肉,兔肉、驴肉等其他畜产品消费量较少。北京市畜产品的年消费总量 140 万～150 万 t,其中猪肉占近 60%,禽肉占近 30%,牛肉和羊肉共占约 7%。在畜产品品种上,北京市居民消费最多的是鲜肉,其次是冷冻肉,再次是腌肉、卤肉等加工肉。

北京市猪肉消费基本呈上升趋势,2000 年人均消费量仅为 21 kg,全市消费总量为 32 万 t;2006 年人均消费量为 25 kg,全市消费总量为 43 万 t;2007 年比 2006 年增加约 10%;但 2008—2009 年,由于肉价上涨和经济不景气,猪肉消费有所下降;2011 年以后北京市猪肉消费又开始上升;2015 年人均消费量为 29 kg,全市消费总量为 64 万 t;2016 年人均消费量为 31 kg,全市消费总量为 67 万 t。北京市畜产品消费量居第二位的是禽肉,2016 年鸡、鸭等肉禽消费约 1.9 亿只。北京市的牛肉、羊肉消费在禽肉之后,2008 年北京市人均消费牛肉、羊肉 3.5 kg、3.2 kg,全市牛肉、羊肉的消费总量分别为 5.9 万 t、5.5 万 t;2016 年北京市消费的牛、羊分别为 55 万只、690 万只。

畜产品消费者的收入分布中等收入者消费量最大,而低收入和高收入人群消费量相对较低。畜产品对于普通家庭是日常消费品,低收入家庭购买力较低,而高收入家庭的消费偏好更为广泛。北京市畜产品消费者的年龄分布是年龄越大、消费量越少,消费者集中在青年人群。北京市居民对畜产品价格关注度很高,当畜产品价格快速上涨时,人们会减少畜产品的消费量;而畜产品价格平稳或降低时,人们会增加畜产品的消费量。北京市居民对畜产品的质量安全也很重视,这主要是因为畜产品在养殖、加工中会使用饲料添加剂、兽药等,这些生化制品会对人们的健康造成危害;普通居民对畜产品的质量鉴别能力还不强,管理部门对畜产品质量安全的监管还有漏洞。

(二)北京市畜产品的供应来源

北京市畜产品自给率不足 1/4,2016 年生猪、家禽、牛、羊的出栏数分别为 275 万只、3 883 万只、21 万只、215 万只。北京市畜产品产量近年在持续降低,2011—2015 年北京市肉类总产量分别为 44.4 万 t、43.2 万 t、41.8 万 t、39.3 万 t、36.4 万 t,平均每年降低 5.8%。今后一段时期,北京市农产品产量还将继续降低,2020 年生猪、家禽的出栏数会分别降低到 200 万只、3 000 万只的水平。北京市调减畜产品生产能力的主要原因是环节保护。北京市的城市功能定位是政治、文化、国际交流中心，高水耗、高污染的畜产品养殖产业被给以限制。北京市在城市中心区划有 5 202.3 m^2 的畜禽禁养区，畜产品养殖布局在畜禽禁养区之外的城市边缘地区。目前，畜产品养殖区称为“四带”，分别发展生猪、肉禽、奶牛、禽蛋产业。

供应北京市生猪的外埠省区主要是辽宁、河北、河南、内蒙古、吉林、山西、黑龙江、天津和山东等，这些省区的进京生猪占北京市场的73%以上。2016年辽宁、河北、河南、内蒙古、山西、山东的生猪出栏数分别为2 609万头、3454万头、6 300万头、909万头、749万头、4 662万头。我国生猪饲养大省多数也是粮食生产大省，这些省区拥有丰富的饲料资源。生猪实行定点屠宰，为了方便运输，北京市的生猪供应地多分布在北京市周边和我国北方地区。近年多数省区的生猪发展重点是规模化养殖、标准化养殖和提高生猪质量安全水平。

北京市禽肉自给率较高，辽宁、河北、山东是北京市禽肉的主要补充来源。2016年山东省肉鸡存栏3亿只，肉鸭存栏0.5亿只；河北省肉鸡存栏2.5亿只，肉鸭存栏0.06亿只；辽宁省肉鸡存栏1.8亿只，肉鸭存栏0.18亿只。外埠省区家禽养殖的特点是肉禽的规模化养殖水平较高、蛋禽的家庭分散养殖比例较高。肉禽规模化养殖可以有效降低成本，这也是北京市禽肉自给率较高的重要原因。

内蒙古自治区是北京市畜产品的主要供应地，京津地区的牛肉、羊肉有54%来自内蒙古。2016年内蒙的肉类总产量为258.9万t，其中牛肉、羊肉的产量分别为55.6万t、99.0万t。2016年内蒙古的牲畜存栏数为13 597.9万只，其中牛、羊的存栏数分别为10 730.5万只、1 151.1万头。内蒙古自治区拥有13.2亿亩的天然草场，发展畜牧业有得天独厚的优势。内蒙古自治区畜牧业发展还得益于规模化养殖和畜牧品种改良，2016年内蒙古的家庭牧场有3.5万个，牛、羊的规模化养殖比例分别为81%、68%；内蒙古近年改良和引进新型优良品种数十个，优良品种的推广也使牧民收入显著增加。

（三）北京市畜产品的供应方式

北京市畜产品供应涉及运输、屠宰、销售、安全监控等环节，由于在屠宰环节实行严格的定点屠宰，使整个畜产品供应受到较好的控制和管理。北京市畜产品运输分为市内运输和市外运输。市内生猪运输是从养殖场到屠宰场。养殖场和屠宰场分布在郊区，相互距离较近。市内鲜肉运输是从屠宰场到零售点。北京市规定要使用在4℃以下冷藏车运输。外地畜产品主要通过长途汽车运输，只有少量冻肉使用火车运输，因此外地调入畜产品的运输成本较高。北京市实行严格的屠宰管理，屠宰企业主要是北京市的14家企业和周边7省(市)的60家企业。这些定点屠宰企业机械化、自动化水平较高，屠宰规模逐步扩大，从而保证了畜产品质量，降低了屠宰成本。

北京市畜产品经由批发市场批发，零售终端是超市和农贸市场。北京市目前有8家批发市场从事畜产品批发，实行“场厂挂钩”制度，批发市场的所有畜产品来源于签有协议的屠宰企业。低档畜产品供应过程是商贩收购，在定点企业屠宰，然后通过批发市场、农贸市场，进入家庭消费。中、高挡畜产品通过程是屠宰企业直接向超市和专卖店配送，减少了批发环节。北京市对畜产品供应制定了大量政策、制度，涉及畜产品的生产、技术、运输、卫生、检疫等方面，其中最关键的是“场厂挂钩”制度，保证了北京市畜产品供应的安全、稳定。

畜产品属于政府农产品储备范围，北京市1992年建立了猪肉储备，2007年建立了牛、羊肉储备。北京市畜产品储备由中央、市级和企业等多级储备承担。畜产品在市场价格较低时进行收储，收贮时采用定向收购方式。畜产品的保质期约12个月，储备轮换周期为4～5个月。国家规定当猪肉价格高于粮食价格的9.5倍时可以动用储备畜产品投放市场。2016年猪肉价格大幅度上涨时，北京市以低于市场18%的价格投放了猪肉储备。

（四）北京市畜产品供应中的问题

畜产品不同于其他农产品，它的价格具有周期性，其中猪肉的价格周期尤为明显。猪肉价格周期表现为当猪肉价格上涨时，生猪存栏量会逐步增加，因而导致猪肉供应量增加，猪肉价格下降；当猪肉价格下降时，生猪出栏量会逐步减少，因而导致猪肉供应量减少，猪肉价格上涨。猪肉价格周期源于生猪生长有一定周期，因而供应与需求难于同步；市场需求变动、生产规模、生猪疫情等都会加剧价格波动。猪肉价格周期一般为2～3年，但精确时间难以确定。最近一轮的猪肉价格高点在2016年，随后步入价格下跌周期。在价格波动的同时，北京市畜产品价格长期呈上涨趋势。2007—2016年的10年间，北京市肉类价格增长率为28.7%、25.1%、－4.8%、1.2%、21.8%、6.7%、6.7%、－0.1%、2.7%、6.5%，其中2009年、2014年处于波动底部，2007年、2011年处于波动顶部，但平均每年上涨为9.45%。

不合格畜产品对人们身体健康有直接危害，但畜产品的质量保证程度却低于其他农产品。北京市居民对畜产品质量较为重视，但知识和手段的缺乏使居民处于被动地位。政府部门偏重从检疫、监测方面进行监管，对不合格产品进行销毁，对问题单位和个人进行查处。但影响畜产品质量的关键因素是养殖、加工、运销和环境，这些因素的问题仍较其他农产品严重。牲畜、家禽的生长过程较为复杂，容易受到生物和环境污染侵害，自身也容易产生疾病。饲养牲畜、家禽要使用饲料、药物，而饲料添加剂、抗生素等药物都会在牲畜、家禽体内积累。畜产品在加工过程会使用添加剂，有时还会辐射或其他化学、物理方法处理。在运销过程中，包装不合格、超过保质期等也会影响畜产品质量。

畜产品供应中的另一个问题是储运难度大、销售方式落后。牲畜、家禽在屠宰前要保证健康，不能产生疫病和对环境造成污染；牲畜、家禽在屠宰后需要冷库储藏，运输时需要冷藏车。在超市中，畜产品是少数几种需要柜台销售的农产品；由于需要切割，畜产品的销售人员与商品的比例最大。由于缺乏储运条件，多数社区菜店无法销售畜产品；畜产品也很少通过便民直通车、农产品配送等渠道进行销售。

（五）北京市畜产品供应的改进对策

牲畜、家禽屠宰是畜产品进入的第一个供应销售环节，我国实行的定点屠宰对从源头把控畜产品有重要意义。定点屠宰收紧了供应渠道，但能够有效防止不合格畜产品进入销售领域。屠宰环节涉及运输、检疫检验、屠宰加工、肉品仓储，需要改善畜产品物流和生产加工技术。

北京市畜产品供应的弱点是零售终端。有场地和财力的超市应改善冷藏和加工设备，冷藏能力影响产品保鲜期和销售量，加工设备影响销售品种。销售柜台应与操作间分离，封闭式切割加工更为卫生。销售场所要加强环境卫生管理，防止畜产品变质或受污染。要对不具备生鲜畜产品销售的超市进行改造，这样可以增加畜产品零售网点。社区菜店、便民直通车、农产品配送等一般还不能销售生鲜畜产品，在这些领域需要探索。

畜产品是除乳品外最适于进行深加工的农产品。北京市供应的畜产品多为冷鲜肉；冷鲜肉的弱点是存放不便，需要在销售网点进行切割加工。目前，我国的技术水平已经能够生产种类繁多的包装肉、卤肉和其他肉品。深加工畜产品的优势是多一道质量保障，让加工企业在畜产品质量安全扮演更重要的角色。深加工畜产品的规格、包装、品牌、价格更加规范，零售网点只需一些货架、冷柜就可以进行销售。深加工畜产品的种类多样，这也有利于满足人们更高水平的需求。

北京市自建立畜产品储备制度以来，其干预市场的效果尚不明显。2016 年北京市在价格高涨时以低于市场的价格投放了储备猪肉，但并没有压制价格上涨。这一现象的首要原因是畜产品储备量较少，北京市的中央畜产品储备库的库容为 1 万 t，仅相当全市 2 天的畜产品消费量；北京市几家主要畜产品承储单位的总投放能力不超过全市 1 周的畜产品消费量。因此北京市必须增加畜产品储备规模，才能使其成为平抑畜产品价格的有效手段。畜产品储备制度的另一缺陷是集中投放，集中投放使价格出现短暂下跌，但不久又会回到原始状态；有时低价投放的畜产品会成为销售商扩大利润空间的手段。因此储备畜产品应采用经常性投放的方式，通过持续稳定的干预来影响畜产品价格。

五、北京市的乳品供应

(一)北京市乳品的消费状况

北京市是我国乳品消费量最大的城市之一,有95%的居民经常消费各种乳品。北京市居民消费量最大的乳品依次是液态奶、酸奶、奶粉,其他经常消费的乳品还有冰激凌、乳酪和黄油。液态奶约占北京市居民乳品消费量的73%,90%以上居民经常购买液态奶。北京市居民更喜欢UHT高温灭菌奶,巴氏杀菌奶口感好但保质期短;在包装上居民选择更多的是百利包、利乐枕,塑料桶装奶和玻璃瓶装奶相对较少。酸奶约占北京市居民乳品消费量的26%,58%的居民经常购买酸奶。北京市居民消费的酸奶中酸乳多于发酵乳,普通酸奶多于风味酸奶。奶粉约占北京市居民乳品消费量的1%,5%左右的居民经常购买奶粉。奶粉的消费者集中在老年人和儿童,其中老年人奶粉消费增速平缓,婴幼儿奶粉消费增长较快。

北京市乳品品牌的集中度很高;2008年以前北京市乳品市场主要有三元、蒙牛、伊利、光明和其他品牌,其中蒙牛占40%、伊利占28%、三元占25%;2008年后三元品牌在北京市快速扩张,高峰时期曾占到北京市销量的80%;目前伊利、蒙牛、三元仍占北京的市场前三位。

北京市的乳品消费量在持续速增长。2006年北京市城镇居民人均乳品消费量为43 kg,其中液态奶、酸奶、奶粉分别为32 kg、11 kg、0.3 kg。2014年北京市日均消费乳品量2 700 t,年消费量约98万t,人均消费量46 kg。2017年北京市乳品的消费量超过100万t。北京市人均乳品消费量增长不快,但乳品消费总量增长迅速。乳品消费总量增长与人口有关,2006年、2016年北京市人口分别为1 801万人、2 173万人,人口在10年间增长了21%。

北京市人均乳品消费支出增加较多。2006年北京市人均乳品消费支出为284元,其中液态奶150元、酸奶112元、奶粉18元;2016年北京市人均乳品消费支出为590元,其中液态奶376元、酸奶169元、奶粉42元。乳品消费支出增加的主要原因是价格上涨,2013—2016年北京市乳品价格涨幅分别是6.2%、8.8%、−1.2%、2.1%,年均上涨4%。

乳品消费与人们的生活方式和消费观念有直接关系。目前,乳品已经成为人们的日常消费品,城市中不同收入和不同教育水平的居民在乳品消费上差异不大。除奶粉外,北京市乳品的消费者人群主要集中在中青年。北京市居民购买乳品的地点多是超市和便利店,这主要是出于对乳品质量安全的考虑。人们消费乳品的方式以直接饮用为主,有时也与其他食品搭配食用。

(二)北京市乳品的供应来源

北京市居民消费的乳品主要来自本地,目前牛奶自给率约68%。北京市的牛奶养殖规模逐年减少,这主要是牛奶养殖的污染较为严重。2008年北京市有牛奶16.9万头,牛奶产量67万t;2016年北京市有牛奶10.9万头,牛奶产量48万t。原料奶的价格保持稳定,2010年、2016年都为3.5元/kg。北京市奶牛养殖分布在畜禽禁养区之外的城市边缘地带,其中顺义、通州、大兴、延庆、房山、平谷、怀柔、密云、昌平分别占养殖总数的22.9%、9.7%、23.5%、10.6%、9.1%、0.3%、3.7%、16.4%、3.2%。北京市规模以上奶牛养殖场有238家,养殖数约占牛奶总数的85%,这些养殖场基本实现了机械化挤奶、奶牛冷藏和保鲜运输。北京市乳品加工也有较快发展,2006年北京市乳品加工企业有21家、从业人员1万人;2016年北京市乳品加工企业有28家、从业人员1.5万人。大型乳品加工企业有三元、光明、蒙牛、伊利和达能等9家,其中三元规模最大。乳品的产品种类主要是液态奶、酸奶、奶粉等常规产品,也有少量冰激凌、奶酪、牛奶巧克力、乳糖等。

北京市外埠乳品供应大省有内蒙古、河北、山东。内蒙古自治区的奶牛数量、牛奶产量在全国居第一位,2016年内蒙古自治区养殖牛奶212万头,牛奶产量734.1万t。内蒙古自治区奶牛养殖较为分散,全区有60万养殖户。内蒙古有大中型乳品企业100家,年生产能力700万t,从业人数3万多人。河北省居全国前列,2016年内蒙古自治区养殖牛奶181万头,牛奶产量440.5万t。河北省有400多个大中性养殖场,多数以企业化方式经营。河北省乳品加工企业有38家,大多分布在石家庄、张家口、保定、唐山,乳品产量500万t,从业人数近2万人。山东省乳品生产居全国第四位,2016年养殖牛奶131万头,牛奶产量268.4万t。山东省奶牛养殖主要分布在城市郊区,规模化养殖程度较高。山东省规模乳品加工企业有52家,乳品加工能力360万t,从业人数2万多人。

(三)北京市乳品的供应方式

北京市乳品供应过程包括原料奶收购、乳品加工、乳品销售等三个环节,乳品加工企业是构建乳品供应渠道的主体。伊利、蒙牛、三元是北京市乳品市场的三大主力,这3家企业各自有独立的乳品购销体系。

伊利集团是我国最大的乳品企业,其基本乳源地在锡林郭勒、呼伦贝尔、新疆天山,在此拥有800多个优质牧场,80%原料奶来自规模化养殖场。随着企业扩张,伊利在山东、河北、宁夏、江苏、湖北等地发展自建或合作牧场1 600多个,95%原料奶来自规模化养殖场。伊利采用“公司+农户”“公司+牧场小区+奶户”“奶联社”“公司自有规范化牧场”等方式采购原料奶,以保证100%控制奶源。伊利产品有液态奶、酸奶、奶粉、冷饮、原奶，产品品种有 1 000 多个，各地加工厂 130 多个。伊利将全国分为大区，并采用多级分销模式，即分销商、经销商、零售商。伊利在北京市采用批发、经销两级分销。批发商负责当地城市和市场，经销商实际是配送商，在经销网络和经销区片进行乳品配送服务。伊利在北京市还采用直销方式，这种方式占销售总量的 70%。

蒙牛集团是我国乳品行业三巨头之一，其乳源地是在东北、河北、内蒙古、华南等的 100 多个牧场。蒙牛的乳源地较为分散，因此内蒙古注重牧场的规模化、集约化。蒙牛采购原料奶的方式正在逐步从传统奶站转变，力求使 100%原料奶来自规模化牧场。蒙牛产品主要是液态奶、冰激凌、奶粉、奶酪等，58 个工厂分布在各地的 33 个生产基地。蒙牛采用三级分销，即分销商、批发商和零售商；分销商负责对批发商、大型购买单位的销售，批发商负责对超市等中型零售单位的销售，零售商是超市和便利店等销售终端。

三元集团是北京市本地最大的乳品企业，其主要乳源地在北京、河北。三元的绿荷牧场是全国最大规模化牧场，拥有 3.8 万头优质奶牛。三元收购三鹿后，也接受了其在河北的乳源供应。三元产品主要是液态奶、酸奶、奶粉、奶酪，有 100 多个品种；除北京外，三元还在内蒙古、河北、天津、广西建有 16 个加工厂。三元在北京市采用分区划片销售方式，把北京市划分成东南、东北、西南、西北 4 个区域以及特殊渠道，分别有销售子公司进行直销，另外还有超市、居委会和送奶服务等销售方式。

(四)北京市乳品供应中的问题

乳品行业最惧怕原料奶短缺。由于养殖效益下降和夏季天气异常，2013 年我国曾发生“奶荒”，原料奶价格一度曾超过 5 元/kg。三元不得不大量减产，国内不少企业使用复原乳代替鲜奶，部分产品因缺乏原料而停产。“奶荒”致使奶牛养殖扩大，2014 年后原料奶价格又开始暴跌，一些地区原料奶跌到 3 元/kg 以下。“奶荒”还造成国外乳品迅速占领国内市场，对国内乳品企业产生了冲击。原料奶从短缺到过剩，其根本原因是牛奶养殖存在周期性。到 2017 年，我国仍处于原料奶过剩周期。

乳品行业的第二个问题是原料奶的质量安全。在养殖环节，饲料中农药残留、饲料添加剂、兽药会直接影响原料奶质量，牛奶又极易受病菌感染。在加工环节，添加剂、防腐剂、掺次掺假配料会严重影响乳品质量，生产环境、加工设备、产品包装也会对乳品产生污染。在销售环节，销售不合格和过期产品、宣传误导、环境污染也会造成乳品质量问题。

20 世纪末至今是我国乳品行业快速发展的时期，其间我国乳品总产量增加了

35 倍。我国乳品企业普遍存在的问题是生产技术水平不高，产品品种基本相同。生产技术水平影响了产品质量的提高，而产品趋同则加剧了企业间竞争。我国目前已经没有乳品进口限制，国外乳品品牌也加剧了国内市场竞争。这种竞争局面使国内乳品企业生存困难，同时也没有使消费者获得更多益处。

北京市乳品市场由大企业控制，这些企业间存在着激烈的市场竞争。北京市居民的乳品消费水平已经很高，市场容量接近饱和。在此情况下，乳品企业经常采用低价竞争策略，而价格降低压缩了利润空间，又导致产品质量和服务水平下降。大企业控制市场也使得政府难于干预市场，而政府角色的弱化使市场规则出现空隙。小型企业和国外企业要进入北京市的乳品市场，就必然要利用这些市场规则空隙，由此引发的价格、质量、服务等问题。

在运销上，冷链物流是乳品供应的难点。原料奶和乳品中的液态奶、酸奶、冰激凌等产品极易变质，保质期很短，因此乳品是最需要冷链物流的农产品。冷链物流需要冷库、冷藏车、冷柜等设备，这些设备造价较高；乳品运输配送非常注重时间，必须提高生产、储藏、运输、销售过程的时间管理。北京市的乳品市场由生产企业控制，生产企业由于冷链物流成本高而不愿过高投入，零售商不会提供冷链物流设备，而北京市的第三方冷链物流尚不发达。北京市目前从事冷链物流的人员素质不高，乳品运销的组织管理还需改善。

（五）北京市乳品供应的改进对策

原料奶短缺与过剩的根本原因是奶牛养殖业与乳品加工业的失衡。产生这种失衡的原因又涉及乳品需求、奶牛养殖周期、奶牛养殖业和乳品加工业发展速度。原料奶短缺与过剩超出了地区范围，是一个全国性问题。国家层面的产业规划是协同奶牛养殖业和乳品加工业的有效方法。我国奶牛养殖业发展强调扩大总量、提高规模化养殖、选育优良品种，乳品加工业发展强调乳品的产量、质量、品牌和产业布局，但对两个产业的协调需要进一步加强。

原料奶质量受牛奶养殖方式、饲料、挤奶、鲜奶储运、养殖地域和环境、奶农文化素质等多方面的影响。提高原料奶质量的有效途径是扩大规模化养殖和加强检疫检验。我国牛奶规模化养殖已经超过 50%，有近 100 个万头牛奶养殖场。规模化养殖不同于牛奶散养，它可以做到集中饲养、集中管理、集中防止疫病、集中改善设施和环境条件。检疫检验是控制原料奶质量的直接手段，我国原料奶的检疫检验需要强化管理，以使质量控制深入到全过程、全方位。

乳品行业竞争激烈，这种竞争表现在乳品巨头之间、大中小企业之间、中外品牌之间，这种竞争的战场在乳源、销售市场、品牌，这种竞争最常用的手段是价格。竞争的积极面是促进乳品行业优胜劣汰，其消极面是破坏行业秩序和企业生存环境。政府应尽力维护行业秩序，建立公平的市场环境；防止大企业利用其优势控制资源、垄断市场，以促进整个行业的发展和减少对消费者的间接损害。

发展冷链物流对乳品供应有现实意义，它可以延长乳品保质期、增加乳品品种、扩大乳品销售范围、减少乳品损耗。发展冷链物流应着眼于乳品加工企业、第三方物流和销售商。乳品加工企业是发展冷链物流的主力和最大受益方，这些企业应加大低温化采购、加工、储藏、运输、销售的比重，加大设施投入和改善冷链物流管理。农产品配送、农产品仓储企业适于发展第三方冷链物流，这些企业可以协助中小乳品企业进入北京市场，以此扩展自己的经营范围。超市、便利店等销售商大多经营多种商品，这些销售商可以将乳品与畜产品、水产品结合，改善自己的运输、储藏条件。

六、北京市的水产品供应

(一)北京市水产品的消费状况

北京市属于北方内陆城市，远离江河湖海，本身严重缺乏水资源。由于自身水产品供应能力较弱，水产品在北京市居民膳食中的地位远不如其他农产品。北京市水产品消费中淡水品种多于海水品种，水产品品种总数与沿海省市有较大差距。北京市经常消费的水产品品种有鱼、虾和贝类，其中鱼类产品消费量最大。低档鱼主要是淡水鱼，如鲢鱼、草鱼、鲤鱼、鳙鱼、鲫鱼、罗非鱼、鲂鱼、梭鱼；中高档鱼较少，如鲈鱼、黄鱼等；虾类有海水虾和淡水虾等；贝类有牡蛎、鲜贝等。

北京市的人均水产品消费量在全国处于较低水平。2016 年北京市年人均水产品消费量为 41 kg，仅相当于全国平均水平的 82%。近年北京市水产品消费有较快增长，2006 年、2016 年北京市消费的水产品总量分别为 46 万 t、90 万 t，2016 年比 2006 年上涨近了 95%倍。北京市城市居民和农民的水产品消费差距相对较小，北京市为 1.8 倍，全国为 2.6 倍。

近年北京市居民水产品消费支出有较大增长，但占食品消费的比重保持稳定。2010—2016 年，北京市水产品价格上涨幅度分别为 10.6%、9.5%、4.8%、3.4%、6.1%、1.9%、5.1%，年均上涨 5.9%。2007 年北京市人均消费在水产品上的支出为 202 元，约占食品总支出的 6.5%。2016 年北京市人均消费在水产品上的支出为 718 元，约占食品总支出的 6.8%。

北京市居民中收入、教育水平越高者，水产品的消费量越大。水产品价格相对较高，一般居民消费更多的是畜产品、禽蛋、乳品；教育水平较高者把水产品作为健康食品，因而消费量更大。北京市居民最关心的是水产品价格、质量，对产地、品牌了解较少。北京市水产品缺乏，因而水产品的价格弹性较大；北京市水产品运销周期较长，因而人们很在意新鲜度。半数北京市居民能分辨淡水产品和海水产品，人们喜欢淡水产品中的活鱼，而海水产品则倾向冷冻。北京市居民水产品的场所主要是生鲜超市，生鲜超市的水产品价格高，但其新鲜度较好；社区菜店、社区菜市场很少销售水产品，其质量也不尽人意。北京市居民多数在家烹饪，但喜欢购买初加工的水产品。近年高档水产品、进口水产品开始增多，但其价格还难以被一般市民接受。

（二）北京市水产品的供应来源

北京市水产品养殖产业并不发达，近年还有相当幅度的压缩。2007 年北京市有水产品养殖面积 29 万亩，水产品产值 10 亿元，产量约占全市消费总量的 11%。2016 年北京市水产品养殖面积减少到 5 万亩，水产品产值 9 亿元，产量约占全市消费总量的 7%。北京市水产品养殖以渔业为主，除普通淡水鱼外，还有相当比重的观赏、生态、休闲等非食用品种。北京市渔业分布在边缘地带的河流、水库、沟域，鱼塘养殖已经大大减少。

淡水产品包括淡水鱼、鳖、虾、蟹，其中淡水鱼主要有草鱼、鲤鱼、鳙鱼、鲫鱼、鲢鱼等。北京市淡水水产品中 90%为池塘养殖，主要产地是广东、江苏、浙江等南方省份和北京周边的河北、天津、山东、辽宁等地。南方省份水资源丰富，淡水养殖分布广泛；2016 年广东、江苏、浙江的淡水养殖产量分别为 407 万 t、373 万 t、114 万 t。南方省份是北京市淡水活鱼的主要供应地，每年供应量约 1.9 万 t，其中广东省的供应量约 1.6 万 t。河北省淡水养殖分布不均匀，养殖规模最大的是唐山市沿海的区县，2016 年产量 97 万 t。天津市有 1.2 万家养殖户、220 多家规模养殖场，淡水养殖主要分布在宝坻、静海、宁河、武清、蓟县等远郊区县，2016 年产量 33 万 t。山东省淡水养殖分布在沿海、湖泊和城市郊区，主要地区有临沂、聊城、德州、泗水、东平、微山等，2016 年产量 155 万 t。辽宁省淡水养殖规模较大地区是大连、营口、葫芦岛，2016 年产量 103 万 t。

供应北京市场的海产品来自天津、山东沿海、大连、浙江沿海、福建沿海等地区。渤海渔场附近是天津、大连和山东北部，黄海渔场附近是山东南部、浙江、福建北部。2016 年天津、河北、山东、辽宁、浙江、福建的海水产品产量分别为 8 万 t、35 万 t、742 万 t、517 万 t、665 万 t。海水产品包括海水养殖产品和海洋捕捞产品，北京市销售的海水产品主要是冰鲜海产品。由于保鲜困难、运输费用高，北京市场上的海产品价格普遍偏高，一定程度上抑制了水产品消费。

（三）北京市水产品的供应方式

鲜活淡水产品供应包括养殖、暂养、运输、销售等环节。经销商从养殖户收购水产成品后，先集中暂养，同时在产地市场进行交易；买家将水产品从产地运往销地，并在销地进行批发销售。海水产品和非鲜活淡水产品没有暂养过程，但需要冷冻储藏；多数海水产品和非鲜活淡水产品需要初加工或深加工，其产品规格和包装较为规范。

北京市水产品有95%是经由批发市场供应的，专业批发市场是北京市水产品批发的主渠道，综合农产品批发市场一般也都经营水产品。北京市大型水产品批发市场有新发地农产品批发市场、四季兴海水产品物流港、北水嘉伦水产品市场、大红门京深海鲜批发市场、岳各庄京渔水产交易市场、天民水产品市场等10余家。经销商在批发市场进行经营，将水产品批发给超市、配送商、个体商贩。批发市场也具有水产品储存、物流服务、市场信息、检疫检验等多种功能。北京市还有少部分水产品是直销到零售商的，这部分约占供应总量的5%，直销水产品的主要来源是进口高档水产品、外地生产者或批发企业。

过去北京市水产品零售主要集中在农贸市场、早市和超市，其中农贸市场和早市的销售量接近水产品零售量的80%。随着农贸市场退出城区和近年清理早市，北京市水产品零售集中到了超市和社区市场。北京市社区菜店及菜市场有600多个，但能够销售水产品的社区市场有100余个。多数生鲜超市具有销售水产品的能力。2018年北京市计划将便利店扩大到3 000个，其中一些尝试销售水产品。水产品零售成本较其他农产品要高。由于需要保鲜和冷冻设备，只有大中型超市、社区市场才能销售鲜活水产品，一般小型经营点只能销售少量冰冻水产品。从水产品销售价格上看，超市价格最贵，高出社区市场40%～60%。一般情况下，海产品全年价格波动在50%左右，淡水养殖水产品价格波动为30%，鲜虾等少数品种价格波动能达到400%。

水产品供应难度较大，近年多方面在这一领域正谋求创新。自2014年起，以水产品批发市场为基础开始出现网络交易平台，水产品电子商务正在发展。配送企业正在扩大水产品经营范围，配送业务从冰冻产品向鲜活产品扩展。外埠水产品养殖基地与超市等结合，相互延伸销售和供货渠道。

（四）北京市水产品供应中的问题

北京市水产品供应的普遍问题是供应量少、价格高、水产品不新鲜、居民购买不方便。产生这些问题的根本原因是北京市远离江河湖海、水资源缺乏和水产品养殖业不发达，也有物流和供应方式等方面因素。影响北京市水产品供应的自然条件难于改变，但物流和供应方式应予以重视。

物流是北京市水产品供应中的突出问题。水产品除加工和干制的外，主要分为冷冻水产品、冰鲜水产品、鲜活水产品。冷冻水产品是在捕捞之后立即冷冻，并在冷冻状态下进行运输、储存和销售。冷冻水产品的保存温度在－25～－18℃，因此运销过程必须使用冷链运输、低温冷库和冷柜。对物流设备的要求限制了冷冻水产品的销售渠道，同时也大大提高了冷冻水产品的供应成本。冰鲜水产品是在捕捞之后将水产品用碎冰覆盖，然后进行运输和销售。冰鲜水产品的保存温度在5℃以下，保存时间4～5天；冰鲜水产品的运销成本低于冷冻水产品，但其新鲜程度并不比冷冻水产品更好。鲜活水产品主要是淡水养殖产品，运输时可以采用水箱、水桶、塑料袋，并进行加药或加气催眠；鲜活水产品在零售需要水箱，水产品存活时间1～6天。鲜活水产品运销受暂养水影响，运输过程中超过50%的运载重量是暂养水，零售环节的水箱体积也很大。

北京市水产品供应采用与多数农产品供应相似的“批发-零售”方式，经销商先将水产品运至批发市场，然后销售给超市、社区菜店等零售商。北京市水产品批发市场以专业批发市场为主。由于水产品的特殊性，水产品批发市场难以向城市外围疏散，这大大限制了水产品批发市场的规模，同时运输车辆拥堵也影响了水产品运销效率。北京市从事水产品运销的经销商以个体商贩和小型公司为主，其交易量超过了总量的80%。水产品的经营风险较大，需要的经营条件较高。经销商规模较小使经销渠道错综复杂、市场反应迟缓，同时也限制了水产品供应量，使水产品食品安全受到一定影响。在零售端，水产品销售需要冷柜、水箱等设施，这使得水产品销售成本要高于其他农产品；利润较低降低了零售商的经营热情，这进一步减少了销售量而提高了单位销售成本。

（五）北京市水产品供应的改进对策

北京市应大力发展水产品存储，这对海水产品更为重要。海水产品的重心是冷冻水产品，这是因为冷冻水产品比冰鲜水产品的保存期更长、质量保持更好。北京市农产品存储设施一直严重不足，其主要存储对象依次是粮食、畜产品、蔬菜和果品，留给水产品的存储库容很少。水产品存储的目的不是预防市场波动而造成的短缺，而是通过增加存货来提高供应量。作为远离大海的内陆城市，提高水产品存储库容是北京市农产品供应的特殊要求。北京市还可以尝试发展暂养产业，这将改善淡水产品供应。北京市周边地区还有一定河流、水库，这些水资源不足以进行大规模水产品养殖，但可以用作淡水产品暂养。将外埠水产品运至北京市暂养，相当于增加北京市水产品库存量，延长了水产品的存活期，因此也能够提高水产品供应量。

北京市水产品批发市场的分布位置限制了其发展规模，因此有必要应将水产品批发市场适度外迁。专业水产品批发市场应与一、二级农产品批发市场相结合，位置选择在北京市东南部的平原地区，市场要有良好的公路和铁路交通条件。水产品批发市场应建设成为现代水产品物流港，加大水产品存储设施建设，使运输、销售、存储相结合。水产品批发市场应吸引更多大型企业进场经营，经销规模的扩大可以提高水产品供应效率，规范型企业可以提高水产品质量安全保障。

北京市居民购买水产品不便是长期存在的问题，这一问题的直接原因是水产品销售点较少。北京市农产品生鲜超市大多远离居民区，早市和社区菜市场的减少更加剧购买水产品的不便。零售商不愿经销水产品的另一个原因是成本高、需要专用设备。因此，北京市的商业部门应鼓励发展水产品零售网点，增加对超市、社区菜店的冷柜、水箱配备，降低因这些设备占用空间所带来的租金支出。市内水产品运输需要冷藏、水箱，这也是水产品零售商面临的难题。北京市应发展水产品专业配送，以帮助那些运输能力较弱的水产品零售商。网络销售和对居民的直接水产品配送是需要扶持的新兴产业，这些产业的发展也会改善北京市的水产品供应。

七、北京市的花卉供应

(一)北京市花卉的消费状况

北京市花卉消费分居民消费、集团消费、城市绿化，三部分都各占1/3。

北京市居民经常消费的花卉有盆花、切花两大类，具体有观叶植物、观花植物、仙人掌与多浆植物、鲜切花、干花。观叶植物主要有散尾葵、龟背竹、彩叶草、紫背竹芋、网纹草等。观花植物主要有一串红、紫茉莉、鹤望兰等、金鱼草、牵牛花、菊花等；观花被植物，如君子兰、百合、郁金香等。仙人掌与多浆植物主要有番杏科、大戟科、仙人掌、龙舌兰等。鲜切花主要有文竹、菊花、香石竹等。干花主要有山茶、绣球花、三色堇、千日红、麦秆菊、补血草、月季、迎春花、满天星、香石竹、葵花等。

北京市居民花卉消费者主要是成年人，大致可以分为中老年人群和青年人群；这些人群约占同龄人数的3/4。北京市居民购买花卉的主要用途是居家点缀和净化空气，其次是节日祝福、生日送花、探亲访友等作交际交流等用途。北京市居民平时消费花卉的数量较少，约占总消费量的1/5；节假日消费花卉的数量较大，约占总消费量的4/5，消费量最大的节日依次是春节、中秋节、国庆和元旦。消费者购买花卉的渠道主要有花卉批发市场、专业花店、超级市场、农贸市场、街头摊贩、园艺苗圃中心、花卉博览会、旅游景区、网络订购等。花卉消费行为受年龄、学历、收入水平影响较大。收入水平对花卉消费行为的影响最大。花卉消费者一般是人均收入3 000元以上的中等收入家庭。随着收入的增加，消费者在购买决策时对花卉品类的注重程度增加，对购买方便度和养护难易度的要求更高，而对价格的注重程度减少。除了收入因素以外，花卉消费的影响因素主要是消费者的学历和年龄。学历影响着消费者花卉种类的选择以及购买花卉的方式，年龄对花卉偏好和花卉用途有影响。

集团消费在花卉消费中占相当大部分，2006 年高达 61%，近年由于居民消费增长较快而比重有所下降，2017 年集团消费约占 35%。北京市有 20 万个法人单位，星级酒店就有近千家，花卉是酒店、写字楼和企事业单位用于环境布置、会议、礼仪的用品。集团消费以盆花和绿色植物为主，盆花常用大叶菊、串红、一品红等品种，绿色植物多用发财树、巴西木、龙血树、海芋、绿萝等。

绿化工程用于城市环境绿化，用花主要是花灌木、宿根花卉、地栽花卉、草坪等，这些花卉主要是草本花卉，其中多年生花卉品种占 65%以上。北京市绿化工程形式有花坛、花境、缀花草地，以及花带、花丛、花池、种植钵。城市绿化的重点地区有天安门区域、奥林匹克中心区、二环路沿线、三环路沿线、四环路沿线，以及长安街、机场高速、京承高速、京藏高速、京新高速沿线等。高峰时花卉布置面积能够达到 40 万 m^2。

（二）北京市花卉的供应来源

北京市花卉供应以当地生产为主，花坛花卉消费量的 90%来自当地，高档盆花 30%以上来自当地。自 2004 年开始北京市花卉产业保持了较快的发展速度，生产规模不断扩大，市场消费快速增长，花卉企业健康发展，花卉品种日益丰富。2008 年底北京市花卉生产面积为 5.73 万亩，产值 9.2 亿元，比 2007 年的 7.38 亿元增加 1.78 亿元，增长 24.1%，亩效益达到 1.6 万元。直接从事花卉生产的企业 267 家，农户 1 511 家，从业者超过 3 万人。2013 年年底北京市花卉生产面积超过 6 万亩，产值 9.2 亿元。花卉生产类型有观光农业、园林绿化苗木、城市绿化和生产科研基地等。全市有 37 家花卉市场，1 500 家花卉零售点。

北京市重要的花卉生产地有昌平区小汤山现代农业科技示范园、顺义三高科技农业试验示范区、丰台区花乡、大兴区黑堡等。延庆县等山区重点发展球根花卉种球、功能性花卉、干燥花，昌平区等郊区建立现代化花卉生产示范区；海淀区发展宿根花卉的制种、育种，丰台区等地区建成了花卉销售中心和休闲观光园。多年来，北京引进、繁育、生产、推广的花卉品种达到数千种，盆花成为优势产品，占总产值的 43%。其中高档盆花以火鹤、蝴蝶兰、凤梨、一品红等为主，切花生产以月季、百合、切花菊为主，矮牵牛、凤仙、长寿菊等花坛花卉品种也有广泛栽培；种球种苗、盆栽绿植、工业用花及深加工产品、仿真花、花灌木、花肥、花药、花器等也得到相应发展。鲜切花菊、火鹤、蝴蝶兰、马蹄莲、干燥花等，逐渐步入规模化、系列化生产轨道，逐步形成了北京市的特色花卉品种集群。

北京市花卉产业的专业化生产水平较高、生产规模较大，现代生物技术和现代农业装备设施如滴灌、喷灌、喷雾降温、水帘降温、土壤无害化、水质纯化处理等在花卉生产中得到了应用。北京市花卉科技研发实力较强,花卉生产引进了国内外优良花卉品种和配套技术,通过组织培养、扦插和分株繁殖,实现名优花卉种苗的地方化。

除北京市当地生产的花卉外,还有一部分花卉来自京外。外地进京花卉主要包括绿植盆栽和鲜切花,其中绿植盆栽主要来自广东、山东、河北等地,鲜切花主要来自云南、荷兰、日本等地。

(三)北京市花卉的供应方式

北京市花卉流通渠道主要是批发环节的花卉批发市场和零售环节的花店、超市和个体摊贩。花卉批发市场在北京市花卉流通中占主导地位,2009 年北京市有 37 家花卉市场,1 500 家花卉零售点,总经营面积达 11.8 万 m^2,其中经营面积 400 m^2 以上的大型花卉交易批发市场 22 家,莱太、玉泉营、亮马河等是全国重点花卉交易市场。莱太花卉交易市场是北京最大鲜切花市场,年鲜切花批发量高达 4 亿多枝。在京南四环花乡,集中了 9 家盆花批发市场,北京市花卉年销售额超过 50 亿元。北京市大大小小的花店有 1 000～1 200 家,主要经营鲜切花、花束、花篮、盆栽绿叶植物,是花卉零售的终端。另外,北京市近年花卉流通出现了一些新形式,例如网上交易、拍卖、鲜花速递等,这些流通方式活跃了花卉贸易,扩大了花卉的流通范围。北京市较大的超市都出售花卉,其经营内容与花店近似。个体摊贩的进货来源是花卉批发商,他们常常是应时销售。北京市目前专业从事花卉贸易的公司达 30 多家,花卉向全国销售和出口逐年增长。例如,2008 年蝴蝶兰、卡特兰等热带兰种苗出口数量就达 1 200 多万株,种苗出口到荷兰、美国、日本、韩国等 13 个国家。

北京市花卉供应所涉及的物流过程包括运输、存储、包装、配送等多个环节。在运输方面,北京已经基本上形成了公路、铁路和航空发展的多层次交通运输网,运输体系相对完善,但是没有符合花卉的专业运输体系。在储存方面,北京现已拥有部分仓储设备和仓储地,但是花卉储存大多数仍沿用插水方法,冷柜保鲜技术的使用范围相对较小。在包装、装运和搬卸方面,国内其他地区的进京花卉大多采用普通纸箱包装,包装尚未实现统一标准化。在配送方面,北京市花卉配送目前主要实现在花卉零售商和消费者之间,配送费用相对较高。大多数花卉的流动主要通过面对面交易形式完成。在信息化方面,花卉物流目前无法实现全程信息化跟踪,信息化程度相对不高。北京国际花卉物流港是国内迄今为止最大的集花卉展览、物流、研发、交易于一体的专业性场所,它整合了全国核心产地、航空货运、海关、检验检疫、中转储藏、保鲜库、冷链运输、电子商务等资源,通过包装形式、产品形式的标准化逐步形成功能完善的现代花卉物流配送系统,高效快捷的鲜切花出港转运绿色通道，并确立在国内鲜切花航空物流的核心枢纽地位。

(四)北京市花卉供应中的问题

花卉流通产业中的主要问题存在于花卉物流、花卉流通网络、花卉交易方式等方面。

花卉是鲜活农产品，尤其是鲜切花对流通时间有严格要求。目前，花卉物流中反映出的问题涉及包装、运输和其他流通环节。北京市鲜切花一般使用纸箱包装，这种包装破损率高，对花卉的保护不好。盆花虽然不需要太多包装，但花盆本身也是花卉产品的组成部分，直接影响盆花销售。供应北京市场的花卉多在本地生产，使用汽车运输。北京市花卉运输车辆是普通汽车，对盆花影响较小，而对于鲜切花运输损耗仍较大。北京输往外地和国外花卉使用飞机运输，运输成本较高。另外，北京市花卉直销量较少，通过批发市场销售不仅增加流通环节，而且延长流通时间。

北京市花卉流通网络在批发和零售两个方面都存在问题。批发环节的主要问题是批发市场分布不合理，北京市有 37 家花卉市场，其中较大的 25 家市场中有 11 个在丰台区。1 200 个零售花店多分布于城区，在很大范围的郊区或居民聚居区没有花卉零售网点。

北京市是全国花卉消费和生产城市，它既具有销地特征，也具有产地特征。国际上，花卉产地批发市场，多采用拍卖的批发销售形式，而北京市花卉批发仍使用摊位对手交易方式。这种交易方式交易效率较低，交易成本较高，因而会限制了花卉市场和流通产业发展。

(五)北京市花卉供应的改进对策

改进北京市花卉供应要重点解决物流、渠道和交易方式等三方面的问题。

成立专业的花卉物流公司是发展花卉物流的必然结果。花卉生产者和花卉公司可以将花卉生产结束后的包装、运输、储存甚至出口报关等各个程序分包给专业花卉物流公司。专业的花卉物流公司可以建立花卉专用冷库，雇佣专业人员对花卉物流的整个流程进行服务。在花卉物流技术上应重点发展冷链物流。冷链技术在整个花卉的流转过程中都发挥着重要的作用，包括从产地的采后冷藏、短途低温保温以及长途可调冷藏运输和抵达市场后的短途保温运输和终端消费地批发市场的冷藏。物流信息也是花卉物流发展的重点。物流信息网络可以将花卉从生产开始的各个环节的相关数据和情况载入联网的花卉数据库系统，就能够全程监控花卉的运送、储存、销售情况花卉的情况。

加强花卉流通体系和销售渠道建设。花卉消费依赖于大型花卉批发市场和专业花店等实体市场，花卉经营者在发展和拓展市场的过程中应以实体市场为重，发挥实体市场的主体和主导作用。在建设花卉实体市场的同时，发展多种销售渠道。不同的花卉销售渠道在经营规模、营业时间、购物环境、增值服务等方面有各自的竞争优势，为了更好地满足不同花卉消费者的需求，应发展发展多种花卉销售市场与服务网络体系。鼓励开发针对个人消费者和小规模集团消费者的终端零售交易模式，规范并支持花卉租摆服务、园艺超市、花卉工艺坊等新兴零售业发展，大力推广花卉产品与其他商品联合营销、捆绑销售模式。

花卉消费需求日益多样化，而且花卉消费行为受学历、年龄、收入影响较大。由此可以针对不同的学历层次、年龄段和收入水平对整个花卉消费市场进行细分，明晰不同消费群体的市场定位，丰富花卉产品种类，针对不同的细分市场推出差异化营销模式，以满足消费者的不同需求。目前北京花卉市场的需求状况为潜在需求旺盛，有效需求不足。加大宣传力度，多途径全方位吸引花卉潜在消费者，把潜在需求转化为有效需求是扩大消费的重点。可以充分利用展览中心、公园、文化乐园等场所开办高质量的花展和大众化的插花艺术活动，进行花文化的宣传和花卉养护知识普及，在批发市场定期开展花卉速递、花卉租摆等服务，主办以花促游、促商活动，从而引导和强化人们的花卉消费意识，增加居民的日常消费。利用网络、电视和其他的媒体宣传养花知识、品花艺术、花卉名品等，缩短花卉产品与消费者的距离，使更多的居民进入花卉消费市场。大力开发花卉产品的食用和保健功能，并及时对消费者进行宣传和普及，引导消费者进入新的市场。

第五章　北京市农产品的供应渠道

一、北京市农产品供应渠道的结构

(一)北京市农产品供应渠道的演变

北京市农产品供应渠道的演变过程是与我国农产品流通体制改革和相关产业调整紧密联系的。自改革开放以来,我国农产品流通体制调整经历了五个阶段。1979—1984 年,中央提高了粮食、食油、棉花、生猪等 18 种重要农产品的价格,同时开放了农产品集市贸易,开始形成农产品流通"双轨制"的雏形。1985—1991 年,国家实行农产品价格"双轨制",对粮食、食油、棉花、生猪等重要农产品实行计划管理,同时放开蔬菜、水果、水产品和余粮的流通。1992—1997 年,粮食等重要农产品的市场与消费开始完全由市场调节,农产品市场逐步形成。1998—2004 年,适合中国国情的农产品市场流通调整基本确立。2004 年,全面放开粮食市场,实行粮食购销市场化和市场主体多元化,标志着农产品流通体制全面市场化。2004 年以后,随着中国进入 TWO,中国农产品市场开始与国际接轨。

伴随农产品流通体制改革的是农产品供应渠道结构的变化。首先是计划经济体制下建立的农村供销社和城市国有商业为基础的农产品供销组织的瓦解,代之以市场角色出现的农产品供应主体。农产品个体经营户和私营企业的出现,逐步形成了直接联系农民和市场的农产品供应渠道的基础。这期间,农村传统集贸市场迅速恢复和发展,并在其基础上逐步形成了规模更大、覆盖市场面更广的批发市场。自 1984 年起,全国各地逐步建设起蔬菜、粮食、肉类批发市场,农产品供应的核心产业开始形成。在建立农产品批发市场之后,农村出现了参与农产品供应的农民合作经济组织和农产品经纪人,城市出现了超市形式的农产品连锁经营,农产品供应渠道体系基本成型。20 世纪末,随着信息技术的发展,以农产品网络销售为特征的现代农产品供应渠道也开始出现。

北京市具有市场规模大和依托首都的双重优势,其市场化的农产品供应渠道的形成较全国更早。20世纪80年代，北京市出现了农产品批发市场；90年代开始规划、建设规模化的农产品批发市场。21世纪初，北京市农民专业合作组织发展迅速，逐步成为农村农产品生产、供应的主要渠道。与此同时，农贸市场逐步退出城区，2008年以超市和社区菜市场为主的城市农产品零售体系建立起来。20世纪90年代北京市信息产业发展较快，基本完成了信息网络的建设，21世纪初网上交易开始成为农产品供应的新型方式。2009年北京市开始探索"农超对接"，以实现农产品不经过批发市场而直接进入超市销售。这些情况表明，北京市农产品供应渠道的发育程度、产业发展水平和市场的完整性都是较高的。

21世纪10年代是北京市城市建设最快的时期，城市建设对农产品零售端影响巨大。在房地产开发过程中，居民小区普遍没有农产品供应的配套设施，这致使居民生活遇到很大困难。2010年北京市尝试蔬菜直通车进入居民小区，经过不断摸索，到2015年蔬菜直通车已经了85%以上的居民小区。在农贸市场退出城区后，北京市曾经利用居民小区的空闲地段和旁边道路开办了一些农产品早市，2014年这些农产品早市基本被关闭。2015年后北京市为了严格控制城市人口，开始实行对外来人口的疏散政策。这一时期，北京市的各类小商品市场予以关闭，农贸市场、农产品早市也随之在城区彻底消失。

2017年，《北京城市总体规划（2016—2035年）》开始进入实施阶段，该规划对北京市农产品供应渠道的总体布局进行了修正。北京市一直以新发地作为北京市的一级农产品批发市场。随着城市的扩张，新发地逐步纳入北京市的城市开发圈，其发展空间受到限制。为此，北京市在河北省高碑店建立了第二个新发地农产品批发市场，该市场于2015年底投入使用。北京市的二级农产品批发市场原本分布在四环、五环之间，随着《北京城市总体规划（2016—2035年）》的实施，这些二级农产品批发市场开始外迁，前身为大钟寺农产品批发市场的回龙观农产品批发市场等一些大型农产品批发市场予以撤销。

（二）北京市农产品供应渠道的构成

北京市农产品供应渠道可以分为五个基本部分。

1. 产地农产品供应渠道

农民和农民专业合作组织处于农产品供应的前端，其中农民以自销方式参与了农产品供应；农民专业合作组织多是通过农民联合来维护其在交易中的卖方地位，组织本身很少从农产品供应中取得利润，可以看作是准市场主体。经纪人和产地批发市场分布于京郊农产品产地，经纪人来自农民，他们从事农产品收购、储运、销售以及销售代理、信息传递、服务等中介活动；产地批发市场则是方便诸如桃、西瓜、花卉等农产品主要产区的集中销售。

2.销地批发市场

销地批发市场包括综合性批发市场和专业批发市场，承担着集货、交易、信息、价格形成和结算功能，是北京市农产品供应渠道中发育程度最高的部分。北京市农产品供应渠道的重要特征是销地批发市场居于核心地位。北京市是国家首都，拥有国际化大都市的特殊地位，是一个超大型消费城市。这决定了北京市本地市场优先于外地市场，销地批发市场强于产地批发市场，政府重视批发市场建设，以批发市场引导农产品产生、零售的农产品供应格局。

3.农产品零售渠道

生鲜超市、社区菜市场和农贸市场处于农产品供应渠道的末端，承担着农产品的分销和零售职能。生鲜超市源于归口商业部门管理的百货商店，后来建设的购物中心也都开设了生鲜超市，目前一些专业性生鲜超市也大量出现。随着城市建设和“农超对接”的探索，以生鲜超市为代表的农产品零售业对农产品供应产生了巨大影响。社区菜市场是农贸市场退出城区以后遗留下的产物，它是生鲜超市的补充，主要用于城市居民短距离购买农产品的需要。农贸市场是城市居民在早年购买农产品的主要场所，现在已经完全退出城区，只有在农村乡镇还有保留。

4.农产品直销渠道

北京市农产品直销涉及网络销售、农产品配送和生产者直销。网络销售是一种新型农产品供应渠道，正迅速渗入农产品供应的各个环节。农产品配送是近年来迅速发展的供应渠道，它一端联系着生产者、农产品批发市场、农产品加工企业，一端直接联系着超市、农产品消费大户。北京市还有一些生产者开办的直销企业，直销企业跨越了批发市场，是生产者直接进入消费市场的一种形式。

5.其他农产品供应渠道

北京市农产品供应渠道正在向多样化发展。农业会展集休闲旅游、农产品销售为一体，是近年出现的新型农产品供应渠道。近年农业采摘、农产品观光园在京郊农村大量出现，一些农庄和农业专业合作社借助这种形式进行农产品销售。另外，北京市农产品外贸也较为发达，国外农产品通过外贸渠道输入北京市，一些大型企业开设了国际农产品物流港。

二、产地农产品供应渠道

(一)农民专业合作组织

2007 年 7 月《农民专业合作组织法》实施后，北京市农民专业合作组织发展迅速，正在成为京郊农村基本的生产组织形式。2009 年部分区县成立的农民专业合作组织为：顺义区有 133 家，参加农户 10 517 户；密云县有 600 家，参加农户

25 973 户;平谷区有 390 多家,参加农户 2 万多户;大兴区有 324 家,参加农户 5.4 万户;怀柔区有 391 家;房山区有 343 家,参加农民 1.24 万人。

从严格意义上讲,农民专业合作组织不是农产品供应实体,而是以家庭承包经营为基础,由农民自愿参加,围绕信息、技术、收购、储运、加工、销售等环节,通过入股建立的一种互助合作经济组织。农民专业合作组织主要在生产领域发挥作用,协助农民销售农产品是其功能之一。

北京市农民专业合作组织在农产品销售方面的做法主要采用三种方式。第一种方式是采用“公司+合作社+社员”的模式,其中“公司”是指生产企业或经销企业,“合作社”作为市场主体,实现大规模、订单化生产、销售。在这种条件下,农民专业合作组织具有一定产地农产品供应渠道的功能。第二种方式是通过农民专业合作组织开拓市场、销售渠道、创立产品品牌、控制农产品质量,以协助农民进行销售。第三种方式是以农民专业合作组织形式与经销商进行交易,提高交易价格,维护农民在市场中的地位。

农民专业合作组织在参与农产品供应过程中出现的主要问题在于自身的规范性和恰当的市场角色。在政府鼓励农民专业合作组织发展的政策背景之下,一些其他经济组织借农民专业合作组织之名,享受政策优惠,而没有发挥农民专业合作组织的作用。农民专业合作组织内部也存在加入农户没有股金、民主管理流于形式、经营管理和销售服务能力弱、盈余分配不足等问题。由于农民专业合作组织还不是农产品供应实体,它一方面在协助农民销售;另一方面也会阻碍农产品产地市场的发育,限制了农民成为市场主体。

(二)农村农产品经纪人

北京市农村农产品经纪人行业发展较快,正在成为农产品产地流通的重要渠道。北京市农村农产品经纪人包括执业经纪人和非执业经纪人。执业经纪人拥有个体工商户的《营业执照》和《经纪资格证书》,2007 年全市约 1 800 人。大多数农产品经纪人是非执业经纪人,他们只在收获季节或业务较多的时候从事经纪活动,属于兼职性质,因而具体人数也不好统计。

北京市农村农产品经纪人主要从事农产品的外销,销往北京市场的比重并不大。经纪人的经纪活动有中介、代理、行纪等方式,多数北京农产品经纪人有自己的固定客商,实际上是这些客商在当地的季节性助手。农产品经纪人通常在生活地从事经纪活动,他们对当地农户和农产品有非常深入的了解。在收获季节,经纪人为客商在当地疏通关系、安排生活,联系农户、组织货源,帮助农产品分拣、包装、过秤、发货,并从客商处获得佣金。

经纪人在产地农产品供应中起到了积极作用。经纪人本身作为一种销售渠道，在客商和农户之间起着沟通、中介作用，特别是把外地市场于当地农产品生产连接起来。经纪人了解新的信息，有较强的市场意识，同时具有生产、包装、储运、销售的知识，因此对农民销售农产品有很大帮助。在更大层面上，经纪人了解市场供求状况，因而在一定程度上也可以引导当地农民的生产。

北京市农产品经纪人行业目前面临的问题主要是规模小、人员素质低、经营条件差、行业管理薄弱。北京市农产品经纪人多是自发形成的，绝大多数又是个体经营户，因而自身实力较弱，影响力也较小。由于经纪人多数是当地农民出身，文化水平较低，服务差、信誉低、经纪方式落后是经纪人中普遍存在的问题。经纪人有很强的季节性，其收入来源不固定，自身的资金实力也较弱，因此经纪人的经营条件并不好，只能从事一些低成本、低收益的活动。北京市在区县、乡镇有一些经纪人组织，但多数经纪人与这些组织的联系并不紧密。经纪人之间合作意识较差，诚信度不高，很难形成经纪人之间的团体。在管理上，没有明确的管理机构，也没有明确的行业规范。

(三)产地农产品批发市场

北京市农产品产地批发市场建设起步较晚，2006 年顺义区建成北务产地批发市场，大兴区建设了沙窝产地批发市场，这都是较早和较为规范的农产品产地批发市场。北京市农产品产地批发市场集中建在蔬菜、瓜果产地，主要是便于这些农产品的季节性集中上市，而其中相当数量是销往外埠市场的。由于北京市把农产品供应渠道的重点放在销地批发市场，而京郊农村距离这些销地批发市场又较近，这造成了农产品产地批发市场目前较为的薄弱状况。

北京市的农产品产地批发市场的规模较小，设施相对简陋，一般包括交易、存储、过磅、检测和管理设施，市场建有交易场地和交易大棚，配有地磅，以及小型检测室和检测设备。农产品产地批发市场的交易过程是农民直接参与的，市场只提供相关服务。这些服务包括：有客商时发布信息、通知村民，农产品交易时的过磅、结算，维持市场交易秩序和场地卫生等。

产地批发市场在农产品供应中发挥了四项功能：第一是维持价格，建有产地批发市场的农村地区，周边乡镇通常由政府组织打击地头交易，通过减少私下低价交易提高整体农产品价格。第二是传达信息，产地批发市场也是农产品信息的集散地，一些市场还通过登记造册方式，联系着农民和经销商，及时通知和安排双方到市场进行交易。第三是集中销售，通过市场组织货源，能够满足大批量客商的要求。第四是食品安全控制，虽然设备简陋，但每天对出市场的农产品进行安全检验，还是能够起到一定的安全控制作用。

北京市农产品产地批发市场建设起步较晚，主要存在问题是数量少、规模小、设施简陋、管理薄弱，难以充分发挥农产品供应中集散货物、交易商品、价格形成和信息集散等功能。

北京市农产品产地批发市场最大的压力来自销地农产品批发市场，由于销地农产品批发市场在数量、规模、距离等方面具有优势，使农产品产地批发市场的生存空间受到限制。

(四)农民自产自销

随着北京市农产品供应体系的完善，农民自产自销的农产品比重正在下降。农民自产自销的渠道有销地批发市场和农贸市场。销地批发市场以经销商为主，1993年大钟寺批发市场50%为农民自产自销，2008年北京中央农产品批发市场60%以上为一级批发商和代理商，农贸市场中农贸自产自销比重较大，2006年北京农贸市场中65%以上的蔬菜、水果是农民自产自销，零售商贩的比重在加大。

农民自产自销农产品比重下降是一个必然趋势。由于城市规划和城市管理原因，北京市一直实行取缔城市流动商贩的政策，农民自产自销只能进入农贸市场。为加强食品安全，批发市场和农贸市场都在加强农产品检验，并不同程度地实施农产品市场准入制度，农民在缺少检疫检验证明情况下，采用自产自销方式进入农产品供应主渠道日趋困难。虽然国家给予农民自产自销许多减免税收的优惠，但诸多因素使农民直接销售农产品受到很大限制。从销售成本考虑，除运输目前较便利外，其他中间费用正在增加，农民自产自销的总体成本呈上升趋势。上述原因使农民自产自销方式不可能成为农产品供应的发展方向。

三、北京市的销地批发市场

(一)综合农产品批发市场

北京市农产品批发市场的性质属于销地批发市场，这些批发市场是在农贸市场基础上逐步发展起来的。20世纪80年代，北京市出现了第一个农产品批发市场——大钟寺农产品批发市场，此后批发市场逐步成为农产品供应渠道的核心环节，农产品供应模式也演变为“农户、批发市场、农贸市场、个体商贩、消费者”。20世纪90年代，由于原有批发市场较为简陋，以及城市发展的整体布局需要，北京市的农产品批发市场开始转移到三环、四环之间，2000年年末北京市农产品批发市场达到52家，全市农产品交易量达到762万t，其中批发市场交易量为500万t。21世纪初，北京市农产品批发市场进一步向郊区转移，新建了回龙观等批发市场。2009年全市各类农产品综合市场有394家，其中农产品批发市场有86家，这其中的新发地、岳各庄等9大农产品批发市场承担着主要职责。2015年以后，北京市为限制外来人口，撤销或外迁了大量批发市场。源于大钟寺农产品批发市场的回龙观批发市场被撤销。

北京市农产品批发市场多建于 20 世纪 90 年代。在设施建设方面，多数批发市场优先建设用于批发和零售的交易大厅或交易区，以及用于市场管理、监控、商品检测、结算处理、信息处理的管理设施，而用于农产品储存、冷藏以及加工、包装、配送的辅助设施相对简陋，商务办公以及生活服务设施更是缺乏。在软件建设方面，各类市场尚不能提供实时市场价格和价格预测，价格形成功能不完备；食品安全监管设施落后于国外及国内其他先进城市。

北京市农产品批发市场中的直接经营者有 3 万余人，其较大规模的经销商被称为大户。经销商的经营方式是与农贸市场相同的摊位形式，经销商订货和出货，批发市场从经销商收取摊位费和手续费。经销商是一个文化素质相对较低的群体，几乎都是外地进京人员。经销商的经营品种相对固定，大户的经销量很大，他们依靠自己掌握的货源和客源，操控了北京市的农产品市场价格。经销商抱怨的主要问题集中在市场管理和经营风险方面。在市场管理方面，他们反映开发票难、交通拥堵是常事。在经营活动方面，他们认为蔬菜分量缩水、腐烂、气候等因素是主要的经营风险。在交易成本方面，他们认为过路费、摊位费、增值税很高，批发市场还常以高额罚款代替解决他们经营中的问题。

北京市农产品批发市场目前的主要交易方式是摊位即期对手交易，经销商租赁摊位进场交易，交易主要为现货，由经销商与供应商、零售商直接交易。摊位即期对手交易方式是一种较落后的交易方式，它限制了入市交易人数，缩小了农产品供应范围，不利于农产品远期价格的形成。尽管一些批发市场在探讨远期交易、远程交易、信用交易、委托交易、网上交易等交易方式，以及连锁制、代理制、配送制、拍卖、期货等经营方式，但实行这些交易方式和经营方式的产业条件还不具备。

运输业是与农产品批发市场直接相关的产业，北京市最大的新发地农产品批发市场每天进场车辆超过 30 000 辆，八里桥农产品批发市场也有 5 000 多辆。这些车辆多数为经销商所有，以批发市场为中心的农产品运输业，以及停车、维修服务业有很大发展潜力。目前，北京市各个批发市场都建设有自己的网站，但实现信息实时采集和发布的能力较弱，加之经销商多采用摊位对手交易方式，使得批发市场相关的信息业发展缓慢。与农产品批发特别是与分销环节相关的经营性业务也有着巨大的发展潜力，包括冷冻、仓储、物流、加工、配送、分捡、包装等业务环节，这些业务可以形成相关产业，从而延伸农产品批发产业。另外，近年来一些批发市场中的大户开始在京郊建设自己的生产基地，这些基地也可看作农产品批发市场的延伸产业。

(二)专业农产品批发市场

北京市除大型综合农产品批发市场外,还有相当数量的专业农产品批发市场。从事花卉交易的有玉泉营花乡花卉市场、中蔬大森林花卉市场,从事茶叶交易的有京马茶叶批发市场,从事水产品交易的有大望京水产批发交易市场、马家堡水产综合市场,从事禽蛋交易的有双清路畜禽水产综合批发市场,从事果品交易的有北京国际精品水果中央批发市场。专业农产品批发市场规模相对较小,从事一类或少数几类农产品交易。专业批发市场除批发业务外,也从事农产品零售,以及农产品的配送和信息服务。专业农产品批发市场由经销商进场交易,零售采用摊位方式交易。北京市除进行场地交易的专业农产品批发市场外,还有一些具有批发性质的交易组织和机构,例如中国烟草交易中心、全国棉花交易市场。中国烟草交易中心是不以营利为目的的服务组织,中心市场设在北京,实行会员制和交易商制。中国烟草交易中心是国家烟草专卖局下属公司,从事烟草交易和物流服务。

粮油供应渠道是较为专业和特殊的。北京市的粮油供应体系包括粮油储备体系、粮油批发市场、粮油流通企业、居民粮油供应网点组成。粮油储备体系是粮油供应中的关键环节。北京市拥有由粮食局系统管辖的国家、市、区县三级粮油储备库。储备粮油采用吞吐轮换方式来供应市场、稳定物价。粮油采购和销售采用竞价交易、定向购销方式,竞价交易在粮油交易机构定期组织的粮油竞价交易会进行,定向购销是指政府指定购销的地区和对象。管理部门对粮油储备进行监控,以保持充足、稳定储备粮。粮油批发市场分布在专业粮油批发市场和综合农产品批发市场。粮油批发市场采用租赁摊位方式经营,由粮油经营商组织进货、运输和销售。销售的粮油产品不仅来源于北京市粮油储备体系,也包括全国各地的粮油产品。北京市一些粮油加工、进出口和经营企业的也参与粮油供应,其中的大型企业较少,主要有中粮集团、京粮集团,以及区县粮油公司等。这些企业业务涉及粮油储备、粮油进出口、粮油加工、粮油销售,一定程度上扮演着国家粮油政策执行者的角色,对北京市粮油市场、粮油供应有很大的影响。北京市粮油供应的零售端是覆盖全市的网点体系,这些网点分布在所有街道、乡镇和中大型社区。粮油零售网点与生鲜超市和社区菜市场相结合,其销售方式与其他农产品基本相同。

四、农产品零售渠道

(一)生鲜超市

我国超市经营鲜活农产品始于 1996 年,2002 年北京市提出建设农产品连锁超市和社区菜市场,在此之后“农改超”成为城市农产品零售业的主要发展方向,到

2008年北京市农贸市场已经基本在四环路以内消失。北京市“农改超”的主要方式是在原农贸市场基础上建设室内农产品生鲜超市或农产品经营公司，或在连锁超市中开辟鲜活农产品销售区。“农改超”后，生鲜超市成为农产品销售主体；生鲜超市以其特有的方式组织农产品供应，减少了中间环节和经销人员，降低了供应成本；与农贸市场相比，生鲜超市购物环境整洁，顾客自选商品，更方便了顾客；生鲜超市对农产品质量直接负责，更好地保证了食品安全。但“农改超”的实施效果并不尽人意，主要原因有：经营生鲜农产品的超市分布不均匀，许多居民区远离生鲜超市，购物不便；生鲜超市整体运营成本高于农贸市场，许多生鲜超市的进场费很高，成本分摊后农产品零售价格偏高；连锁超市的鲜活农产品销售区面积较小，供应量不足。

面对“农改超”的问题，2009年北京市开始探索“农超对接”，即农产品不经过批发市场而直接进入生鲜超市销售。生鲜超市选择农民专业合作组织或农产品生产基地，实现与农民的对接。“农超对接”的优势是减少了农产品供应的中间环节，保持了农产品的新鲜度，能够形成品牌特色，有助于提高生产者和生鲜超市的经济效益。

在“农改超”和“农超对接”实施期间，北京市试图发展农产品经销公司和农产品物流配送企业。农产品经销公司是从事农产品供应的专业批发商，可以取代个人形式的农产品经销商；农产品物流配送企业是农产品供应的物流枢纽，从事农产品的加工、配货、储藏、运输。但是这两类企业发展并不很好，这是由于依托农产品批发市场或生鲜超市而使这两类企业的独立性和实力都不强。

“农改超”后，超市经营农产品对现有农产品供应、生产和消费体制提出了挑战。第一，生鲜超市削弱了农产品批发市场的地位。超市经营农产品将跳过批发市场这一环节，“农超对接”实现后北京市将有50%左右的农产品、70%左右的特菜直接进入生鲜超市销售，这意味着农产品批发市场在北京市农产品集散过程中的核心地位将下降。第二，超市经营农产品将更多与农民专业合作组织和农产品生产基地对接，而其他农户可能被排斥在市场之外，他们的产品批量小，既难进入批发市场，又难进入城市生鲜超市。第三，超市经营农产品的成本较高，给城市居民生活带来了不便。

21世纪初是北京市城市建设最快的时期，2020年北京市五环以内已经基本完成城市化改造，大批居民小区建设完成，道路街区面貌焕然一新。围绕主要商圈和居民聚集区，出现了购物中心和商业联合体，生鲜超市成为这些购物中心和商业联合体中不可缺少的组成部分。这些生鲜超市规模大，设施完备，经营品种齐全，逐步为生活水平日益提高的居民所接受。

(二)农产品车载销售

农贸市场退出城区后，北京市居民买菜难的问题非常突出。2010 年北京市开始探索局面小区蔬菜销售直通车。蔬菜销售直通车是以农产品批发市场为依托，采用统一采购、统一配送方式，同时结合了直销、直配，经营产品主要是蔬菜、果品等鲜活农产品，经营品种有几十种之多。蔬菜销售直通车将农产品直接运送到居民小区，并在居民小区直接销售。蔬菜销售直通车的经营时间不固定，一般居民小区有 1～3 次，每次有半天到一天。蔬菜销售直通车销售的农产品通常比附近生鲜超市便宜 10%～15%，新鲜度也比附近生鲜超市要好。

蔬菜销售直通车解决了居民小区农产品固定销售网点不足的问题，经过近十年的探索和总结，逐步形成了一套成熟的运营模式。2015 年北京市有 5 家农产品销售企业开办了蔬菜销售直通车，农产品运销车辆有 280 余辆，覆盖了 600 多个居民小区，社区覆盖率超过 85%，每天销售农产品 400 多 t。2018 年蔬菜销售直通车已经进入了 750 个居民小区，接近完全覆盖，每天销售农产品超过 500 t。

(三)社区菜市场

社区菜市场是农贸市场退出城区，特别是撤销农产品早市后在城市居民社区开设的固定农产品销售网点。2014 年北京市提出新建居民小区必须配套建设社区菜市场，现有居民小区必须通过调整、改造或购买配套设施来建设社区菜市场。社区菜市场主要销售蔬菜、水果、肉禽蛋等农产品，其中用来销售蔬菜的面积不得少于总经营面积的 1/3。经过数年的努力，2018 年北京市已经有 2 400 余个居民小区拥有了两个以上农产品零售店，其中主要是社区菜市场。

北京市的社区菜市场逐步从传统形式向多样化方向发展，例如社区菜市场、菜店、生鲜超市、综合超市搭载、便利店搭载、邮局搭载、箱式售菜点、无人货柜等。社区菜市场的场地、店面由社区配套设施提供，由摊商运销农产品。社区菜市场的经营方式主要是摊位交易，其数量相对较少。社区菜市场销售的农产品价格比生鲜超市低，但比蔬菜销售直通车要高；其农产品的新鲜度比生鲜超市好，但比蔬菜销售直通车要差。

社区菜市场具有一定的公益性质，2018 年政府对新建的菜市场、菜店项目，按店面装修和软硬件设备购置投资的 50%、年租金的 50%，每店最高 150 万元予以资金补助；对新建的搭载蔬菜零售的便利店，每店最高 50 万元予以补助；对规范提升的菜市场、菜店项目，按投资的 30%，每店最高 30 万元予以资金补助。

(四)农村农贸市场

北京市的农贸市场兴起于 20 世纪 80 年代，为满足城乡居民基本生活消费起到了重要作用。21 世纪初，随着城市建设和人们生活水平的提高，北京市提出农贸市场要逐步退出城市。2008 年北京市城区已经完成"农改超"，目前农贸市场仅作为农村的农产品零售渠道。

农村农贸市场采用物业经营方式，市场收入来源于收取商贩的摊位费，另收取过称费等杂费。经营内容主要是蔬菜、水果、肉类和水产等鲜活类农产品，也有少量其他日用品和杂货。上货和销售由市场中的商贩进行，农村地区商贩大部分是自产自销，也有部分农产品来自批发市场。农贸市场的顾客主要是附近的农村居民，他们采购的特点是量少次多，到农贸市场的原因主要是农贸市场能够保证农产品的新鲜，价格上较为便宜。在市场设置方面，多数农村农贸市场采用蔬菜、水果、猪肉、面粉、豆制品、粮油的分区经营。农村农贸市场自身存在的问题主要是效益低，购物环境较差。

五、农产品直销渠道

(一)农产品网络销售

农产品网络销售和信息产业发展迅速，正在成为一种新型的跨地区的农产品流通渠道。1994 年中国农业信息网开通运行，这标志着农产品流通开始进入了网络时代。

农产品网络销售和信息产业的主要形式是农产品电子商务网站，举办该类网站的主要有各级农业部门和政府、农产品批发市场和农贸市场、农产品经销企业、专业农产品与农业信息网站，以及其他少量农业合作组织、配送加工企业等。农产品电子商务形式有网上黄页、信息中介、虚拟社区、电子商店、价值链整合和第三方交易市场，可分为商情信息、交易撮合和电子商务三个层次。目前北京市农产品网络销售和信息产业还处于低中端水平的应用水平。一般农产品网络销售网站的内容有行情信息、市场信息、经销商信息、产品信息、数据库、农产品知识性介绍等，企业、行业组织和各级农业部门的网站则包括自身介绍和相关领域信息。在这些信息中，能够直接促成农产品销售的有两类，即农产品市场信息发布系统和农产品网络销售系统，交易双方通过网站信息了解对方，然后以在线或线下达成交易。

农产品网络销售和信息产业目前虽处于发展阶段，但其对农产品流通的作用将日趋加大。农产品网站的直接作用是通过发布市场信息而形成农产品市场行情和价格，从而打破了农产品交易受物流和交易场所的限制，大大减少了交易时间和交易成本。随着农产品网络销售和信息产业的发展，以农民专业合作组织、农产品经纪人、农产品经销公司为主的销售方，和以农产品网络销售、农产品配送为主的中间环节，以及超市、农产品加工企业为主的采购方的农产品流通产业正逐步形成。这种体系将削弱农产品批发市场在北京市农产品流通中的核心地位，同时也会对食品安全、税收等农产品流通中的监管环节产生影响。

（二）农产品产销对接

北京市发展农产品直销有10余年历史。2011年北京市尝试“农商直供”，方式是采用“农业龙头企业＋农产品加工企业＋农产品营销＋物流配送”，农产品首先进入农产品加工企业，然后汇集到龙头企业，然后通过销售终端销售，最后由物流公司进行配送。2012年北京市开始推行“农超对接”和“农社对接”，“农超对接”是农业专业合作社向农产品生鲜超市进行直销，“农社对接”则是农业专业合作社向在居民社区进行直销；农业专业合作社在产地组织货源，然后跳过农产品批发市场，直接将农产品运送到农产品生鲜超市或居民社区。在此之后的近10年，外埠省区开始大力推进农产品进京直销，他们通过办事处、展销会等形式宣传和销售自己的农产品。

从主体看，农产品直销分为农业专业合作社和专业农产品经销企业。农业专业合作社一般不是经营实体，而是农民成立的产销协作组织，农业专业合作社代表其社员，协助农民经销农产品销售。专业农产品经销企业是经营实体，他们向农民收购农产品，然后以自己的名义向消费者进行销售。

从供应方式看，农产品直销分为“直采”和“直供”。“直采”的发起方多数是生鲜超市，他们向多个农产品生产方进行采购。“直供”的发起方多数是农业专业合作社和专业农产品经销企业，他们向多个生鲜超市或社区菜市场进行销售。

从对接对象看，农产品直销分为“农超对接”和“农社对接”。“农超对接”面向生鲜超市，“农社对接”面向居民小区的社区菜市场。

从经营场所看，农产品直销分为“进驻”和“专营店”。“进驻”是指农业专业合作社和专业农产品经销企业在生鲜超市或社区菜市场租赁摊位或设点销售。“专营店”则是由外埠农产品产区或专业农产品经销企业开办的店面。

外埠农产品产区或专业农产品经销企业在北京进行直销主要目的是市场拓展和产品销售。市场拓展是通过农产品宣传、展示、销售、网络配送、贸易洽谈、招商引资、信息服务、宣传窗口等手段，对自己的农产品进行推介。产品销售则是以营利为目标的出售农产品。

农产品直销的优势供应环节少，销售成本低，可以降低农产品的终端价格。对农民而言，农产品直销可以减少中间商的盘剥，提高自己的议价权，因而增加收益。不过，农产品直销也存在劣势。农产品直销的批量较小，因而更适用于精品高端农产品；低端大陆农产品的运输成本高，单位利润少，如果采用直销方式可能收益更低。

六、其他农产品供应渠道

（一）农产品加工企业

农产品加工企业可以视作农产品供应渠道，这是因为鲜活农产品只占农产品消费的一部分，相当多的农产品是以加工产品形式进入农产品消费市场的。与鲜活农产品不同，加工后的农产品一般是直接进入消费市场的。农产品加工企业分为农产品初加工、农产品深加工，其中农产品初加工更偏向鲜活农产品。

农产品初级加工主要针对可食用农产品所进行的挑拣、清洗、干燥、粉粹、分切、保鲜、包装等简单加工，它涉及农产品生产、农产品物流、农产品加工等环节，是农产品供应中的结合点。北京市农产品初级加工主要涉及蔬菜、水果、花卉、禽蛋和肉产品等农产品。蔬菜加工发展较快的部分是蔬菜的分拣、包装。为适应蔬菜配送的要求，减少蔬菜运输成本，蔬菜种植基地、蔬菜配送公司建设有分拣中心，一般蔬菜会剔除 20%，有机蔬菜则会剔除 40%品相不好的蔬菜。蔬菜包装则是为了方便运输和销售，标识出品牌和产地。近年蔬菜礼盒也开始兴起。水果初级加工主要是按规格分拣、分箱包装。近年还出现了果园采摘和礼品包装。花卉初级加工有修剪、保鲜、包装以及干制。禽蛋和肉产品主要是进行小包装加工。从供应环节上看，北京市农产品初级加工发展最快的是销售、配送前的分拣、包装；速冻、真空保鲜、冷冻干燥加工等需要先进设备的初加工方式还有待发展；能够进行烹调前加工的企业还非常少。农产品初级加工很有发展前景，这主要是因为农产品初级加工的投资少、见效快、经营风险小，有利于农产品保险、销售和减少垃圾。北京市近年出台了不少政策，间接地在促进农产品初加工的发展。

农产品深加工业主要包括农副产品加工业、食品制造业、饮料制造业、木材加工及竹、藤、棕、草制造业和中药制造业等五类行业，其中食品制造业比重最大。北京市农产品深加工产业的主要特点是规模小、数量少。北京市中小企业农产品加工占多数，这主要是因为北京市农业种植面积小，不适合建设大的农产品深加工生产企业。北京市农产品深加工产业不够完善，企业多是单一性生产，企业之间协作以及产业上下游之间的衔接还较薄弱。北京市发展农产品加工业强调带动农业生产的作用，对农产品加工与市场的衔接，以及促进北京市农产品供应的作用强调不足。在农产品供应中，农产品深加工业的作用是不可忽视的。农产品深加工业是农业产业链的延伸，能够解决农产品供应中“小生产”与“大市场”的矛盾，可以依靠农产品深加工业进行农产品食品安全控制、创建农产品品牌和税源管理。针对农产品零售环节，农产品深加工企业可以利用自身的仓储、运输和配送优势，直接与生鲜超市和社区菜市场对接。北京市农产品产业发展的重点是扶持大型龙头企业，这主要是出于经济效益和带动农业生产的考虑。但对于大型农产品深加工企业而言，其市场和原料供应都面向全国，对北京市农产品消费市场的依赖并不很大。因此，发展面对北京市市场的农产品深加工企业也是十分必要的。

（二）农产品进出口贸易企业

北京市的农产品出口有100多个品种，主要是鲜活农产品，又以蔬菜和禽肉占绝大部分。北京市农产品出口市场包括东亚和东南亚、中亚、西欧、北美以及非洲国家，其中日本、韩国是主要出口市场，而日本又是中国蔬菜最大进口国、北京市禽肉的最大出口市场。北京市的农产品出口大多属于直接出口的一般性贸易，农产品出口处于较低水平。北京市用于出口的蔬菜和禽肉生产达到了产业化水平，蔬菜产销采用“公司＋基地＋农户”模式，禽肉产销采用“公司＋协会＋农户”模式。在蔬菜和禽肉出口环节，扮演主要角色的有出口公司、生产基地和农民专业协会。在出口公司中，外商独资企业和国有出口企业占有着绝大份额。由于北京市出口农产品基地规模小、开拓国际市场能力弱，因而出口行业有一定的垄断性。协会是农产品出口的中介组织，由于机制、职能、经费原因，北京市农产品出口的相关协会的作用还比较有限。北京市用于出口的农产品生产基地规模有限，这些生产基地在农产品出口中也处于次要地位。

北京市进口农产品的主要种类是食用植物油、食用油籽、冻鸡、乳品、水海产品、肉及杂碎、鲜蛋、鲜干水果及坚果，其中进口量最大的是食用油籽、食用植物油、肉及杂碎。国际农产品市场近年基本保持平稳，加至进口农产品在北京市的市场比重不大，因而对北京市的农产品市场影响有限。农产品进口的渠道有批发市场、代理公司、综合经营商、农产品物流港。北京市农产品批发市场主要经营国内商品，进口农产品数量很少。代理公司一般设立在自贸区和港口城市，这些代理公司多数代理几个国外特定品牌，然后在国内各地区进行分销。连综合经营商代理的商品品牌多、产地多，这些企业有自己的进口渠道和资源整合渠道。接近北京市的农产品物流港在天津市、河北省和山东省，这些农产品物流港是借助物流设施的优势，同时经营进口农产品。

（三）农业会展

20世纪90年代北京市开始出现农业会展。1992年丰台区举办了种子交易会，1995年开始顺义举办了六届农博会暨旅游文化节，1998年开始海淀举办了三届农业博览会。21世纪北京市的农业会展迅速发展，农业会展涉及多种农业领域和农产品。规模较大的农业会展有2004年举办的中国犬业展览会、2006年开始举办的五届国际农产品交易会、2006年的畜禽展览会、2007年举办的中国国际农批市场展示暨名优特农产品对接洽谈会、2008 年举办国际板栗大会、2008 年举办的中国国际花卉园艺博览会、2008 年举办的中国国际集约化畜牧展览会、2009 年举办的中国国际钓鱼用品贸易展览会、2009 年顺义举办花卉博览会、2012 年举办世界草莓大会、2013 年开始连续举办的北京农业嘉年华。在此期间,北京市各区县结合自己的优势产业,举办了不同规模的农业展会和农业文化节。2010—2019 年举办的农业会展和文化节有全国西瓜博览会、全国梨文化博览会、全国葡萄文化博览会、大兴西瓜节、采育葡萄文化节、大兴桑葚文化节、密云农耕文化节、怀柔板栗文化节、昌平苹果文化节、平谷大桃采摘节、海淀御杏采摘节、门头沟樱桃节、门头沟香椿节、通州葡萄采摘节、房山兰花节等。另外,不少区县还举办农产品季,例如草莓季、花卉季、樱桃季等。

北京市的农业会展主要分为农产品交易、农业科学技术交流、农业休闲旅游等类型。其中,农产品交易型会展主要目的有农产品贸易洽谈、地区农产品展示推广、农产品销售等。北京市农业会展多数是有市、区县、乡镇政府举办的;这些会展与地区资源紧密结合,具有很强的专业性、地区性;这些会展采用会、展、节相结合的方式,直接和间接地销售农产品;这些会展能够带动地区经济发展,促进农民增收。对于北京市的农产品消费市场而言,农业会展已经成为较为常见的农产品销售平台,农业会展已经具有农产品洽谈、推广、批发、零售等多种功能。

七、北京市农产品供应渠道建设策略

(一)北京市农产品供应渠道的问题

1. 产地农产品供应渠道较为薄弱

北京市农产品的主要供应来源是外埠省区,这些地区远离消费地,市场运行不够规范,经销商对生产者盘剥较为严重。北京市的自然优势是北京市农产品消费市场巨大、生产者与市场距离近,但农产品供应环节渠道也较薄弱,多少有些“围着市场销售难”的情况。在产地农产品供应中,产地批发市场数量和规模不够,农民专业合作组织主要不是经营性组织,农产品经纪人是不稳定的个体性群体,农民自产自销比例正日趋下降。这样所造成的局面是,部分市场参与能力较强的农民可以直接进入北京市批发市场、零售终端、外贸销售等主渠道,而更多农民进入市场的难度加大了,这也是当前农民难以成为市场主体的重要原因。产地农产品供应渠道的薄弱造成进一步的问题是使农产品生产与市场脱节,“围着市场销售难”就演变成了农民不知道该生产什么的问题。

目前,北京市农产品产地供应渠道建设是一个具有挑战性问题。这一问题的挑战性在于时至今日农产品产地供应渠道的建设方向尚不明确。可供选择的方向有两个，即销售型农民专业合作组织方向和产地批发市场方向。政府趋向于发展农民专业合作组织，但农民专业合作组织偏于生产，具有较强的专业性，这使得农民专业合作组织难于承担农产品经营的职能，在农产品经营范围上也存在问题。产地批发市场的建设难度较大，同时还受到销地批发市场的挤压，其运营效益和生存能力都存在问题。

2. 销地农产品批发渠道需要升级换代

北京市农产品批发市场是在北京市城市发展规划指导下建设的，因此在布局分布和市场结构上具有优势。但是，北京市农产品批发市场在经销方式、经销商，以及食品安全、价格形成等功能方面较为落后的，这与北京市的首都和国际大都市的城市地位不相适应。

北京市农产品批发市场的总体发展方向是升级换代，从设施建设开始，通过发展“硬件、软件、经营者、市场功能、相关产业”，最终建设更先进的市场体系。设施建设是使硬件完整配套，除交易大厅、交易场地外，重点建设食品安全、仓储配送、信息、车辆、市场管理等设施。软件建设的重点是完善交易方式，除目前的摊位对手交易外，发展代理、配送、拍卖、期货等交易方式，在此基础上建立更完善的北京市农产品批发市场交易制度。在经营者方面，应减少个体经销商，增加经营企业的比重，并适当提高市场准入门槛，以提升经销商的总体水平。充分发挥批发市场在北京市农产品供应主渠道的核心功能，除农产品交易外，重点提升在价格形成、农产品安全控制、市场管理和引导农产品生产方面的功能。最终，应以批发市场为核心，带动农产品运输、信息、仓储、加工配送等相关产业发展，特别是使更多农民能够成为市场主体，直接进入农产品市场。

北京市农产品批发市场应根据“升级换代”的发展方向，调整与扩大自身经营规模、加强市场软硬件建设、发展关联产业。调整与扩展经营品种，走综合与专业化结合的道路，重点发展几类农产品批发经营，同时带动其他农产品经营。加强商户、基地、网点体系的建设，涉及农产品生产基地、批发市场、零售网点、运销大户及各类消费者。加强食品安全，完善市场自身农药残留、商品检测的设备和技术，加强不安全农产品控制和信息披露。增加仓储能力，特别是冷藏仓储能力，开展农产品的加工、配送业务。提高市场信息化水平，达到市场交易状态、交易价格和相关信息的实时发布。

3. 农产品零售渠道较窄

随着城市建设的发展，生鲜超市成为了北京市农产品零售的主渠道。生鲜超市的问题在于其数量少，一般分布在繁华地区和商圈的中心地带。生鲜超市常常远离居民小区，因而使居民生活极为不便。农产品的车载销售和社区菜市场的规模较小,都不是农产品零售的主流渠道。车载销售像是临时性销售手段,社区菜市场则主要由个体摊商经营。农贸市场在向京郊农村转移后,其规模会变小、分布更分散,在北京市农产品零售渠道中地位不高。

当前一个突出的问题是农产品批发市场与超市争夺城市农产品零售业主导权。北京市农产品销地批发市场的发展方向之一是扩充生产基地和经销网点,农贸市场退出城市给批发市场留出了巨大发展空间。批发市场拥有货源优势、价格优势,在争夺城市农产品零售市场中并不弱于超市。如果批发市场发展速度较快,北京市农产品零售业就会形成"农民与农民专业合作组织-批发市场-城市零售网点与超市"的产业格局。

4. 农产品直销渠道尚不成熟

农产品网络销售需要解决的问题有很多。农产品网络销售发展虽然前景广阔,但至今仍是农产品供应渠道中的配角。农产品网络销售不够成熟的原因是多方面的。农村的网络基础设施薄弱,目前开展的网络覆盖农村建设,距离广泛应用还有距离。农村的信息与现代营销人才缺乏,农民的思维方式和销售习惯还没有跟上信息产业的发展,销售活动也只是在批发市场、农贸市场等有形市场出售商品,了解与应用市场信息的能力还很低。农产品的标准化程度较低,也使人们无法通过信息辨识农产品的真实情况,必须亲临现场、现货交易。在当前,农产品批发市场和农贸市场不仅仅是交易场所,也是形成税收、食品安全监控、市场管理的环节,因而产业政策在许多地方是在抵制农产品网络销售的发展。农产品网络销售需要农产品经销、农产品配送等行业的配合发展,这些相关行业的发展滞后也给农产品网络销售发展带来了困难。

产销对接出现较晚,由于多方面原因的制约,这种方式仍处于探索阶段。近几年,在生鲜超市、社区菜市场、车载销售、农村农贸市场寻找各自定位的同时,农产品经销公司、农产品配送公司将有很大的发展空间,农村农民专业合作组织、农产品产地批发市场直接与农产品经销公司、农产品配送公司直接对接。如果这一体系更加成熟,北京市农产品零售业将呈现出"超市-经销与配送公司-农民专业合作组织与产地批发市场"的新格局。

5. 其他农产品供应渠道也有问题

北京市农产品进口渠道很少,国外农产品的市场占有率很低,国外农产品进入北京市的运销成本很高。我国实行进出口贸易许可制度,只有少数企业拥有进出口权,因此国外农产品无法自由进入北京市的消费市场。出于对国内农产品产业的保护,我国对国外农产品进口设置了很多障碍。我国农产品进口主要集中在粮食、大豆等初级农产品,加工农产品的进口量较少。北京市远离海港,空港吞吐能力也很紧张。我国从事一般农产品进口的企业多数实力不强，代理商的比重很大。蔬菜、果品等鲜活农产品运销损耗严重，也不适于大量从国外进口。

北京市人口众多，农产品消费市场规模巨大，这对农产品加工也十分有利。但北京市当地农产品加工业发展一般，多数加工的农产品来自外埠。外埠加工农产品的运销成本较高，产品质量控制水平也低于北京当地农产品加工企业。多数加工农产品直接在超市销售，分销渠道较窄。

北京市的农业会展发展迅速，但会展的销售功能不强。会展多数由政府主办，其主要功能是展示、宣传、推进地区社会经济发展。农业会展常常与休闲旅游、市场推广相结合，人们只是借助会展来进行农产品销售。农业会展时间短，位置偏远，销售产品较少，销售收入也不高。

（二）北京市农产品供应渠道的建设

1. 建设以批发市场为基础、以经销企业为核心的农产品供应渠道体系

北京市农产品供应渠道以批发市场为基础的原因在于，北京市批发市场已经完成整体规划布局，其建设已经具有相当规模，已经可以实现农产品的集散、价格形成、市场管理等功能，具有承载物流、信息、食品安全等多个相关产业的能力。而超市等农产品零售业本身是分散的，在未来一段时间内还不能形成对北京市农产品市场的总体控制，也不能成为相关产业的载体。农民及农民专业合作组织、经纪人等销地供应渠道则更是处于弱势地位。

北京市农产品供应渠道建设的关键是经销企业。坚持以批发市场为基础来建设北京市农产品供应渠道，其重点是引导参与市场活动的个体为主的经销商向规范的经销企业发展。批发市场提供的是经营场所和市场平台，经销商才是农产品供应的组织者。批发市场、超市、农民专业合作组织都由政府直接参与管理，实力和规范性较强，而经销商这一农产品供应中最关键的群体则主要是个体经营者，从而形成了外围强、中间弱的局面。更重要的是，以个体为主的经销商没有能力发展农产品关于的相关行业，从而阻碍了北京市农产品供应相关产业的发展。因此，北京市农产品供应发展的唯一出路就是使经销商向规范的经销企业发展。

北京市农产品供应渠道体系的发展构架是完善批发市场体系；在批发市场基础上建设规范化的农产品经销企业；通过农产品经销企业的延伸来发展物流、仓储、配送、信息等相关产业；农产品经销企业向产地发展，与农民专业合作组织结合，形成“经销企业＋合作组织＋农户”的渠道模式；农产品经销企业向零售业延伸，形成零售连锁网点和超市销售点。

2. 将批发市场建设成为综合产业平台

北京市农产品批发市场是围绕农产品交易而建设的，虽然交易是农产品供应

的基本活动，但不是农产品供应的全部活动。农产品批发市场仅仅强调其交易功能，则阻碍了其向综合农产品生产基地发展，降低了其在农产品供应中的核心地位。

批发市场特别是大型综合农产品批发市场要按农产品供应渠道的建设，这些环节包括物流、仓储、检验检疫、交易、分拣加工与包装、配送、结算、信息等。只有按照农产品供应渠道建设批发市场，才能逐步改变以经销商为主的摊位对手直接交易，使批发市场本身从物业式经营向营销式经营转变。

以批发市场为依托，发展与农产品供应相关的运输、仓储、配送加工、信息企业。农产品供应相关产业发展的瓶颈是这些产业缺乏依托，使自身难以与农产品供应主营业务相衔接。除批发市场外，农村组织、超市等的规模小而分散，运输业、信息行业与农产品供应联系不够紧密，因此依托农产品批发市场是最为有效的方式。

3.发展农产品经销企业

农产品经销企业是北京市农产品供应渠道发展的关键，建设一批有实力的规范的农产品经销公司，将彻底改变北京市农产供应渠道的格局。在批发市场中发展农产品经销企业，这些企业虽然可以分散在农村、城市，但最佳发展场所仍然是农产品批发市场。

农产品经销企业是指按照现代企业制度建设的，拥有市场准入资格，拥有经营场所和经营渠道，从事农产品供应和相关行业的企业。农产品经销企业可以驻扎在农村、批发市场、超市和零售点，主要以自身的业务渠道开展经营活动，经营内容可以是农产品批发、零售和相关的运输、仓储、加工、配送、信息服务等。

与目前以个体为主的经销商不同，农产品经销企业是规范的企业形式，它可以按照法律和行业规范运作，与投资体制相衔接，可以迅速发展成大型农产品经销企业。

发展农产品经营企业最关键的是实行农产品供应的市场准入制度。市场准入制度可以提高进入农产品供应领域的门槛，减少小规模的个体经营，提高整个农产品经销产业的素质。推行市场准入制度可以便于行业管理，把食品安全、税收等行业管理的难题用市场准入条件来解决。市场准入制度可以调整农产品供应从业企业的数量，优化产业结构，减少目前的无序发展和竞争。

4.发展信息、运输配送、仓储加工等相关行业

农产品供应相关产业包括运输、仓储、包装、加工、配送、检疫检验、信息等产业，这些产业的发展依赖农产品供应的基础产业，主要取决于农产品供应的总量和农产品供应主体的需求。目前，北京市每年农产品供应总量超过 130 亿 kg，这一

规模足以支持农产品供应渠道的发展。所以,经销主体成为限制农产品供应渠道发展的主要因素,经销主体必须能够提出需求,并使衍生业务与基础业务相衔接。

目前,在农产品供应中,经销商主要需要运输、仓储条件与之业务相适应,超市主要需要运输、加工、配送等方面满足其要求,其他方面对农产品供应相关产业的需求就较为散乱,因此,只有农产品经销企业能够全面与农产品供应相关产业相衔接。由此可见,农产品供应相关产业的发展仍然要依赖农产品经销企业的发展。

5.经销企业向京郊农村延伸

北京市农村的农产品供应一直处于弱势状态,这与京郊农产品产地缺乏农产品经营组织有直接关系。农民专业合作组织是生产者的协作组织,举办农产品地产批发市场的目的是方便农民销售产品,经纪人属于中介性质,农民本身则不属于供应渠道。而在京郊农村缺乏真正意义上的农产品经销组织的根本原因是这些组织必须具备市场拓展能力和经营管理能力,特别是拥有销售渠道,这些是农村当地的生产性组织和个人欠缺的。因此,依赖农民专业合作组织、农产品地产批发市场、经纪人或农民自己是不可能建立农村农产品经销组织的。

在京郊农村建立农产品经销组织只有依赖农产品经销企业,这些企业依据在农产品批发市场、农产品零售业和农产品出口方面所拥有的渠道,经销京郊农村的农产品。这些企业在京郊农村设立分支结构,而企业核心部门在城市或销地批发市场。对于生产能力较强的乡镇,可以建设自己的农产品经销企业,但这些企业最终也会转向依赖批发市场。

目前,农民生产与市场存在严重脱节,农民希望通过合作组织加强自身在市场中的地位,这实质上是生产者与市场的对抗。由于市场竞争的存在,农民及农民专业合作组织无法与市场力量抗衡。为了解决这一问题,农产品经销企业可以与农村产地签订长期经销协议,一方面传达市场信息;另一方面将农村转化为生产基地,从而最终形成生产与市场的对接。

6.发展以超市和经销企业为主的农产品零售业

在农产品零售环节,除目前的超市和农贸市场外,农产品经销企业也将参与其中。

超市在城市农产品零售业中扮演主导角色。超市直接面对消费者,拥有完善的设施和先进的经营管理制度,在农产品制成品销售中占用绝对优势。超市的弱项是鲜活农产品的销售,主要是鲜活农产品的保鲜、配送,以及较高的进场费。如果农产品经由批发市场进入超市,则超市要承担场地费用和保鲜损失。但通过发展农产品经销企业,则可以由这些企业承担进场费和保鲜损失。

农产品经销企业的另一个作用是参与社区菜市场和农产品零售点的经营。社区菜市场和农产品零售点的发展方向是连锁经营，即开设连锁自营店和加盟商。由于超市大规模集中经营的特点，超市办社区菜市场和农产品零售点的可能性较小，而农产品经销企业拥有进货渠道，有利于参与社区菜市场和农产品零售点的经营。

在京郊农村，农贸市场还将在一个较长时期内作为农产品零售渠道而存在，农贸市场的存在主要是场地和运营成本较低。但随着城市建设的发展和土地价值的提高，占地面积较大的农贸市场将失去其成本优势，这时由超市和农产品经销企业参与农贸市场改造则成为必然。

第六章　北京市农产品物流策略

一、农产品物流系统

（一）物流系统

物流是指物品从供应地向接受地的实体流动过程，这一过程包括运输、存储、装卸搬运、包装、流通加工、配送、信息处理的一系列活动。运输是运用设备和工具，将物品从一个地点向另一个地点的运送活动。运输改变了物品的空间位置，从而创造了物品的空间价值。运输在物流系统中占重要地位，它几乎等同于传统物流。存储是对物品进行保存和管理的活动。存储在物流过程中起着平衡、缓冲的作用，减少供应方和需求方在时间上的差异，从而创造了物品的时间价值。存储在物流系统中地位也非常重要，它与运输一起被视为物流系统的两大支柱。装卸搬运是指在同一地域进行的，改变物品存放状态和空间位置的活动。装卸搬运是物流活动中的中间环节，它所涉及的空间和时间都比较少，不具有明显的空间和时间价值。装卸搬运的主要作用是将运输、存储连接起来。包装是采用容器、材料、辅助物对物品进行的容纳和保护。包装的目的是为了保护物品，方便运输和存储，以及便于对物品进行标识和销售。包装通常被认为是物品生产过程的结束和物品销售过程的开始。流通加工是指物品从生产到使用的中间过程中所进行简单处理。流通加工一般包括包装、分割、计量、分拣、标识、组装等，是一种辅助性加工活动。配送是根据用户需要，对物品进行分拣、加工、包装、分割、装配，然后按时将物品送达给用户的活动。配送处于流通系统的末端，是与用户进行物品交割的环节。配送也是一种运输活动，但它是一种结合了用户特殊需要的精细化运输。信息处理是指与物品实体活动相关的数据采集、分析计划、组织物流活动的各种信息活动。信息处理的目的是降低物流成本、提高物流效率，使物流活动顺利完成。随着信息时代的到来，信息处理在物流系统中的地位迅速上升，它是现代物流的重要标志。

从生产、消费角度看，物流分为供应物流、生产网络、销售物流、回收物流和废弃物物流，与农产品供应密切相关的是供应物流和销售物流。供应物流是企业采购生产所需要的原材料、零配件等物品所形成实体物流。在农产品物流中，农产品加工企业、农产品批发企业的进货端属于供应物流。供应物流的起点和终点都是企业，因此供应物流具有大批大量、规格统一、物流过程严格遵守计划等特点。销售物流是指物品在生产方与消费方之间所形成的物流。农产品供应过程从农产品生产开始，途径产地批发市场、销地批发市场、零售终端，最后抵达居民消费者，其间物流主要是销售物流。销售物流伴随着商品交易，每一次物流的连接点都是物品买卖过程。销售物流还是一个分销过程，从批发开始物品的种类增加而批量减少。

物流活动是物品产生了空间价值、时间价值和加工附加值。空间价值是指物品在不同地点所产生的价值。物品在供应地点的价值低，在消费地点的价值高，物品从供应方到消费方的流动过程就是物品空间价值增加的过程。时间价值是指改变物品从供应方到消费方的时间差所形成的价值，它主要通过存储过程来实现。存储可以实现预备性供应，减少物品供应的时间；存储也可以延长物品的供应时间，实现物品的连续供应；存储还可以减少生产供应和消费需求之间的季节差异，使供应和消费的周期趋于同步。物流过程中还涉及物品的分拣、计量、分割、组装、包装、标识等活动。这些活动能够满足消费者的不同需要，因此也是能够创造价值的过程。

现代物流系统经历了实物配送阶段、综合物流阶段、供应链管理阶段。实物配送阶段与产品分销相关，侧重于物品从生产方送达到消费方的物流过程。综合物流阶段把物流开展到物流相关环节，并将重心转向物流服务。供应链管理阶段是将信息流、物流、资金流相统一，将生产、批发、零售、最终消费者联系在一起的物流方式。

(二)农产品物流

农产品物流是以农产品为对象的物流活动。农产品是供人们食用消费的农业产品，它与作为生产原材料的农业产品有所不同。食用消费品包括鲜活农产品和加工农产品，其中农产品物流更多指鲜活农产品，而把加工农产品视作工业产品。在鲜活农产品中，粮油、蔬菜、果品、畜产品、水产品、乳品、禽蛋、花卉等占绝大部分。

农产品物流与农产品供应是相互伴随的。农产品供应是农产品从生产者出发，经由农产品供应渠道，最终抵达消费者的全过程。农产品供应包括交易过程和物流过程。农产品交易涉及生产者、经销商、消费者，是商品所有权改变和商品价值实现的过程。农产品物流是农产品空间位置和实物形态改变的过程，是农产品供应的技术手段。

农产品物流与一般物品物流有很大差别。农产品物流系统是相对独立的，这主要源于农产品的自身特性。农产品生产具有地域性和季节性，农产品易腐、易损，保质要求很高；农产品运输距离较长，储存难度较大，物流成本较高；因此一般物品的物流系统不适用于农产品。农产品的品种多、数量大、产品统一性差。农产品是日常生活必需品，农产品数量使得其物流负荷巨大。农产品的品种多、统一性差又使得农产品物流缺乏统一规格，物流难度增加。农产品物流需要专门技术，例如冷链运输、农产品保鲜、检疫检验、温度与湿度控制等。与一般物品物流相比，技术提升对农产品物流更为重要。农产品物流受农产品供应渠道影响很大。农产品供应渠道通常由产地批发市场、销地批发市场、销地零售终端等环节构成，这些渠道受地理位置、交易场所、供应方式的影响，进而影响到农产品物流的方式。农产品物流的风险较一般物品大。农产品除易腐、易损等风险外，还受到市场波动的影响；大量不确定要素常常使农产品经营陷入亏损的境地。农产品物流成本在农产品终端价格中的比重很大。与一般物品不同，农产品物流成本很高，蔬菜、果品等鲜活农产品的物流成本有可能高于其生产成本，因此农产品物流对农产品价格影响很大。

近半个世纪以来，北京市农产品物流经历了四个阶段。改革开放以前，北京市农产品供应由粮油食品系统负责，粮油食品的储运在一个封闭系统内进行，粮油食品储运的技术水平十分落后。改革开放初期，农贸市场一度成为北京市农产品供应的主要渠道。这一时期，从事农产品物流的主要是农民、个体商贩、经销商，农产品物流设施落后，农产品物流活动杂乱无章。20 世纪末，北京市城市建设快速发展，批发市场与生鲜超市相结合的新型农产品供应体系逐步建立起来，农产品物流的组织方式和农产品物流设施条件都有明显改善。21 世纪初，信息技术革命、物流技术水平提高、城市配送产业发展、生鲜超市设施完善使北京市农产品物流进入了一个新的时期。

二、北京市农产品的运输

(一)北京市的农产品运输总量

北京市农产品运输量非常巨大，且增长速度很快。2018 年北京市全年农产品供应量约 1 700 万 t，其中占比最大的是蔬菜、果品和畜产品。2018 年北京市全年蔬菜供应量约 800 万 t，果品供应量约 700 万 t，猪羊供应量约 180 万头。2008 年北京市全年农产品供应量为 920 万 t，2018 年比 2008 年北京市农产品供应量增长超过了 80%。

从农产品供应来源看，北京市本地农产品约占 20%，外埠供应的农产品约占 80%。以农产品供应总量计算，2018 年本地农产品约有 340 万 t，外埠农产品有 1 360 万 t。北京市严重依赖外埠农产品供应，这决定了北京市农产品运输中远程运输的压力较大。北京市农产品远程运输主要是外埠产地批发市场到北京市一、二级农产品批发市场之间的农产品运输。在市内，批发和摊商销售的农产品主要是外埠供应的农产品，连锁超市销售的农产品则很多来自北京市郊区。

从批发市场农产品的销售流向看，销售向北京市的量约占 80%，转销到外地的量约占 20%。以北京市农产品供应总量计算，从北京市转销到外地的农产品约有 420 多万 t。如果加上转销农产品，北京市每年农产品的运输量超过 2 100 万 t。

北京市农产品的种类繁多，日常消费的蔬菜有 260 多个品种、果品有 270 多个品种。北京市是全国农产品供应种类最多的城市之一，这使得北京市也是全国农产品物流最为复杂的城市之一。

(二)北京市的农产品运输路径

北京市农产品供应渠道以批发市场为核心，以生鲜超市和社区菜市场为主要零售终端。北京市农产品批发市场体系呈多层次、多方位格局。从层次上看，已形成以大型农产品批发市场为主要集散中心、区域性批发市场为重要节点的格局。从方位上看，北京东、南、西、北方向均有分布，初步形成京西南、京东、京北 3 个大型农产品批发市场聚集区。北京市农产品批发市场主要分布在五环路内、外，各类农产品批友市场互为补充，位置分布较合理，总体格局较为稳定。

北京市的农产品零售终端是生鲜超市和社区菜市场。生鲜超市大多分布在城市主要道路和商圈核心地带，生鲜超市规模较大但大多远离居民社区。社区菜市场分布在居民社区，2018 年已经超过 5 000 家但每个社区的平均数量仍然较少。

北京市农产品运输包括干线运输和城市配送。干线运输是指来自外埠生产地和产地批发市场的农产品使用大型货运车辆，通过交通干线将农产品运输到北京市的一级批发市场以及部分超市和集团客户。这种运输以货运汽车为基础，是北京市农产品输入的主要途径。

城市配送将农产品从一级批发市场运输到二级批发市场、社区菜市场。城市配送车辆通常要小于干线运输的车辆，多数是厢式货车或冷链运输车辆。相关研究表明，北京市平均辐射半径最大的三个农产品批发市场是南部的新发地批发市场、东北部的顺鑫石门批发市场、北部的原回龙观批发市场，它们的平均辐射半径分别为 15.80 km、15.35 km、14.34 km。因此，从批发市场到零售终端的农产品运输的直线距离一般不超过 15 km。

(三)北京市的农产品运输车辆

2018 年外埠进京货车日均约 7.1 万辆,其中目的地为北京的约 4.2 万辆,主要运送农产品和工业设备等;过境货车约 2.9 万辆,主要运送农产品和煤等。北京市绝大部分农产品运输车辆是为农产品批发市场提供运输服务的,这部分车辆每天约有 4 万辆。北京市最大的农产品批发市场是新发地批发市场,这里每天从事农产品运输的车辆能够达到 3 万辆;其他较大的农产品批发市场每天也能达到 1 万辆。农产品运输车辆中的最大部分是外地进京车辆,约占全部农产品运输车辆的 80%。北京市本地用于农产品运输的车辆包括京郊农村车辆、农产品加工企业车辆、农产品配送企业车辆和超市农产品配送车辆,这部分车辆每天约有 8 000 辆进入农产品批发市场,其余从事产销之间的直接运输。

北京市从事农产品运输的产量含盖微、轻、中、重型多种类型。微型主要有上汽通用五菱、福田等;轻型主要有福田、东风、江淮、庆铃等;中型主要有东风、解放、福田等;国内主流的重卡品牌在北京市农产品运输车辆中都能见到。外埠进京货车中大中型吨位运输车辆比重较大,市内运输车辆中厢式货车和冷藏车。在所有车辆中,普通车辆和冷链运输车辆分别占 70%和 30%。

(四)北京市的农产品运输车辆管理

我国的鲜活农产品运输绿色通道开始于 1995 年,主要是在收费站设立专用通道口,对整车合法运输鲜活农产品车辆给予“不扣车、不卸载、不罚款”和减免通行费的优惠。2010 年绿色通道扩大到全国所有收费公路,而且减免品种进一步增加,主要包括新鲜蔬菜、水果、鲜活水产品,活的畜禽,新鲜的肉、蛋、奶等。自 2002 年开始,北京市开始限制农产品运输车辆进入城区,2008 年限制范围扩大到五环。北京市在城市规划中把农产品批发市场建设在四环路以外,其目的也是要限制农产品运输车辆进入城区。这一政策切断了农产品从产地到零售的直接联系,形成了城区内外两个运输体系。

北京市交管局对农产品进京车辆采用“货车通行证”“瓜果证”进行管理。“货车通行证”适用于常年使用,“瓜果证”适用于 5～11 月份瓜果成熟上市季节。凭“货车通行证”“瓜果证”,车辆可以在 6～23 点进入北京市五环内进行农产品运输。北京市交管局对“货车通行证”“瓜果证”进行了总量限制,这使得“货车通行证”“瓜果证”处于供不应求状态,也限制了农产品进京车辆的数量。从另一方面,生产经销商为了方便农产品运输而对“货车通行证”“瓜果证”进行囤积。生产经销商申请到“货车通行证”“瓜果证”后,对其闲置或低频率适用,使“货车通行证”“瓜果证”的使用效率较为低下。

(五)北京市的农产品运输成本

在城区外,农产品运输多采用大型运输车辆和农用车辆。多数情况为远途运输,支出主要用于运输费用和车辆进入批发市场的进场费用;在城区内,主要是封闭型货车用于农产品运输。“农改超”之前,城市农产品运输车辆大部分属个体商贩所有,“农改超”后超市和企业配送车辆比重增加。

北京市农产品运输成本很高,其原因是多次运输、成本重叠。北京市运输农产品的货车进不了五环内,只好在五环外的新发地批发市场进行销售;而位于五环内部的二级批发市场再从五环外的新发地批发市场进行批发;生鲜超市和社区菜市场再从一、二级批发市场进货。这样,农产品运输不是直线运输,而是反复进出批发市场,层层递进地逐渐接近市区零售终端。

北京市农产品运输的主要问题还集中在两个方面:第一,第三方物流较为落后。北京市农产品运输车辆基本都属于农产品生产、农产品销售或农产品加工企业自有的车辆,属于第三方物流企业的车辆很少。第三方物流落后的直接结果是用于农产品运输的车辆增多,而运输效率下降;再加上批发市场需要进场费,从而使运输成本增加,阻碍了部分农产品进入市场。第二,运输设备落后。北京市农产品运输车辆主要是普通货车和农用车,封闭货车、专用车较少,特别是冷链运输车辆就更少。农产品运输设备落后导致农产品在运输中损耗较高。发达国家水果、蔬菜等农产品运输损耗低于5%,而我国这方面则高达到20%～30%。

三、北京市农产品的仓储

(一)北京市农产品仓储设施建设

农产品仓储涉及冷藏库、冷藏车和普通仓储库,其中直接能反映农产品仓储行业状况的是冷藏库。21世纪后,在政府大力投入和扶持下,北京市冷藏库建设发展迅速。2009年,北京市农产品冷藏库容达到50万～60万 t,其中商业型冷藏库容为42.6万 t,企业自用冷藏库容为10万～16万 t,另外还有大量农民自建的小型冷库。商业型冷藏库多数是20世纪60、70年代建设的大型冷库;20世纪90年代后,农产品冷藏库主要以农产品批发市场为基地建设,新发地批发市场自己建有6万 t的低温库和4万 t的恒温库,其他批发市场的仓储面积也都在几千平米以上。建设有自用冷库的企业一般是农产品加工、农产品配送等企业,冷藏农产品主要有种子、花卉、果品、海鲜、蔬菜等。农民自建冷库数量较大,一般冷藏库容为100 t左右,有1～2套制冷系统,投资额在10万元以下。2007年北京市冷藏车数量为1 307辆,其中80%左右为2 t以下的小型车,每天运输能力约为300 t。2010

年后北京市农产品仓储设施建设主要集中在流通环节，2018 年新发地农产品批发市场仓储加工区建设了 12 万 t 冷库及配套工程。2017 年，北京市冷库容量为 1 401 464 万 t，列居全国前十位。2018 年，北京市冷库容量虽然仍旧在增长，但增长幅度低于其他省市。2017 年北京市实施“疏解非首都功能”政策，共拆迁 14 家冷库企业的 25.5 万 t 库容。2018 年北京市冷库容量 1 574 718 t，跌出了全国冷库容量排名前十的行列，位列全国第 11 位。

（二）北京市农产品生产环节的仓储

北京市农产品仓储设施分布最多的是在农产品生产和加工环节，生产环节主要包括农民、农业合作社、农业园区，加工环节主要是农产品加工企业。北京市农产品生产和加工环节的冷库主要是土建式冷库，预制组装式冷库比重较少；大、中型冷库是多层建筑，小型冷库是单层建筑。在功能方面，北京市农产品生产和加工环节的仓储设施主要是以储存为主，具有发货、配送和流通加工的功能的配送中心型仓库和物流中心型仓库比重较小。在经营方式上，农产品生产和加工环节的仓储设施多数是自建自用，只有少量商业型冷藏库用于出租经营。

相关研究表明，北京市多数合作社和农业园区企业自建有仓储设施，但冷库设施普遍较为缺乏。在合作社和农业园区企业中，完全没有冷库、保鲜库的约占 20%，有不同规模冷库、保鲜库的约占 80%。在拥有冷库、保鲜库的合作社和农业园区企业中，仓储面积在 100 m^2 以下的占 50%，100～500 m^2 的占 30%，500～1 000 m^2 的占 30%。冷库、保鲜库面积较小，说明北京市合作社和农业园区企业的仓储设施缺乏，鲜活农产品的保鲜和长期存储能力不足。

同一研究表明，北京市农产品加工企业的总仓库面积一般较大，而其对冷库、保鲜库等贮藏、保鲜功能仓库建设不多。2018 年北京市农产品加工企业中，仓储面积在 3 000 m^2 以上的占 60%。在拥有冷库、保鲜库的企业中，仓储面积在 100 m^2 以下的占 40%，100～600 m^2 的占 50%，600 m^2 以上的占 10%。农产品加工企业需要存储原材料和产成品，因而必须拥有仓储设施；同时由于需要对产品进行真空包装，所以其产品保质期较长，因而农产品加工企业对保鲜功能的仓储需求不如合作社、农业园区企业大。

（三）北京市农产品流通环节的仓储

北京市农产品流通环节的仓储设施主要集中在农产品批发市场，这样有助于农产品的运输和销售。农产品批发市场的运销模式是供应商将农产品用车载方式运输到批发市场，对于需要冷藏的货物存储在冷库，而不需要冷藏的货物存放在市场空地或运输车辆上。因此农产品批发市场的市场空间和停留车辆就相当于一般仓储设施。

冷库是农产品批发市场中有别于一般仓库和露天存放的仓储设施。北京市的一、二级农产品批发市场有冷库等制冷设施来储存商户的鲜活农产品，这些冷库多按存储商品分为冷冻库、水果库、蔬菜库等。冷冻库一般用于储存肉类产品或水产品，水果库用于存储和初加工水果，蔬菜库用于存储易腐类蔬菜的保鲜。这些冷库的库容较大，制冷设施种类也比较完善。顺鑫石门农产品批发市场是北京市二级农产品批发市场，2012 年顺鑫石门农产品批发市场有用于冷冻肉类、水产品的冷冻库有 82 个，总容量达到 1 500 t，用于存储加工香蕉的冷库有 45 个，总存储量 3 500 m^2。

农产品批发市场的冷库多属于市场配套建设的公共设施，其比例占总冷库的 70%～80%。这些仓储设施的技术水平较高，有市场向商户租赁使用。新发地农产品批发市场原有仓储容量 10 万 t，2018 年又建设了 12 万 t 仓储容量。由于农产品批发市场的公共仓储设施不能满足商户需要，也有商户在市场内部及周边地区建有自用的小型仓库。2012 年顺鑫石门农产品批发市场有 10%的商户建有自用冷库。这些自建冷库用于存储肉类、水产品的较多，而用于存储蔬菜、水果类农产品的相对较少。

农产品批发市场中的冷库多数用于存储肉类、水产品，这是因为肉类、水产品的存储周期较长。蔬菜、水果类供应商对冷库的使用并不多，他们都是尽可能在 1～3 天就将所进的蔬菜销售出去。即便是在夏季，稍微保护后的蔬菜在三两天内不会变质，那么对制冷设施需求就不会很迫切，除非是由南方运来的易变质产品，有较高的恒温要求。在经济利益的驱动下，很多销售商不愿意增加成本来自建冷库或使用公共冷库。

北京市的零售终端的仓储设施非常少，一般仅用于需要冷藏的肉类、水产品。农产品进入零售终端后需要尽快销售出去，否则会造成腐败损耗。农产品不能在零售终端进行存放的原因还在于空间成本，卖场租金很高而不能作为仓储设施。

四、北京市农产品的配送

（一）批发生产端的农产品配送

北京市的农产品批发生产端由农产品批发市场、农户及合作社、农产品生产加工企业构成。北京市农产品供应的核心是农产品批发市场，农产品批发市场是外埠农产品进京的门户，也是北京市农产品的集散地。北京市农产品批发市场规模很大、设施完备，其基本是农产品交易，归口管理方是北京市的农业管理部门。21 世纪初，北京市农业管理部门就试图将农产品批发市场的销售渠道向城市零售端延伸，并以农产品配送作为农产品销售渠道延伸的手段。新发地批发市场经过多年的发展已经成为北京最重要的农产品物流基地和城市物流配送区域，集中了北京市 70%以上农副产品的交易和配送。该市场拥有 10 万 m^2 的冷库以及众多个专业化农产品交易大厅。同时该市场集聚了数百家专业物流配送企业，从事农产品物流配送的车辆达 3 000 多辆，占全市的一半以上。农户及合作社是农产品生产者。由于远离城市和受农产品批发市场的阻断，销售难一直是农户及合作社所面临的问题。20 世纪 80 年代以前，农户可以进城销售自产农产品；但随着农贸市场退出城区，农户自产自销方式产地被取缔。21 世纪初，农民专业合作社迅速发展，合作社作为生产方进入农产品配送领域。农产品生产加工企业从事农产品配送的原因是送货上门。农产品生产加工企业为方便客户，将自己的产品运送给客户。批发生产端农产品配送的主要特点是农产品品种较少，而客户的数量较多。但这种配送的客户也不是居民消费者，而是农产品零售终端企业、集团用户或餐饮服务业等。

近年来，批发生产端农产品配送产生了一些演变形式，例如“农超对接”“农餐对接”“社区直送”“产消联盟”等。“农超对接”模式是由农户向超市直供农产品的配送方式。这种方式可以减少中间环节、降低流通成本，又可以保持农产品的新鲜度，满足消费者的更高消费需求。“农超对接”的本质是将现代流通方式引向农村，实现市场经济条件下的产销一体化，实现商家、农户、消费者共赢。“农餐对接”模式是农业龙头企业或产地农民专业合作社将农产品直接向餐饮企业各门店配送，主要是针对城市的学校、机关单位的食堂和大型连锁餐厅等。该模式的特点是货源可靠，可以实现农产品从田间到餐桌的全过程质量控制。“社区直送”模式是蔬菜从产地直接送往城市居民社区进行销售的一种新模式，主要由农业企业或产地农民专业合作社开展配送，在小区物业管理、社区居委会等单位的支持下，建立固定的蔬菜销售店铺，特点是蔬菜新鲜、价格低廉，但直送的蔬菜品种有限，店铺规模较小。这种模式主要帮助解决部分社区居民买菜不便的问题。另外，为满足社区的高消费群体对有机蔬菜等高档优质蔬菜的需求，可以开展订单销售、配送到家等个性化服务。“产消联盟”模式是生产者和消费者结成的一种组织形式，一般采用会员制方式，入会者需要缴纳一定的费用，并会享受一定的待遇。生产者通过和消费者沟通交流，提供和生产受消费者欢迎的农产品。同时消费者可以到田间地头参观了解生产过程和体验农事活动，购买放心安全的农产品。

(二)零售端的农产品配送

零售端的农产品配送是由农产品零售企业完成的。20 世纪 80 年代以前，北京市农产品零售主要在农贸市场进行。随着农贸市场退出北京，生鲜超市和社区菜市场逐步成为农产品零售的主渠道。超市归口管理的部门是商业管理部门，因此超市希望摆脱农产品批发市场的控制，建立自己的采购渠道。这一时期，北京市居民小区出现了社区菜市场。社区菜市场的商户多数是个人商贩，这些商贩的农产品配送方式类似农贸市场。总体上看，北京市大型生鲜超市和小型生鲜超市、社区菜市场的农产品配送方式有较大差异。

21 世纪初沃尔玛、麦德龙、物美及美廉美、京客隆、小白羊、华润等大型超市就完成了生鲜农产品配送中心的建设。这些超市统一采购农产品后送往配送中心，然后再将农产品配送给各连锁店，以实现本超市经营的生鲜农产品全部由自己的配送中心组织配送。这些超市的规模较大，便于进行统一采购、统一配送。例如，2012 年时物美物流配送中心的配送面积有 7 万 m^2、500 家门店，京客隆物流配送中心的配送面积有 2 万 m^2、160 家超市；小白羊配送中心的配送面积有 2.5 万 m^2、70 家店面。这些超市的农产品采购方式有一定差异。家乐福主要采用由生鲜农产品供应商直接送货，其配送途径是“农户或农产品生产基地到超市门店”或“农产品经销商到超市门店”。华普超市采用顺鑫绿色物流第三方物流配送，其配送流程是“农户或农产品生产基地、第三方物流配送中心到超市各门店”。

小型生鲜超市、社区菜市场采用“自采自销”与批发生产端配送、第三方配送相结合的方式。北京市的小型生鲜超市、社区菜市场有上万家，这些超市、社区菜市场的规模相差较大。偏大一些的超市、社区菜市场采用批发生产端配送、第三方配送，偏小一些的超市、社区菜市场采用“自采自销”。“自采自销”商家使用自己的运输工具，从农产品批发市场进货，然后自己销售。“自采自销”的进货成本较低，便于商家把握品种和数量。

(三)第三方农产品配送

北京市的第三方农产品配送产生于 21 世纪初，最初由农产品经销公司、农产品物流中心举办。2005 年北京市的蔬菜瓜果配送企业有 45 个，衔接的生产基地和乡镇有 160 个；肉类有 5 个大型加工配送企业和 9 个牛、羊屠宰企业。2008 年北京奥运会促进了北京市农产品配送业的迅速发展。顺义区是北京市的蔬菜瓜果生产大区，也是第三方农产品配送发展较早的区县。2009 年顺义区的农产品配送企业达到 65 家，7 028 个配送网点，配送总量为 20 362 万 kg。2018 年北京市第三方农产品物流配送中心已形成一定规模，大型生鲜农产品配送中心面积达上万平方米。规模较大的第三方农产品物流配送中心有大运河配送中心、顺鑫绿色物流公司。大运河配送中心的运营面积达到 1.5 万 m^2 面积，年配送蔬菜达 35 000 t，出口 6 000 t。顺鑫绿色物流公司的运营面积达到 1.4 万 m^2 面积。

早期的第三方农产品配送企业多数依托乡镇、批发市场、农产品加工企业。依托乡镇的农产品配送企业由乡镇或村委会组织成立，与当地农产品产销专业合作社相结合，主要从事当地农产品的存储、加工、配送，直接配送到城市经销网点或超市。依托批发市场的农产品配送企业拥有车队和配送人员，货源来自农产品批发市场，为饭店、学校、医院、企业食堂、超市等提供农产品配送服务。农产品加工企业的配送业务是其农产品加工业的延伸，这些企业拥有生产基地、生产车间、农产品仓储和运输设备，并直接与超市、配送网点和企事业单位相联系，是具有完整产业链条的配送企业。

随着全社会物流配送观念的转变以及流通行业的规范化，北京从事第三方物流配送的企业发展迅速，数量众多，以大卖场、超市、小零售店等末端通路为主要服务对象，为客户提供全方位的配送服务。一些大型配送中心已实现了全程冷链化管理。农产品可以在恒温全封闭的环境中进行加工，加工好的农产品储存在冷库中，配送中心均配有箱式封闭车辆和制冷车辆，能将产品配送到店后及时存放在冷藏、冷冻设备内。

目前，第三方农产品配送在北京市农产品配送中所占比例还较小，但其增长速度却相当迅猛。第三方农产品配送中心在规模化与专业化程度方面还有很大的发展空间。

五、北京市农产品的物流信息

（一）农业信息产业发展

北京市是全国农村信息化水平较高的地区，2009 年已经基本完成了由广播电视、电信网络等所构成的信息网络设施的建设，其中有线电视用户超过 130 万户，固定电话用户超过 200 万户，农民手机拥有率接近 80%，光纤网络覆盖率达到 95.3%，各类信息服务站点 6 346 个。农业信息应用领域主要包括农业产销组织介绍、农业及农产品资讯。农业产销组织介绍是最常见的农业信息，产销组织包括京郊村镇、农民专业合作组织、经纪人、批发市场、经销商、农产品加工企业、农产品仓储和配送企业，他们建设自己的网站、主页，或通过用户注册在其他网站上发布组织介绍，其中乡镇政府、农产品批发市场和大中型农产品加工、配送企业拥有自己的网站，而农民专业合作组织、农产品经销商的介绍性信息正在增加。

市场信息是北京市农业信息领域中最重要的组成部分，按信息来源可以分为产地、零售、批发市场和专业信息机构，其中批发市场是目前最重要的市场信息来源。北京市农产品批发市场于 21 世纪初开始涉足市场信息，2003 年部分农产品的价格、质量可以从网上查询，2005 年出现了农产品市场动态行情和介绍产品的信息网站，2009 年主要农产品批发市场开始建立农产品价格、行情和交易情况的实时行情信息监测体系。在此期间，北京市建成了北京市农产品市场联网体系、开发建设了农产品市场行情信息管理系统、构建了农产品市场网络服务平台、建立了农产品市场行情预测预报体系和农产品市场商品基础数据库，全市 20 多个农产品批发市场实现了计算机信息联网，并建立起了农产品市场分析、预测预警、信息发布的通道。

2010 年北京市涉农企业有 1 600 余家，大部分企业都有自己的网站。北京市政府打造了北京现代农业信息网，18 个区县均建立了自己的农业信息网.并与北京现代农业信息网相连接。此外，还有其他一些农产品网站，这些例站在信息内容上各有侧重、相互补充，成为北京市农业信息的重要组成部分。

(二)农产品电子商务平台

20 世纪 90 年代末北京市就出现了农产品电子商务网站，北京市农产品电子商务开始迅速发展。最初举办农产品电子商务网站的主要有各级农业部门和政府、农产品批发市场和农贸市场、农产品经销企业、专业农产品与农业信息网站，以及其他少量农业合作组织、配送加工企业等。农产品电子商务有网上黄页、信息中介、虚拟社区、电子商店、价值链整合和第三方交易市场等形式，基本可分为商情信息、交易撮合和电子商务三个层次。2009 年北京市涉农信息网站有 80 个，其中大部分属于商情信息网站，交易撮合网站有 20 个，电子商务网站有 7 个。

2010 年新发地农产品批发市场开通了新发地农产品电子商务平台。该平台主要包括相关环境配套建设、农产品价格指数系统建设、农产品电子交易系统建设等，实现指数及信息发布、农产品电子订单交易、农产品品牌推介、城市农产品电子采购及配送、供应链融资等业务。该平台逐步联合全国优质农产品产区，推出现货挂牌交易、现货竞价交易、现货专场交易、现货订单交易、连续现货交易以及电子商城等多种交易模式，实现了集中采购、集中销售。

“十二五”期间，北京市现代农业发展规划提出“要推进农业市场化建设，努力建设覆盖鲜活农产品生产、加工、运输、销售全过程的新型鲜活农产品流通网络，提高鲜活农产品流通效率和质量安全水平。支持大型农产品连锁超市在生产基地建设鲜活农产品冷链物流中心，鼓励建设电子交易系统及交易信息发布平台。”随后“互联网＋”农业成为北京农业发展的新方向。2018 年京郊地区涉农网站近 2 000 家，农产品电子商务平台数量已达到 150 多家，运用互联网渠道销售北京本地农产品占比超过 30％。

农产品电子商务平台主要包括电子广告平台、网络直销平台、网络信息平台和电子交易平台。电子广告平台和网络信息平台属于信息传播平台，本身不涉及农产品物流。网络直销平台属于卖方主导平台，买方只能被动接受卖方的控制。电子交易平台属于买卖双方的互动平台，具有完整的信息和交易功能。电子交易平台与农产品物流的关系最为密切。这种平台涉及农产品供应的各个环节，包括从农产品生产基地到批发市场、超市的冷链系统、物流配送系统和快速检测系统等全部的农产品物流过程。

（三）农产品物流信息系统

农产品物流信息系统是农产品信息平台在农产品物流过程中的应用。农产品信息平台通过互联网将生产者、经纪人、批发商、零售商、物流商、消费者联系在一起，以完成信息、交易、物流的全过程。农产品物流信息系统也参与农产品信息平台的各个方面，但它主要依据农产品物流过程来发挥作用。农产品物流信息系统涉及物流技术、网络技术和通信技术，例如信息共享平台、GIS、GPS、RFID 等。利用农产品物流信息系统，农产品物流企业可以选择物流路线、缩短物流时间，减少物流成本。利用农产品物流信息系统，农产品加工和配送企业也可以对农产品进行在途加工和配送中心加工，使加工与配送一体化。

目前，北京市农产品物流信息系统主要应用在农产品批发市场、异地农产品物流、农产品配送、农产品直采和直营等方面。

农产品批发市场是北京市农产品供应的核心环节。2019 年北京市已经开始着手利用互联网、大数据、云计算等先进技术，推动农产品物流配送网络的建设、加快网络基础设施建设、推进农产品电商平台建设和打造和完善农产品物流配送系统。利用农产品批发市场的物流信息系统，农户可以了解农产品的每天价格、消费地需求信息，运输车辆信息；经销商可以发布需求信息，完成农产品配送过程。新发地农产品批发市场已经利用物流信息系统优化农产品配送的组配、运输路线的优化和空车配货服务。

异地农产品物流信息系统对农产品进京非常重要。北京市与全国主要农产品批发市场联网，将农产品需求信息与经营网络置于同一个信息平台，保证了物流信息快速、可靠地传递；进一步可采取拍卖系统、新式电子交换式信息和订货系统，来完成客户网上订货所需要的一切物流活动。

零售运输配送是农产品零售端的一个难点。由于购买批量少、种类多、运输困难，农产品在零售端很难达到统一配送。利用农产品物流信息系统，配送商可以规划配送内容和运输路线，降低配送时间和运输成本。

农产品物流信息系统也可以用于农产品直接采购。农产品直接采购是指农产品配送中心直接向农民收购农产品，然后加工包装后直接将产品送至超市、零售商或消费者手中。农产品直接采购避开了批发商环节，减少了物流环节，降低产品价格并提高了农产品新鲜度。一些农产品生产者在网上开设农产品直营店，根据顾客需求直接把农产品送到顾客手中。直营店与农产品物流信息系统相结合，能够进行定向销售，有效地降低农产品物流成本。

六、北京市农产品的冷链物流

（一）北京农产品冷链物流的发展

农产品冷链物流是指农产品在运输、储存、销售等环节始终处于规定的低温环境下，以保证农产品的质量和减少损耗的物流过程。农产品冷链物流最适于的农产品有畜产品、水产品、乳品、果品、蔬菜、加工食品、包装熟食等。完整的农产品冷链包括生产、运输、储存、销售等四个环节，但与农产品冷链物流最为密切的是运输、储存、销售。农产品冷链运输涉及铁路冷藏车、冷藏汽车、冷藏集装箱等低温运输工具。农产品冷链储存的主要设施是冷库。农产品冷链销售是指销售环境保持低温状态，例如货架、展柜、冷柜等。另外，农产品冷链还涉及冷链配送和相关信息系统。冷链物流是技术水平要求较高的农产品物流。农产品冷链物流要求农产品物流的全过程都保持低温状态，各个物流环节要相互连接。农产品的控温保鲜需要相应设备，因此农产品冷链物流的技术难度较大、成本较高。

北京市农产品冷链物流的快速发展始于21世纪初。这一时期，北京市社会经济的发展和城乡居民可支配收入的提高为建立综合冷链物流配送中心，发展农产品冷链物流奠定了必要的经济基础。2008年北京市的大型专业化物流企业达到733家，40家中国物流百强企业设在北京。北京奥运会对农产品物流提出了较高要求，促使农产品冷链物流的发展。2010—2012年，北京市大型农产品批发市场的布局基本完成。这些农产品批发市场大多数分布在北京市五环以外，远离市区使农产品冷链物流的需求变得非常迫切。此后，新式冷藏车大量投入使用，农产品冷链运输条件得到很大改善。2018年前后，北京市新建了一批冷库，并对已有大型冷库进行了智能化改造。与此同时，北京市的农产品物流配送企业发展也十分迅速，不少企业开始已有较为先进的农产品冷链物流设备。

（二）北京农产品冷链物流的状况

北京市农产品冷链运输车辆大致可分为专业冷藏车、冷藏集装箱、简单保温车、土保温厢式货车。专业冷藏车多是冷藏厢式车或冷藏半挂车；冷藏集装箱多是由海运冷藏集装箱改造成的，是一种非正规冷藏半挂车；简单保温车和土保温厢式货车多是由普通厢式车、普通仓栅式载货车改造而成，车上使用棉被、泡沫箱并采用冰块降温；甚至还有将长途客车行李舱中加泡沫箱来运输农产品的。北京市冷藏车的车型和吨位含盖微、轻、中、重型。微型车主要有上汽通用五菱、福田驭菱等;轻型车主要有福田、东风、江淮、庆铃等.中型车主要有东风、解放、福田;重型车包括东风天龙、解放、欧曼、广汽日野等各种主流的重卡品牌。在进京农产品运输中,冷藏半挂车的比例较大,其中多数是海运冷藏集装箱或集装箱平板半挂车。这主要是由于高速公路网的发展和公路物流运输具有“门对门”的优势,同时其价格也比专业冷藏半挂车要低。

北京市农产品冷链仓储设施主要分布在各农产品批发市场,是这些批发市场的配套设施。新发地市场是北京市最大农产品批发市场,也是农产品冷链仓储设施最完善的市场。新发地市场拥有 5 万 t 的普通冷库、7 万 t 的水产冷库,并在 2018 年新建了 12 万 t 冷库。北京市的其他农产品批发市场也拥有各种不同类型和规模的农产品冷链仓储设施。鲜活冷库用于储存商户的鲜活农产品,冷冻库用于储存肉类产品或水产品,水果库用于存储、加工水果,蔬菜库用于易腐类蔬菜的保鲜。批发市场的农产品冷链仓储设施属于公共冷链仓储基础设施,这些设施技术水平较高,基本能够满足农产品冷链仓储需要。少数商户的需要不能完全满足,这些商户也会自建小型冷库。自建小型冷库商户的比重不大,其中用于存储肉类、水产品的商户自建小型冷冻设施较多,而用于存储蔬菜、水果类农产品的商户冷冻设施相对较少。

北京市农产品冷链配送是农产品物流中的薄弱环节。对于一般农产品配送企业而言,他们没有足够的能力来完成全程的农产品冷链系统建设。出于经济效益的考虑,多数农产品配送企业会千方百计地降低成本,不去使用成本较高农产品冷链物流。现实中的农产品冷链物流很多情况是脱离冷链的,“断链”现象经常发生,没有形成冷冻加工、冷冻储藏、冷冻运输与配送、冷冻销售的完整产业链,难以实现规模经济、发挥整体效益。

北京市农产品冷链物流的信息化体系还不够完善。农产品冷链物流的信息化体系较一般农产品要高,它必须覆盖农产品冷链物流的全程,并做到精确的温度控制。目前,国内市场上还没有经过统一规划设计的农产品冷链信息系统,只有提供少部分功能的类似于财务管理或库存管理的软件。农产品冷链物流管理缺乏信息平台的支持,在大生产、大市场的环境下势必造成信息流、商流传递不流畅,不仅会阻碍农产品冷链物流的发展,更会造成社会生产成本的提高和资源的浪费。信息系统建设不完善还会大大影响农产品冷链物流的在途质量、准确性和及时性,造成信息不对称、仓储运输系统的效能比较低。

七、北京市农产品物流策略

(一)北京市农产品运输的发展对策

提高运输能力是改善北京市农产品运输的关键。北京市车辆拥堵问题日趋严重,因此单靠增加运输车辆是不可行的,提高农产品运输能力更多应从改变运输方式入手。整担运输远比零担运输能够有效降低物流成本,增加运力、运量,更能节约能源,加快农产品流转,缩短运输时间,提高物流服务质量。多式联运是将集装箱作为运输单元,能够提供门到门的运输及配送服务。在整个运输过程中,不需要重复进行拆封和装箱,并能够充分考虑多种运输方式的优势和适用条件,在运输过程中合理安排运力,是现代物流发展到一定程度的产物。对运输路径进行优化,可以加强地域间道路运输业的联系,扩大企业的组织规模,促使多家企业在市内进行联合运输作业,提高运输的综合效率。

农产品的标准化有助于提高北京市农产品运输效率。北京市尚未建立起适应于农产品运输的技术标准和工作标准体系,农产品物流中的非标准化装备、设施、行为相当普遍。由于各种运输方式之间装备标准不统一,包装标准与运输实施标准不配套,农产品的分类、分级、分等的误差过大。这给农产品的运输造成了困难,严重影响了北京市农产品运输的效率。因此,北京市应尽快加强农产品的产品标准和运输标准体系建设,使农产品运输提高到一个新的水平。

加强农产品进京货运车证的管理。北京市农产品进京货运车证一直存在着供应量少、配置不当、使用效率低等问题。一方面是交通管理部门限制农产品进京货运车证的发放,另一方面是经营企业囤积农产品进京货运车证。农产品进京货运车证的配置不当,直接降低了农产品运输的效率。为此,北京市应从配置、使用和运力优化等方面对农产品进京货运车证加强管理。在配置上,应认真核实申请人用证需求和使用时间。对于季节性用证的生产经营企业发放“瓜果证”,对于常年生产运输的农业经营企业发放“货车通行证”。在使用上,管理部门要对车辆行驶路径、效率、安全等方面进行监管,防止配有农产品进京货运车证的车辆运输其他非农产品。在运力优化上,利用不同种农产品在季节性上的差异,整合现有车辆、车证,优化农产品配送作业。

扩展农产品运输的“绿色通道”。北京市于 1995 年就开始推行农产品运输的“绿色通道”政策。“绿色通道”政策是指在收费站设立专用通道口,对整车合法运输鲜活农产品车辆给予“不扣车、不卸载、不罚款”和减免通行费的优惠政策。2010 年“绿色通道”政策扩大到所有收费公路,而且减免品种进一步增加。“绿色通道”政策对改善北京市农产品运输有积极作用,这种作用主要体现在提高农产品运输效率和降低农产品运输成本。当前，北京市需要对“绿色通道”政策进一步完善，包括扩展适用“绿色通道”的农产品范围，优化“绿色通道”的运输路径，加强混装、超载农产品运输车辆的管理等。

(二)北京市农产品仓储的发展对策

目前，北京市农产品仓储行业所面临的问题有：第一，仓储库容和冷藏运输能力仍然不足，北京市冷藏库容能够满足实际冷藏要求的50%，很多农产品是在常温条件下运输、销售的；随着北京市农产品流通量的增大，仓储能力不足将是一个长期问题。第二，仓储市场本身发育不足。由于第三方物流业发展落后，现有多数农产品冷藏库处于附属地位，冷藏库的配送、经营能力不足。第三，在零售环节，冷藏条件欠缺，通过仓储调剂市场的能力还不够。

北京市农产品仓储的发展主要着眼于扩大仓储容量和提高仓储技术水平。扩大农产品仓储库容的重点是建设农产品批发市场的仓储设施。农产品批发市场是建设农产品仓储设施的最佳场所。近年北京市加大了农产品批发市场的配套设施建设，但仓库容量在总体上仍然不足，特别是二级农产品批发市场和中小型农产品批发市场、专业农产品批发市场的仓储设施跟为缺乏。因此，北京市应把仓储设施作为农产品批发市场的一个建设重点，在土地、资金、技术上予以保证。北京市也应鼓励在产地建设农产品仓储设施。除农民和企业自建自用的农产品仓储设施外，北京市应重点发展公共农产品仓储设施和用于商业化经营的农产品仓储设施。

提高农产品仓储设施的技术水平是重要任务之一。目前，北京市的冷库占全部农产品仓储设施的比例还不高，自动化、智能化仓库的比例则更小。提高仓储设施的技术水平可以有效减少农产品仓储过程中的损耗，提高农产品存储时的质量，提高农产品仓储设施的使用效率。

(三)北京市农产品配送的发展对策

北京市农产品物流存在多方面问题。从农产品生产看，农民分散生产造成了农产品生产规模小、产品标准化程度低，而现代物流业要求在包装、仓储、运输、配送等环节实行统一标准，两者的矛盾限制了农产品物流业的发展。从交易方式看，当前批发市场是农产品流通的核心，90%的农产品必须流经批发市场，而批发市场又造成了农产品物流的断链，使农产品产销之间无法直接联系。农产品物流设备、信息和技术条件要求较高，特别是生鲜类农产品，更是需要冷库、保鲜车等设备，一般农产品运输车辆无法进入城区，仓储能力不足实际需要的50%，这都限制了北京市农产品物流业的发展。从产业主体看，农产品批发市场发展重点是场内交易，而物流业的发展会使场外交易增加；城市完成“农改超”时间较短，以超市为主体的农产品运输、配送体系还较薄弱。北京市目前物流配送企业还较少，物流配送发展也需要一个过程。在政策方面，北京市和商务部虽然都鼓励发展农产品配送也，但农产品食品安全控制和农产品流通税收大部分是在批发市场实现的，这说明发展农产品配送也的政策还不配套。

发展北京市农产品配送业需要强化农产品批发市场和农产品生鲜超市的配送能力。农产品批发市场和农产品生鲜超市是北京市农产品供应的核心，也是北京市农产品配送也的基础。批发市场拥有货源、交易、仓储、运输的优势，生鲜超市拥有销售渠道、消费市场的优势，两者发展农产品配送业相对容易。因此，发展农产品配送的基本策略就是农产品批发市场和农产品生鲜超市下的配送中心各自向对方延伸，即农产品批发市场向下游消费者延伸，农产品生鲜超市向农产品生产领域延伸。配送向农产品生产领域延伸，可以帮助农民提高市场适应能力、鼓励和引导标准化和规模化生产、指导其在生产中推进环境保护，不仅促进了产业链优化，提高了食品安全水平，而且可以为农民增加了收入。配送向消费者延伸是以农产品批发市场为依托建立的生鲜农产品统一配送店，以满足配送运输半径内的消费者需要，使农产品消费更加安全、快捷。

发展第三方农产品配送是北京市农产品物流配送的另一个关键。在北京市实施“农改超”后，以农贸市场为基础的个体商贩运销方式大幅度减少，超市对现代农产品物流产生了巨大需求，这为北京市农产品第三方物流配送的发展提供了极好的契机。农产品第三方物流配送起着纽带作用，它使京郊农村、批发市场和农产品超市联系在一起，并使农产品运输、仓储、配送和相关信息得到发展。农产品第三方物流业贯穿于农产品生产、收购、运输、储存、装卸、搬运、包装、流通加工、分销、信息活动的全过程，除降低成本、提高效率、增加附加值、降低市场风险外，最重要的意义是打破北京市运输、仓储、配送等行业的条块分割，实现农产品物流的资源整合。以农产品第三方物流配送业为纽带，进一步发展三类农产品配送中心，即依托乡镇、批发市场、农产品加工企业的农产品配送中心。乡镇农产品配送中心与农民专业合作组织、产地批发市场、农民相结合，承担产地农产品储运功能。批发市场农产品配送中心承担批发市场农产品的初级加工、仓储和向超市、社区菜市场的农产品配送业务。农产品加工企业的配送中心一方面完成本企业的配送任务；另一方面可以将自身的仓储、运输能力向其他经营主体开放。农产品运输业的发展有三个方向：外地进京的远途运输发展大吨位、高速度运输，以减少进京车辆和提高运输效率；京郊农村加强农民专业合作组织、农民运输专业户的运输能力，特别是增加能够进入城区的运输车辆的运力；超市和农产品加工企业发展冷藏车辆，提高冷链配送能力。农产品仓储的发展主要在于提高批发市场的仓储条件、支持农民小型冷藏库建设、发展专业仓储企业，鼓励农产品加工企业开放其仓储设施。另外，结合农产品第三方物流配送业，发展现代农产品物流信息系统。

（四）北京市农产品物流信息的发展对策

从农业信息、农产品市场信息和农产品商务信息的发展情况看，北京市农产品信息业的总体发展水平还处于初级阶段。这一阶段的基本特征是农产品信息处于依附地位，尚未形成相对独立的业态，产业规模还较小。发布农产品信息、举办农产品网站的主要是批发市场、经销商、农民专业合作组织，其更多的目的是宣传、推介和寻找商业机会；目前尚未出现大量以农产品信息作为经营对象，并以此获得收益的机构或个人。因此从严格意义上讲，农产品信息产业还未形成。

造成农产品信息产业发育不足的原因不是信息技术问题，而是在农产品供应体制和农产品信息应用方面。目前，农产品供应是以批发市场为核心，按销售渠道进行农产品集散，个体经销商在经销商中占绝大部分，批发市场采用摊位对手直接交易，“农超对接”则采用定单生产。在这种情形下，交易渠道相对固定，农产品信息处于不透明状态。农产品信息的应用成本较高是阻碍农产品信息产业发展的另一个原因。从技术层面看，农产品信息业包括四个环节，即农产品信息的采集、加工、存储和发布；农产品网站建设、运营；农产品信息接收、分析；以及农产品信息的非网络传播。目前，参与这四个环节的费用都很高，特别是由于信息采集、发布量小，而使每条信息单位成本很高。经营农产品信息很难获得收益也是一个关键问题，除成本因素外，农产品信息的价值较低、信息费用支付手段落后也是其中的原因之一。

北京市农产品信息产业需要大力发展，其重点是创造农产品信息产业的发育条件。由于成本原因，规模较小的个人或机构难以参与农产品信息产业。因此，应大力促进大中型农产品供应企业在这方面的发展，除批发市场、超市外，农产品经销企业、农民专业合作组织、农产品加工与配送企业等也应重点扶持。在供应体制上，应继续发展“农超对接”等产销结合形式，减少供应环节和批发市场的制约作用，并借助农产品仓储、物流、配送行业的发展来促进农产品信息业的发展。网站建设是一个突破口，应支持建设一批农产品营销和信息网站，特别是支持农村乡镇、农民专业合作组织和农业企业在这方面的建设。另外，还应在加快农业信息化的普及工作，降低农民的信息使用费用，加大农产品信息使用人群的数量。

（五）北京市农产品冷链物流的发展对策

北京市农产品冷链物流的发展主要面临政策规划和技术创新两个方面的问题。北京市的农产品冷链物流行业仍然处于自行发展阶段。从政府方面看，北京市对农产品物流行业还没有明确的政策指导和产业扶持措施。由于农产品冷链物流的复杂性，缺乏统一规划、统一政策，势必造成基础设施不配套和使社会资源浪费严重。从企业方面看，单一企业的能力有限，很难独立完成全过程的农产品冷链物流体系的建设。单一企业如果不借助政府的力量和行业协会的协调，常常会盲目发展、重复建设或资源浪费。另外，单一企业倾向于降低成本，缺乏建设农产品冷链物流完整体系的动力。

农产品冷链物流含盖了农产品运输、仓储、配送、信息等多个环节，其本身所涉及的技术较为复杂，因此农产品冷链物流技术、设施的研究和应用水平具有挑战性。农产品冷链物流是一项投入风险大、投资回收期长、社会公益性强的基础性建设，也是一个需要多环节、多部门、多功能同步协调发展的系统工程。因此，农产品冷链物流的发展，不是一种单一技术的发展，而是需要多种技术的综合发展。

北京市农产品冷链物流的发展要重点解决面临的瓶颈问题。北京市应加强农产品冷链物流工作中政府和相关协会的扶持力度。农产品冷链物流体系需要政府、行业协会的支持和企业的配合来共同构建。政府应出台一系列政策措施，来促进鲜活农产品冷链物流的发展，例如土地政策、税收政策等来鼓励冷库、配送中心等基础设施的建设。政府应支持行业协会的建立，倡导企业对农产品冷链设施的使用，以此不断提高服务的质量和服务的效益。

北京市应加大农产品冷链物流的技术创新力度。建立并逐步完善涉及产前行业与产后的加工、销售、储运等多部门、多功能、多环节的产供销一体化的农产品冷链物流体系，有效衔接冷链物流上游生产基地、冷藏仓库、中游物流配送中心、下游零售终端，使生产、加工、储藏、运输、配送及销售各个环节均衡发展，缩短冷链链条的长度和作业环节，提高物流链的整体效率。

北京市应出台一些针对农产品冷链物流企业的优惠的政策，支持农产品冷链物流企业的发展。政府可以减少农产品冷链物流企业的税收额度，降低冷链物流企业的发展成本，以增强其持续发展的能力，并缩短农产品冷链物流建设的投资回收期。

北京市应选择并重点培育一批经营效益好、资源整合能力和行业推动能力强、业务涵盖生产、运输和销售领域的大型涉农类企业，通过在资金、政策和保障措施上给予支持，引导这类企业带头建设并主导运转高效、规模大、技术新的跨区域农产品冷链物流配送中心，使其产生带动效应，促使北京市农产品冷链物流的整体发展。

第七章　北京市农产品供应的价格制定策略

一、农产品价格的基本构成及形成特点

(一)农产品价格的基本构成

农产品价格由农产品生产成本、农产品流通成本和农产品商业利润构成。

农产品的生产成本是指农产品在生产过程中所形成的成本,这是决定农产品价格的首要因素。农产品的生产成本通常包括劳动力成本以及种子、化肥、农药、农业设施等生产资料成本。农产品生产成本的高低受农民生活水平、农业生产资料价格和农业生产方式的影响。农民生活水平的提高使劳动力成本提高,同时也使农产品的价值评价相应提高。农业生产资料投入是农产品生产成本中比重最大的部分,农业生产资料价格的不断上涨直接导致农产品生产成本的提高。农业生产方式是一种间接的成本构成,当生产规模扩大、生产技术水平提高时农产品生产成本可以有效降低。

农产品的流通成本是指农产品在流通过程中所形成的成本。农产品流通过程是农产品从生产环节抵达最终消费者的中间环节,这一过程所发生的成本包括运输、仓储、包装、分类、加工、搬运、损耗等成本。在农产品价格构成中,不同农产品的流通成本所占的比重有明显差别,蔬菜、水果等生鲜农产品的流通成本高于生产成本,粮油等农产品的流通成本低于生产成本。农产品流通成本也会因流通方式的不同而又明显差别,运输距离的增加会大大提高农产品流通成本,农产品损耗及其保鲜措施也会明显增加农产品流通成本。

农产品的商业利润是指农产品在生产、流通中由生产者、销售商、服务商所获取的利润。农产品的商业利润主要在农产品流通过程中形成。生产者的商业利润在农产品进入流通过程时形成,它是农产品地头价格减去生产成本后的差额。在流通过程中,销售商在不同的流通环节会获取销售差价,流通环节增多需要支付更多的商业利润。农产品流通过程还有运输、仓储、加工的其他参与者,这些参与者

也需要商业利润，这些商业利润最终也会通过流通过程汇聚到农产品终端价格中。

(二)农产品价格的形成特点

农产品价格由农产品生产成本、农产品流通成本和农产品商业利润构成，但农产品价格的形成则主要在农产品流通过程。农产品生产成本必须通过农产品流通过程才能完成价值实现；农产品流通成本和农产品商业利润则直接贯穿于农产品流通过程。

农产品价格的形成与农产品的流通方式密切相关。在城市农产品流通中，农产品流通体系是以批发市场为核心的，产地流通环节包括经纪人、合作社、产地批发市场，销地批发环节包括一、二级批发市场，销地零售环节包括超市、社区市场、农贸市场。不同的流通环节对成本、利润进行分解、消化，最终汇聚成农产品最终价格。

农产品价格的形成还会受到自然条件、生产与流通的技术条件的影响。农产品生产是受自然条件影响最大的产业，地理、气候、季节决定了是否适宜农产品生产。在农产品生产中，栽培方式、经营方式和生产技术对农产品的产量、品质和成本有直接影响。在农产品流通中，运输方式、存储方式和市场信息会影响农产品的损耗、质量、流通效率和交易成本。

不同农产品的价格形成有其自身的特点，这与不同农产品的流通方式有关。北京市的粮油流通由粮油市场和国家储备共同完成，由于国家储备对粮油价格有很强的干预作用，粮油价格的市场特征相对较弱。畜产品采用“定点屠宰”“场厂挂钩”制度，国家对畜产品流通过程有严格控制。禽蛋运输、存储较为困难，损耗大提高了流通成本，但必须尽快销售又限制了价格。北京市的乳品销售渠道是有加工厂家构建的，几家大型企业垄断着北京的乳品市场，控制着乳品价格。水产品在北京市农产品消费中的比例不大，花卉更是一种零星农产品消费品种。

蔬菜在北京市农产品价格形成中具有代表性。在所有农产品中，蔬菜和果品是完全有市场进行流通的，其价格的市场特征非常明显。蔬菜和果品在人们农产品消费中的比重较大，同时由于其鲜活特性，因而蔬菜和果品是人们日常采购最频繁的农产品。蔬菜和果品的市场地位较高，这使得北京市在建设农产品流通体系时非常关注蔬菜和果品的流通特点。在蔬菜和果品中，蔬菜又占据着主导地位，蔬菜对人们生活的影响程度要远远大于果品，其流通量也要远远大于果品。

二、北京市农产品价格的形成过程

(一)农产品地头价格的形成

农产品地头价格是经销商从农户直接收购农产品的价格，这个价格是纯净的农产品价格，不包括任何其他费用。一旦农产品从地里起运，就会包括清洗、包装、搬运、装车等费用，这时的价格就成为上车价格。因此，农产品地头价格是农户出售农产品的价格，而上车价格是经销商出售农产品的成本价格。

相对农产品的零售、批发价格，地头价格一般情况下处于很低水平。山东省是北京市大葱的主要供应地，2017 年山东省昌乐县大葱的地头价格每斤在 0.3 元左右，上车价格每斤在 0.37～0.38 元；安丘县大葱的地头价格每斤在 0.4 元多一些，上车价格每斤在 0.5～0.6 元。以地头价格出售大葱常不分级，是好坏混在一起的；在产地批发市场分级整理后，价格会有明显上涨。2017 年山东省产地批发市场大葱每斤在 0.7～0.8 元，高于地头价格 50％～100％及以上。

农产品地头价格的形成基础是农产品生产成本和农户对农产品的收益预期。农产品生产成本包括种子、肥料、农药、水电、人工等费用，由于农业生产处于产业链的初级阶段，这些成本费用构成并不复杂。农户对农产品的收益预期来自往年的农产品经验价格，由于市场信息的不足，这种经验价格落后于市场价格。农户依赖农产品生活，农户对农产品的收益预期也受农户生活需要的影响，能够维持生活成为农产品地头价格的底线。

农产品地头价格深受市场活动的影响。农户缺乏市场信息，知识文化水平一般不高，这使得农户在经销商交易过程中经常处于被动地位。经销商掌握着更准确的市场价格，在低于卖出价格前提下，可以尽可能压低收购价格。一种农产品的成熟上市期较为集中，许多农户同时出售这种农产品，因而单一农户势单力薄，很难控制农产品价格。农产品又有保鲜期较短的特点，成熟的农产品不赶快卖掉则很容易烂掉，因此农户常常不得不接受很低的地头价格。综合多种因素，农产品地头价格普遍偏低，农户亏本卖出经常发生；有时由于地头价格过低，农户宁愿农产品烂掉，也不愿意卖给经销商。

(二)农产品产地批发价格的形成

农产品从地头出来，开始进入流通环节。农产品由经纪人、农民合作社或农民自己进行销售，其目的地是产地批发市场或销地批发市场。

地头农产品主要是由经纪人运销的，经纪人是联系农民和市场的第一座桥梁。在北京市周边省区，经纪人运销的地头蔬菜占全部蔬菜销量的 70％以上。经纪人在产地组织货源，进行蔬菜的初次分拣、包装，然后将蔬菜运销到当地的产地批发市场或北京市的销地批发市场，中间还常常经过县、地等多个层次。经纪人在蔬菜流通中进行第一次加价，幅度为收购价格的 10％～15％，相当于菜农利润的 20％～30％。很多地方，经纪人掌握着地头农产品的定价权，挤压了农民的收益空间。

农民合作社2006年开始出现，它是农产品生产经营者自愿联合、民主管理的互助性经济组织。农民合作社主要从事农业生产资料的购买，农产品的销售、加工、运输、储藏以及与农业生产经营有关的技术、信息等服务。农民合作社的销售服务方式有“公司＋合作社＋社员”、合作社开拓市场、合作社协助农民与经销商交易。与经销商交易时，农民合作社在一定程度上维护了农民的市场地位，提高了农产品的销售价格；但由于农民合作社不是流通主体，其对价格的提升能力也是有限的。在参与经营协作和开拓市场时，农民合作社减少了流通中间环节，这还能够降低农产品的终端价格。

产地批发市场主要分布于北京市周边省区，承担着当地和南方农产品进京前的二次加工和集散。通常，经纪人从地头收购农产品，然后运输到产地批发市场，在此进行清理、包装等，最后批发给外地经销商。产地批发市场所发生的成本包括农产品运销成本、批发市场收取的进场费或管理费、仓库费用、农产品加工和包装时的人工费和材料费。在山东寿光的进京蔬菜产地批发市场，蔬菜会加价25％～30％。农产品经由产地批发市场会增加运输距离、交易和二次加工成本，市场中还有大户垄断市场和哄抬价格，但客商云集的优势使这里的农产品更容易销售。

(三)农产品销地批发价格的形成

农产品离开产地批发市场后，将进入销地批发环节，期间的流通成本主要发生在农产品进京运输、一级批发市场和二级批发市场。

农产品从产地批发市场到销地批发市场需要通过高速公路进行运输。运输成本主要包括运输车辆和油料费用，洗净、整理、装卸和运输的人工费用，包装箱、塑料袋、胶带、冰块等材料费用，过桥过路费、超载罚款和市场进门费等。从山东寿光到北京新发地的30 t大货车单程运输费用相当于蔬菜成本增加约20％。虽然绿色通道开通后使过路费有所减免，但运输成本较高仍是农产品价格上涨的原因之一。

北京市农产品批发市场分为一、二两级。新发地批发市场是北京市最大的一家一级批发市场，其交易量占一级批发市场的90％，全市蔬菜供应量的80％。新发地是进京农产品的门户，其首要功能是向二级批发市场进行分销，销售方式是运送农产品的车辆在露天转销；新发地还有相当规模的室内交易场所和存储设施，超市、团体机关和零售商贩可以直接从新发地进货。新发地的农产品流通成本主要包括管理费、储运和人工费，批发商的利润因经销农产品的种类不同而有很大差别。新发地批发市场在地理、政策和经营上已经形成了垄断，这是使农产品价格大幅增加的关键环节。由于运菜车辆不能进入五环路，新发地成为外埠农产品进京的最后一站，这等于切断了外埠农产品在京直销的途径。

岳各庄、大洋路、八里桥等批发市场是北京市的二级批发市场。与一级批发市场不同，二级批发市场多采用室内交易、固定摊位，具有很强的配送功能。农产品进货来源是一级批发市场和产地批发市场，销售对象是超市、社区菜市场的零售商和团体机关等消费者。流通成本主要有进货成本、运输费、摊位费和管理费、人工费用、水电和停车等杂费、税金等。二级批发市场的地理位置更接近城区，因而采用更加固定的摊位销售方式，分销批量更小，这使得二级批发市场的农产品价格要高于一级批发市场10%～30%。

（四）农产品销地零售价格的形成

农产品销地零售环节主要有超市、农贸市场、社区菜市场、社区菜车和农产品配送。

超市是城市居民日常生活用品销售的主渠道，在控制农产品零售终端方面有先天优势。北京市的主要超市有物美、京客隆、超市发、家乐福、华联等，这些超市采用连锁经营，在京零售店面超过500家。超市大部分的农产品是从批发市场进货的，通常由批发市场中的经销商或第三方配送企业进行配送运输。超市也引入部分农产品直销，具体方式有超市与农民合作组织签订采购合同销售，超市参股专业合作组织建立农产品生产基地，农民合作组织作为超市和农民间的中介等。超市农产品销售价格要高于农贸市场、社区菜市场，多数从批发市场进货的蔬菜会加价80%以上，“农超对接”渠道的蔬菜也会加价60%以上。超市农产品价格高的原因是多方面的，这包括超市多数位于繁华城区，场地、经营、人工、税收等基本运营成本很高，超市销售有进场费、促销费、堆头费、条码费等多种费用，超市销售的农产品在食品安全、包装、品牌和农产品标准等方面有严格要求等。

农贸市场主要分布于郊区和农村，摊贩采用摊位方式进行销售，进货来源多数是批发市场。现存农贸市场采用物业式管理，市场收取摊贩的摊位费，以及管理费、卫生费、过称费、水电费等杂费。摊贩除交市场的费用外，还需要承担储运和人工费用，其中储运费包括批发市场进货时的出门费、运输车辆费、仓库费。农贸市场的菜价加价幅度一般超过50%。加价幅度较高的原因是市场不断加租把费用转嫁给消费者，摊贩无法进行大批大量采购运输，农贸市场设施简陋而使农产品损耗较高。

社区菜市场是城区居民小区中蔬菜、果品等农产品销售点，其场地较小，采用固定摊位、室内销售方式，销售数量较少，进货来源多是批发市场。除商户的人工费和利润外，销售成本主要是进价和运输费用、摊位费和管理费、水电和其他杂费，其范围与农贸市场相似。由于社区地点的不同，商户的销售成本水平差异很大，但销售价格要高于批发市场60%，甚至100%以上。社区菜市场农产品很高的原因是销售量有限，场地费用、人工费用、损耗费用都要分摊在这些销量上，使单位价格升高。

社区菜车是近年由政府倡导的，方便社区居民的一种农产品零售方式。社区菜车由农产品批发市场进行经营，是批发向零售延伸的销售渠道。社区菜车每周定期发出，在居民社区临时摆点销售，货源直接来自批发市场。社区菜车的农产品销售价格低于超市、社区菜市场，大约加价 50%。社区菜车销售价格较低的原因是这种销售方式只有运输成本、人工成本和销售利润，没有场地费用、存储费用，农产品损耗也较小。

农产品配送针对食堂、饭店等农产品团体消费者。配送公司与团体消费者签订配送合同，直接从批发市场进货、整理、包装和运送。农产品配送价格依据配送合同，价格高低取决于不同的配送公司、团体消费者和农产品品种、数量和配送方式。

三、产地对北京市农产品价格的影响

(一)本地生产农产品的价格

北京市农产品生产总量呈下降趋势，特别是与土地面积相关的粮食、蔬菜等农产品更为明显。2014 年，北京市粮食种植面积为 280 万亩，产量为 80 万 t，自给率为 8%；蔬菜植面积为 70 万亩，产量为 340 万 t，自给率为 30%。

北京市农产品生产的设施化、精品化也决定了本地农产品的生产成本偏高。北京市未来种植蔬菜的 70 万亩面积中有 35 万亩属于设施农业，蔬菜大棚的建设成本每亩 6 000～30 000 元。除南、北菜园外，东厢菜园的 32 万亩种植面积发展特色高端蔬菜。

北京市农产品生产的技术水平较高，产量的提高有助于相对较低成本。2015 年北京市春季果树发展 6.7 万亩、675.5 万株。由于推广矮密高效种植技术，每亩地种植达到 222 棵或 317 棵。单位面积种植株数的提高，在压缩种植面积的情况下一定程度地提高了果品总产量。

北京市本地农产品拥有运输距离较近的优势，因而更倾向于直销方式，其中最典型的是蔬菜。常用的蔬菜直销方式是蔬菜生产基地向超市供货，并实行品牌化经营；其次是农民合作社与餐饮企业、学校、军队等团体消费者合作，作为这些团体消费者的蔬菜生产基地；近年开设周末车载蔬菜市场，由合作社直接派车进入社区，在周末销售自产蔬菜；自产蔬菜直销到户，蔬菜基地菜农按需求订单生产，由蔬菜基地配货、运输、销售给消费者；农民合作社在社区开办蔬菜直销店等。

北京市农产品的种植面积减少、生产成本提高和发展高端特色品种使北京本地生产的农产品呈现价格上升的趋势。尽管拥有技术优势和距离优势，但这些优势仍然难于抵消本地农产品价格上涨的因素。由于本地农产品的价格上涨，为外埠进京农产品提供了价格上涨的空间。

本地农产品虽然不能抑制北京市农产品价格持续上涨的趋势，但能够限定价格上涨的速度。外埠农产品价格上涨过快时会丧失在北京市农产品市场上的优势，因此外埠进京农产品必须以本地农产品价格为参照，保持稍稍低于本地农产品的价格水平。

(二)外埠进京农产品的价格

北京市每年消费的农产品有85%是由周边省区供应的，产地对进京农产品价格的影响来自气候、生产规模和流通成本，其最典型的仍是进京蔬菜。

山东、河北、辽宁是外埠进京蔬菜主要供应地，占到北京蔬菜供应总量的70%以上；南方地区和内蒙古也是进京蔬菜的重要供应地。山东是北京市冬春季的主要蔬菜供应地，12月份北京市蔬菜供应量的32%来自山东。山东的设施蔬菜面积很大，其中潍坊市、聊城市的设施蔬菜对北京的供应比例分别是13.5%和10%。河北是北京市夏季蔬菜的主要供应地。每年从5月开始，河北蔬菜供应比例逐步接近并超过了山东的供应比例。6月、7月，河北蔬菜的供应比例超过了40%，其中廊坊、保定等北京周边地区蔬菜供应比例较大。8～10月河北张家口坝上地区对北京市蔬菜供应量加大，重点产区是张北、康保、沽源和尚义坝上4个县。辽宁是北京市的第三个蔬菜供应地，冬春季及5月占北京蔬菜供应量的12%。辽宁并非全省都是北京市的蔬菜供应地，实际上只是距离北京较近的锦州地区。北京市本地蔬菜供应从每年5月开始增加，9月达到高峰。5月和10月约占北京市场供应量的9%，6～9月约占北京市场供应量的16%。南方地区在冬春季对北京市蔬菜供应较大，约占北京蔬菜供应量的15%，产地主要是海南、广东、广西、云南4个省。内蒙古在夏季也是北京市蔬菜的供应地，约占北京蔬菜供应量的8%。

气候是影响外埠进京蔬菜价格的首要因素。蔬菜生长对气候等条件要求较高，这意味着不是任何地区、任何时候都适合于蔬菜生产。北京市全年蔬菜供应地按季节是由南向北转移的，冬春季北方地区天气寒冷，不适宜蔬菜生产；而夏季全国大部分地区天气炎热，也不适宜露地蔬菜生产；蔬菜产地只能根据气候变化进行转移。

周边省区的生产成本是另一个影响外埠进京蔬菜价格的因素。山东、河北都是蔬菜生产大省，生产成本较低使得产地蔬菜地头价格较低。近年周边省区在规模化生产和提升种养殖技术水平方面有长足进展，这为降低进京蔬菜价格奠定了基础。

流通成本增加是外埠进京蔬菜价格提高的重要原因。多数进京农产品依赖公路运输，并经过多重交易环节。随着物价水平的提高，运输成本、人工成本、交易成本是不断增加的。农产品供应地的地域不断扩大，使运输距离增加，相应的交易成本相应提高。因此外埠进京蔬菜的流通成本只能是持续增加的。

外埠农产品生产基地有助于保障进京农产品供应，减少农产品价格波动和过快增长。长期以来，北京市坚持与周边各省进行农产品生产协作。通过与周边及其他省市农产品主产地的产销、购销合作，建立牢固掌控的生产基地，确保了形成稳定可靠的农产品供应来源。通过对农产品生产基地的生产布局调整、优化品种结构、增加农产品生产规模，提高了农产品的产量和质量。通过强化生产基地基础设施建设和生产技术投入，实施多项农业扶持政策，提升了生产技术水平。通过加大对龙头企业的扶持，不断提高组织化程度，提高了农产品生产经营效益。

四、季节对农产品价格的影响

季节对不同农产品的影响有很大差别，畜产品、禽蛋、乳品等大多在室内生产，因而季节对其影响较小；粮油等需要进行储藏，季节对其影响也较小；蔬菜、水果、花卉等在室外生长，因而季节对其影响较大。

季节对北京市蔬菜价格有明显影响。每年 12 月至次年 3 月是北京的冬季，此时北方地区天气寒冷，蔬菜供应主要来自山东、河北和南方地区。山东蔬菜多为设施蔬菜，供应量约为北京市蔬菜的 28%；河北供应量约 17%；南方蔬菜是时鲜蔬菜，供应量约为北京市蔬菜的 15%。4 月进入春夏季，随着天气转暖北京、辽宁的供应量开始增加，南方蔬菜开始减少。5～7 月是北京的夏季，此时露地蔬菜生产逐渐取代设施大棚，主要蔬菜供应地转为河北、北京和山东。河北供应量约为 36%；北京供应量约为 14%；山东供应量约为 20%。8 月以后进入秋季，北方冷凉地区的蔬菜陆续上市，秋茬蔬菜成为北京市场的主要供应来源。河北、山东、北京、辽宁、内蒙古和天津的蔬菜供应量分布为 34%、21%、14%、8%、8%、6%。

随着季节的变化，蔬菜价格呈现周期性变动。冬季是北京蔬菜的淡季，是一年之中蔬菜价格最高的时期；而每年的 7 月下旬到 9 月下旬是一年之中蔬菜价格最低的时期。北京市蔬菜价格受需求影响更大，这表现在夏季产菜区的蔬菜价格会明显下落，使北京与夏季产菜区的蔬菜价格有更大差异；而秋、冬季北京市蔬菜价格与产菜区的差异相对较小。12 月至次年 4 月北京的蔬菜价格高于山东 15%，5～7 月高于山东 31%，8～10 月高于山东 17%。另外，随着每年蔬菜供应地由南向北转移，有的时候还会出现价格倒挂。12 月至次年 4 月北京的蔬菜价格低于辽宁 10%，8～10 月低于南方 13%。

蔬菜生产有大、小年的波动特点，大年产量高、价格低，小年产量低、价格高。天气也是影响蔬菜价格的因素，如果气温偏高，会导致蔬菜提前上市，引起蔬菜供应量增加而使价格降低；如果气温偏低，会导致蔬菜上市延后而使蔬菜价格居高不下；如果夏季南方降水过多，也会引起蔬菜供应紧张。

不同农产品有各自的季节周期。猪肉价格通常是前半年上涨，后半年下降，并有隔年周期；一季度是猪肉的传统消费旺季，价格开始增加；如果当年生猪存栏量由降到升，那么次年 5 月猪肉价格将进入下行周期。白条鸡在每年 6 月价格较低，7～9 月时白条鸡价格会快速上升，并在 9 月升至年内的最高点。鸡蛋价格受季节影响显著，每年 5 月之前北方地区气温偏低，鸡蛋可以存放，因而价格较高；5 月下旬气温回升迅速，存储条件不利，鸡蛋价格会明显下降。

五、市场需求对北京市农产品价格的影响

（一）需求品种对农产品价格的影响

农产品的种类繁多，不同品种农产品都有其自己的价格，因而农产品价格有一种错综复杂的感觉。但如果分析不同农产品的相互关联性，就可以发现农产品的总体价格水平是有少数农产品品种决定的，这一现象在蔬菜价格上十分突出。

北京市经常消费的蔬菜品种有 150 余种，其中有 54 种占有绝大比重。根据北京市主要农产品批发市场的统计，这 54 种蔬菜的上市总量占北京市蔬菜上市总量的 85％以上。而在这 54 种蔬菜中又有 20 种居上市量的前列，它们是马铃薯、大白菜、甘蓝、葱头、葱、冬瓜、番茄、胡萝卜、黄瓜、白萝卜、西葫芦、小辣椒、茄子、青椒、芹菜、菜花、蒜、蒜薹、姜和云架豆。这 20 种蔬菜的上市总量占北京市蔬菜上市总量的 75％以上。2013 年前 10 年，马铃薯上市量居首位，每年 609 万 t，占 54 种蔬菜的上市总量的 7.9％；大白菜居第二位，每年 526 万 t，占 6.8％。由此看出，北京市上市蔬菜品种是非常集中的。在上述蔬菜品种中，大白菜、甘蓝、马铃薯、葱头、冬瓜、胡萝卜、白萝卜、南瓜等 8 种蔬菜较耐贮存，是北京市确定的主要储备蔬菜品种。从季节分布上看，冬季主要上市的蔬菜品种有大白菜、马铃薯、葱、葱头、白萝卜、胡萝卜等储存菜，以及番茄、黄瓜、青椒等设施蔬菜；夏季主要上市的蔬菜品种有马铃薯、大白菜、甘蓝、菜花、白萝卜，以及多种时令鲜菜。

北京市非经常消费的蔬菜品种名目繁多。特种蔬菜是不同国家、不同地区、不同季节、野菜家种等蔬菜品种，国外品种如荷兰小黄瓜、以色列彩椒、日本小松菜，南北相互引种品种如油麦菜、芥蓝、叶用枸杞，野菜如荠菜、马兰头、山野菜、大叶马齿苋，反季节蔬菜如春种胡萝卜、春种包心白菜。礼品蔬菜是用于节日礼品性蔬菜，例如宝塔菜、芦笋、彩椒、四棱豆、苦瓜、牛蒡、香椿、娃娃菜等。发展迅速蔬菜是

由于人们日益接受或地区产业发展而开始占据市场的蔬菜，食用菌是较典型的发展迅速蔬菜品种，如香菇、草菇、白灵菇、杏鲍菇、金针菇等。北京市非经常消费的蔬菜品种价格较高，而且随季节有较大的变动。

蔬菜具有明显的品种可替代特性。当某种蔬菜供应减少而使价格上升时，人们可以减少对这种蔬菜的消费而转向其他蔬菜品种的消费。蔬菜品种存在可替代特性，其深层的原因是人们日常生活支出有一定计划，人们不会忽高忽低地进行消费。蔬菜品种的可替代特性使蔬菜价格保持相对一致和稳定。从供应角度看，蔬菜品种的可替代特性使不同地区、不同运输距离、不同生产成本的蔬菜在销售价格上趋于一致，因而生产成本、流通成本较高的蔬菜必然会减少商业利润。

由于经常消费的蔬菜品种都是大路菜，并且品种数量少、销量大，因而对北京市蔬菜价格的整体水平起到了决定性作用。非经常消费的蔬菜品种价格高、品种数量多，但这些蔬菜的销量少，使得非经常消费的蔬菜品种对北京市蔬菜价格的整体水平的影响有限。蔬菜品种的可替代特性则使北京市蔬菜价格的整体水平保持稳定。因此，北京市蔬菜价格的整体水平就是由那20余种蔬菜决定的。

(二)消费量对农产品价格的影响

北京市人口规模巨大，一方面使得蔬菜消费量巨大，另一方面也对稳定蔬菜消费量有一定作用。2005—2010年期间，北京市蔬菜年均消费量为770万t，其中2008年最高，为780万t；2009年最低，为760万t。近年北京市蔬菜消费总量有所上升，但上升幅度不大。2013—2015年期间，北京市蔬菜年均消费量仍为770万t。2016—2020年期间，北京市蔬菜年均消费量为775万t。北京市不同年份的蔬菜消费量有一定波动，大约十几万吨，即2%的幅度。

北京市蔬菜的月度消费量也比较均衡，65万t左右。按月度分布来看，每年的4月、5月、11月、12月蔬菜消费量处于相对比较高的水平，约70万t；每年的6～10月处于一年之中比较低的水平，约62万t。根据2005—2009年的蔬菜消费量，北京市1～12月每天消费的蔬菜量分布为2.1万、1.9万、2.2万、2.3万、2.2万、2.1万、2.0万、2.0万、2.0万、2.0万、2.1万、2.2万t。根据2016年的蔬菜消费量，平均每天的消费量约2.0万t，春节等消费量高峰为每天2.5万t。

北京市蔬菜消费量趋于稳定，这与蔬菜消费特性和城市人口特性有关。从蔬菜消费看，人们每天消费的蔬菜量不会有太大变化，因此只有当城市人口明显增加时蔬菜消费总量才会明显增加。从城市人口看，北京市每年增加人口约50万人，这正是蔬菜消费量波动的幅度；由于北京市人口基数巨大，蔬菜消费量的波动会不甚明显。

北京市蔬菜消费量趋于稳定，但蔬菜价格持续上涨，因此蔬菜价格的上涨主要不是由于消费量而引起的。如果市场需求对蔬菜价格影响较小,那么蔬菜价格上涨的主要原因就只能是生产过程、流通过程中的成本和利润。

消费量会在节假日等少数时间对蔬菜价格产生影响,特别是春节期间影响显著。这是由于人们在春节期间进行集中采购,而蔬菜上市量难于突然增加,这样正常短时间的供不应求。

从北京市蔬菜消费量分布看出,冬春季是北京市蔬菜消费量较大的季节,这时蔬菜价格较高。这一现象的出现是由于冬春季水果消费量减少,从而产生了用蔬菜替代水果的效应。这一现象也表明,人们虽然能够对蔬菜进行品种替代,但蔬菜消费总量缺乏弹性;人们不会因蔬菜价格上涨而减少蔬菜消费。

六、流通方式对北京市农产品价格的影响

(一)流通渠道对农产品价格的影响

除生产过程外,流通过程形成了农产品价格的主要部分。通常情况下,流通渠道越多、流通环节越短,则农产品价格越低。流通渠道越多,可以产生较充分的市场竞争,从而抑制垄断而形成的高价。流通环节越少,可以减少流通成本,从而降低农产品的终端价格。

北京市的农产品流通以批发市场为核心,这种流通方式具有很强的垄断特性,并使流通环节较多,进而成为农产品价格持续上涨的关键因素。

产销两地批发市场,其间以公路车载运输相联系,形成了一个狭窄的流通通道,为农产品垄断经营奠定了基础。由于客商聚集的作用,产地批发市场虽然交易成本高,但农产品销售容易,迫使农产品向产地批发市场聚集。北京市禁止农产品运输车辆进入市区,切断了外埠农产品进京直销的路径,迫使零售商进入产地批发市场。除运输限制外,农产品销售发票、农产品质量检查等方面的制约,也使农产品流通必须经由批发市场。在批发市场内部,经销商大户操控农产品交易的能力很强,对垄断市场、抬高农产品价格起到了直接作用。

以批发市场为核心的流通体系使农产品流通环节过多。农产品从农户到最终消费者之间要经过经纪人、产地批发市场、外埠进京运输、销地一级批发市场、销地二级批发市场、超市、社区菜市场、农贸市场等中间环节。每个流通环节要发生摊位费、进门费、管理费等交易费用,运输、装卸、仓储、损耗等运销成本,以及经销商、商贩的人工费和利润。每个环节的流通成本和牟利欲望,最终汇聚成了农产品的高价格。

以批发市场为核心的流通体系强化了农户和消费者的弱势地位。农产品流通过程形成了巨大利润,并进一步转化为批发市场规模的扩大和经销商聚集度的增

加，最终形成了批发市场的强势地位。这一流通体系正日益完善，其成本汇集能力也就日益强大。另一方面，农户的定价权、市民的消费选择权进一步丧失，政府对农产品价格的干预也难以奏效。这使得北京市农产品价格只能呈现持续上涨的趋势，甚至在短期难以形成一个相对均衡的状态。

（二）供应方式对农产品价格的影响

农产品供应销售方式有批发零售、农超对接、个人贩售、企业产销、网络销售、协议供应、国家调配、期货交易零售端销售等多种形式，不同方式对农产品价格有不同的影响。

批发零售方式是北京市农产品供应的主要方式，这种方式与北京市现行农产品流通渠道相适应，蔬菜、果品、粮油、禽蛋等大多数农产品都采用这种方式进行供应。批发零售方式的基本过程是经销商从农户收购农产品，然后农产品在产地批发市场聚集，农产品再在销地批发市场分销，最后进入超市或社区菜市场进行零售。批发零售方式与农产品的分散生产、分散消费特点相一致。在批发环节，农产品可以进行整理、分级、包装。在产地和销地之间，农产品可以进行大规模运输。批发市场是固定的交易场所，有利于政府部门对交易人员、贩运车辆的管理，有利于控制农产品质量，便于税费的征集，也有利于市场信息的交流和交易价格的形成。批发零售方式会迫使农产品必须经由批发市场，农产品的流通环节较多。在批发环节，由于交易集中，经销商中的大户容易操控市场、哄抬价格。产地和销地批发市场间的渠道单一，会形成垄断经营。批发零售方式税费较高，批发市场的建设、管理费用都将分摊进农产品价格，最终要由消费者承担。

农超对接是指农产品不经由批发市场，直接进入零售端进行销售的方式。这种方式通常是农业专业合作社与农产品生鲜超市之间的对接。近年来，北京市的农超对接出现了一些新形式，例如农产品生产基地在生鲜超市租赁柜台、农产品零售货车进入居民社区、城市开设品牌农产品专营店等。农超对接的最大优势是农产品流通渠道较短，由于绕开了批发市场而减少了大量流通成本，进而降低了农产品价格。批发市场会混淆农产品的产地和质量。农超对接中零售端的农产品产地清晰，这有利于农产品追踪和控制农产品质量。农超对接还有利于品牌经营，优质农产品容易形成品牌，增加了农产品生产者的无形资产。农超对接的缺陷在于农产品进入超市很难。农户开拓市场的能力较弱，加至进入超市的门槛本身较高，绝大多数农产品会被拒之门外。超市销售农产品的批量较小，主要适于精品、特种、优质产品，低价、大陆产品难以在超市销售。鲜活农产品超市分布远离居民区，大型超市数量很少，这给人们从超市购买农产品带来了不便。

个人贩售是农户将自己生产的农产品不经过任何中间渠道，直接销售给消费者的方式。这种方式以往集中在北京市的农贸市场，目前还存在于城乡结合部和远郊区县。个人贩售的农产品通常价格便宜，新鲜度较好。农户将农产品直接销售给消费者，这样农户可以减少被中间商的盘剥，获得更高的销售收益。有时，农户也会因为农产品卖不出去、面临亏损而不得已进行个人贩售。个人贩售存在很多弊端。运输农产品容易造成交通问题，北京市禁止农产品运输车辆进入五环地区。农产品容易腐烂，残果烂叶会影响环境。个人贩售农产品的来源难以追踪，农产品质量安全没有保障。个人贩售偷税漏税严重，商贩管理也十分困难。因此，个人贩售在北京市城区已经被取缔，从长远看也将逐步减少或消失。

企业产销方式是由农产品生产加工企业通过自己的渠道向消费者销售产品的销售方式，这类农产品主要是畜产品、乳品、食品和加工农产品。企业产销方式所销售的农产品更像是工业产品，在规格、品牌、质量、价格、包装等方面更为规范，更适应现代化的商品流通。对于生产企业，这类农产品需要更多加工过程，产品附加值和商业利润更高。对于消费者，这类农产品的质量高、市场细分更好，更能满足人们的中高层次消费需求。企业产销方式的局限在于不适合鲜活农产品，鲜活农产品的保质时间短、易腐烂、耗损大，较少进行工业化深加工。以产销方式销售的农产品包含了大量包装、运销、管理等间接费用，因而产品价格较贵。这类农产品含有更多的添加防腐剂、添加剂，有时也会影响人们对这类产品的接受。

网络销售随着信息产业发展而迅速成长起来，正从一般商品渗透到农产品领域。农产品供求双方通过网络可以了解信息，并通过网络交易平台达成交易。农产品网络销售有明显优势。农产品生产的地域性极强，网络销售能够扩大产销接触的地域范围。网络销售减少了现场交易，大大提高了农产品交易的效率。网络销售减少了农产品供应过程中的中间环节，有效压缩了农产品供应成本。网络销售中交易双方可以直接对话，削弱了批发市场中经销大户的欺行霸市。网络是一个信息平台，使价格形成更加准确、及时。农户也可以通过网络了解市场状况，减少了农业生产的盲目性。农产品网络销售的弱点集中在线上与线下、信息与物流的匹配差距。生产者和消费者虽然能够通过网络达成销售协议，但农产品的运输、仓储、分拣、包装等仍需要物流、加工企业的参与。在零售端，由于配送困难消费者还较少直接从网上采购鲜活农产品。网络销售相应质量、税收等诸多制度尚未建立。

北京市在外埠省区建有合作性质的农产品生产基地，这些生产基地向北京市的农产品供应采用协议价格、定向供应方式。协议供应属于政府行为，合作双方是北京市和外埠省区政府，协议规定了定向供应的品种、数量和价格范围。采用协议供应的农产品主要是蔬菜、水产品等，这类农产品受自然条件的影响较大，生产较为不稳定。建立生产基地可以保障农产品供应来源，防止供应短缺而影响人们的正常生活。充足的农产品供应来源，也可以减少市场变动而造成的价格波动。协议供应对农产品价格的影响是长期的、间接的，人们通常不容易察觉这种影响。协议供应是一种政策性方式，在农产品的品种、数量、价格上没有精确规定。协议供应重在保障供应量，生产基地也要谋取利润，因而协议供应不能阻止农产品价格的上涨。

国家对粮食、食用油、生肉、主要蔬菜建立有经常性储备。这些储备的农产品以销故纳新方式进行轮换，每年收购新产农产品，而将往年陈储投放市场。国家储备的调配投放对保障供应、平抑物价有重要作用。储备农产品收购时间较早使收购价格较低，再加至储备时间较长而必须销售出去，所以储备农产品的投放价格通常较低。在市场供应出现波动时，投放储备农产品的目的是为了抑制价格上涨，因此投放价格也不会很高。国家储备的调配投放集中在少数农产品品种，这种供应方式对农产品价格的影响是扩散式的。由于农产品有替代特性，少数农产品价格会影响相关其他产品，进而影响整个农产品价格。但由于国家储备的农产品集中在初级产品，这些农产品对基本生活需求影响更大，而对中高端消费影响较小。

农产品期货是一种高级的交易方式，目前主要涉及小麦、玉米、大米、大豆、红小豆、花生、豆粕、生猪、猪肉等粮食、油料和畜产品。这种方式在生产季节之前订立供销协议，到期进行农产品交割，是一种典型的订单农业形式。农产品期货是“先销售、后生产”，能够减少农产品价格由于自然、市场因素所带来的波动风险。这种方式对农业生产有指导作用，农户可以在产前预见产后的结果。主要农产品期货品种可以在交易所进行交易，对销售订单进行套利、投机和套期保值。农产品期货还是一种价格形成方式，减少人为因素对农产品价格的干预。农产品期货只针对少量大宗农产品，大多数农产品无法进行期货交易。这种方式引入我国时间较短，相关制度、机制还不完善，人们还未对其普遍接受。

北京市农产品零售端的销售方式主要有摊位、超市和配送方式，这些销售方式与多种农产品供应方式相衔接。摊位对手交易是农贸市场的主要交易方式，目前在社区菜市场仍有这种方式。这种方式由商贩摆摊设点，通过买卖双方的讨价还价完成交易。摊位对手交易简单、原始，是一种在城市逐渐消亡的销售方式。超市是目前农产品零售端的主要销售方式。这种方式采用开放式货架，顾客自由选择并统一结账。超市是符合城市建设和居民生活条件的销售方式。超市可以开设在人群密集区，购物环境较好，超市供应的农产品种类多样、价格清晰、管理规范。配送是正在兴起的农产品销售方式。配送的进货来源是批发市场或农产品生产基地，配送公司集中进货，然后按订单向团体或个人进行送货。配送与网络销售可以密切配合,可以视作网络销售的物流过程。

(三)相关产业对农产品价格的影响

运输、存储、配送、信息等是农产品流通过程所涉及的相关产业,这些产业的发展对农产品价格也会产生影响。相关产业是通过影响农产品流通效率,进而影响农产品价格的。运输、存储、配送、信息等相关产业发达,则农产品流通效率提高,这使得分摊在单位农产品上的流通成本较低,最终使农产品价格降低。但是,运输、存储、配送、信息等相关产业的建设成本较高,这些产业的发展初期会把建设成本转嫁给农产品,因而造成农产品流通成本的提高;当这些产业进入成熟期后,对农产品流通效率的提升高于建设成本向农产品转嫁时,这些产业才能促使农产品价格下降。

北京市农产品运输、存储、配送、信息等落后于农产品批发、零售等主渠道建设,因而还处于建设发展的初期阶段。

北京市农产品运输产量分为外埠车辆和市内车辆。外埠农产品运输车辆占总运输量的80%,主要是大吨位货车。外埠车辆的运输成本很高,其中比重较大的是油料费。市内农产品运输车辆占总运输量的20%,主要是厢式货车和面包车。市区农产品运输由零售商、团体消费者等承担,第三方物流十分落后。外埠车辆无法进入城区、市内车辆运输效率较低、农产品运输损耗过高等原因,大大提高了农产品的流通成本。

仓储处于农产品批发、零售和部分生产环节。批发市场一般建有普通仓库和冷藏库,这些仓库是批发市场的附属设施,而大部分农产品是随车或露天堆放的。在产地农民会自建自用小型仓库。超市和社区菜市场通常没有专门的农产品仓库,多数农产品随进随卖。北京市农产品仓储能力总体上只能满足需要的50%,零售环节仓储缺口更大,这使得农产品仓储成本较高,保鲜时间较短。

北京市的农产品配送公司一般采用“供应商+配送公司+消费者”的模式,货源大部分来自一、二级农产品批发市场,少部分来自农产品生产基地;服务对象主要是机关、学校、军队、饭店,以及社区菜市场、超市。配送公司采用集中配送,有较好的进货渠道,因而可以大大降低市内采购成本。目前,北京市的农产品配送产业还有待发展,这一产业规模较小,产业链较短,利润空间也有限。

在产地,部分合作社、地方政府和农产品生产基地开始建设或利用他人网站进行产品推广、信息发布。在零售环节,超市、农贸市场和社区菜市场的信息化水平较低。农产品经销网店多由经销商、配送公司、合作社建设,但网上交易功能还不强。由于产地和零售两端的信息产业发展不成熟,除批发市场外,其他流通环节的信息产业对农产品价格的影响并不大。

七、北京市农产品价格的制定策略

(一)北京市农产品供应的价格目标

北京市农产品价格持续上涨,这与北京市社会经济发展有关,也与农产品供应滞后有关。2011 年和 2016 年北京市的常住人口、人均收入、人均消费分别为 1 383.3 万、11 578 元、8 923 元和 2 172.9 万、52 530 元、35 416 元,15 年间分别增长了 1.57 倍、4.54 倍、3.97 倍。2011 年和 2016 年北京市的消费总额、吃类消费总额分别为 1 593.5 亿元、193.1 亿元和 11 005.1 亿元、2 296.7 亿元,其间分别增长了 6.91 倍、11.89 倍,吃类消费总额增长速度是消费总额增长速度的 1.72 倍。这一现象表明人口、收入的增加必然导致人们对农产品消费的增长,但北京市农产品价格的增长已经远高于平均商品价格的增长。

根据这一态势,抑制价格过快增长应是北京市农产品供应的主要目标之一。农产品价格过快增长对社会有不良影响,它加重了人们的生活负担,对占市民大多数的中低收入人群影响更大。但绝对阻止农产品价格上涨是不可行的,人口、收入的增长必然使农产品需求总量增加,而社会发展和生活质量的提高必然导致人们趋向消费高品质、高价格的农产品。比较合理的目标是减缓农产品价格的增长速度,使农产品消费的增长速度与社会总消费的增长速度保持一致,或使农产品消费占居民收入的比重保持大致不变。要达到这一目标,今后北京市农产品价格的年增长速度较前十几年应放缓 30%～40%。

北京市农产品供应涉及农产品的生产、流通、调控等多个方面。为了防止农产品价格过快增长,北京市在生产方面要保障农产品的供应来源,在流通方面要提高农产品的流通效率,在调控方面要减少农产品的价格波动。

(二)保障农产品供应来源

北京市农业发展的重点是粮经作物、蔬菜、果品、畜牧、畜牧、籽种、休闲观光等产业,本地生产的农产品约占供应总量的 20%。近年来,除禽蛋外北京市农产品的总产量呈下降趋势。北京市的农业发展不是以增加产量为目标的,而是发掘农业资源的综合优势,以此为北京市整体城市功能服务。由于直接用于农业的种植面积的减少,使农产品总产量减少;由于城市发展,使农业用地的价值相对提高;由于生产成本的提高,也使本地农产品的市场竞争力下降。北京市农业的优势在“高、新、特、优”农产品的生产,紧邻销售地也使其流通成本较低,农产品所占市场份额也不容小视。北京市农业生产对保障自身产品供应有重要作用,能够在一定程度上减缓农产品价格的过快增长。因此,北京市不能放松农产品的生产,在符合首都城市定位前提下充分挖掘农业生产的潜力。

北京市消费的农产品中有80%来自外埠省区，这些省区主要是河北、山东、辽宁、内蒙古、河南、山西和南方省区。粮食产地主要在中原地区和东北三江平原，蔬菜产地主要在河北、山东，水果供应地主要是山东、河北、山西和南方省区，油料、畜产品、禽蛋的主要产地分别是山东、内蒙古、辽宁。近年这些外埠省区的农业生产发展很快，农产品供应能力有较大提升。外埠省区对京农产品供应的主要问题是农产品进京通道较窄，产地与销地之间的市场化供应体系不健全。近年其他地区的社会经济发展和人们生活水平提高，也加大了这些地区对农产品的需求，从而对外埠农产品供应量产生了分流；特别是天津、河北的大中城市及未来的雄安地区对北京市农产品供应有明显的阻隔作用。外埠省区对保障北京市农产品供应的意义重大，在北京市自身农产品供应能力下降时就更为重要。北京市应继续加强与外埠省区的合作，逐步向西北外埠省区扩展农产品供应地。北京市应扶持外埠省区的大中型农产品流通企业，使自身的农产品供应网络向下延伸；在产销合作中大力发展订单农业，增加农产品生产基地的数量。

（三）提高农产品生产能力

提高农产品生产能力，使供求关系保持合理平衡，是抑制农产品价格过快上涨的根本途径。长期以来，北京市及周边省区在促进农业生产发展上成绩巨大。取得这些成绩的主要手段是改进农业生产技术与管理，在粮食、蔬菜、果品种植中选育优良品种，在畜产品、禽肉生产中采用集约化养殖，在生产作业技术上改造中低产田、提高机械化程度、推广农业适用技术、大力发展设施农业，在农业生产管理上促进规模化、精细化、产业化。提高农产品生产能力需要持续不断地进行。北京市作为文化教育中心，拥有优越的人才资源和农业技术研发条件；北京市的籽种产业、农业新技术产业、信息产业都很发达，拥有很强的技术和管理创新能力。北京市不仅要利用自身优势促进本地农业生产发展，还应加强农业生产技术与管理的成果向周边省区的扩散。

与扩大农产品生产规模相比，农产品生产和农产品消费需求之间的协调是人们常常忽视的领域。随着消费水平的提高，大白菜、萝卜等低端农产品的消费量已经降低。一些精品特色农产品的成本高、价格高，还难为广大消费者接受。蒜、姜等农产品受到恶意炒作，打破了常规的供求平衡。一些地方政府过于看重当地资源而不顾市场需要，片面发展某些产业而造成产能过剩。部分农户以获取国家补贴为目的建设农业设施，而未将这些设施在生产中有效运用。生产与消费需求之间缺乏协调间接地造成了产能浪费。为此，北京市应彻底开放市场，使农产品消费需求准确、及时地传达给农产品产地，协助农产品产地适应北京市农产品市场的发展变化。

（四）拓宽农产品流通渠道

农产品批发市场是北京市农产品流通的主渠道，其效能直接影响北京市农产品价格。北京市农产品批发市场体系由一级和二级批发市场构成，新发地市场作为进京农产品的门户，承接了北京市 80%的农产品供应量。新发地市场成为一级批发市场，有其合理之处，也有其先天不足。北京市西部、北部是山区，东部、南部是人口密集和农产品种养殖发达的广阔平原，一级批发市场位于东南部是正确选择。但新发地市场的交通条件并不优越，特别是缺乏铁路。新发地市场由 15 位农民创办，开始就缺乏政府基因，日后千余人中低素质员工较多。新发地市场主要采用摊位对手交易，交易手段和管理方式都不先进。批发市场是北京市农产品供应的瓶颈，要提高农产品供应效率，就必须拓宽流通渠道。拓宽流通渠道的关键是增加批发市场，特别是一级批发市场。北京市可以在东南部的扇形区域内建设二至三个一级批发市场。虽然同时具备公路、铁路、市场面积条件的地理位置较少，但依托国道、铁路之一的位置还有；可以利用几个批发市场的优势互补，形成多渠道的一级批发市场体系。在批发市场内部，改进交易手段和管理方式对提升农产品流通效率有重要作用。新发地在河北省高碑店建设农产品物流园区的规划设计和现代物流管理经验值得借鉴。

农超对接在北京市农产品流通扮演着另一个重要角色。农超对接在北京市已经有近十年的历史，其本意是农业专业合作社与生鲜超市直接挂钩，将农产品不经由批发市场而在零售端进行销售。农超对接减少了农产品流通环节，降低农产品零售价格，对满足居民消费需要有重要作用，但农超对接仍存在不少问题。在生鲜超市，特别是小型超市和社区菜市场中多数农产品的进货来源是批发市场，而非农超对接。这一现象的主要原因是农户和农业专业合作社大多远离城市，开拓城市农产品市场的能力较弱；生鲜超市，特别是大型城市的进入难度大、附加费用多。因此有必要建立第三方机构，通过提供信息、洽谈联络、组织物流、财务结算等，协助农户和农业专业合作社进入生鲜超市。

（五）提升农产品供应方式

供应方式影响着供应效率，进而影响着农产品价格。北京市社会经济和城市发展较快，与之适应的农产品供应方式将是渠道融合、工业产品化销售和供应方式现代化。

北京市的批发市场属于农口管理，而超市属于商口管理，因而形成了农商分治、渠道不畅的局面。近年来，农口通过社区菜车等形式向零售端延伸，商口也利用农超对接向产地延伸，农商两条渠道开始相互渗透。随着渠道的进一步融合，未来农商不分将是一种可期的局面。

传统的农产品交易场所是批发市场、农贸市场，以摊位对手交易为主。近年，分拣、包装农产品和深加工农产品所占比重越来越大，很多市场上销售的农产品实际就是工业化生产的商品。工业产品的销售模式取代农产品的销售模式将是一种必然趋势。

随着社会、经济、技术的发展，北京市的农产品供给方式正在发生本质性改变。传统农产品供应的核心是农产品批发市场，物流方式决定着农产品供应方式。未来北京市的农产品供应方式将呈现产地直销、网络销售、超市、配送的"四位一体"，信息流将扮演更重要的角色。在新型供应方式下，农产品经由网络达成交易，产地向零售商直接供货，超市作为实体店，配送扮演线下物流角色。

（六）发展现代农产品物流

北京市农产品终端价格中有30%以上是运输成本，提高农产品运输效率对降低农产品价格有直接意义。北京市的农产品主要依赖公路运输，经由铁路的运输量较少。北京市是我国公路运输枢纽之一，由京向外有十几条辐射状国道和公路主干道，公路交通条件十分优越。北京市每天有3万多辆汽车从事农产品运输，但这些车辆多数吨位小、载货量少，运输时汽油费、过路费较高，另外还有较高的车辆折旧和其他杂费。外埠进京农产品的运输路线不是最短线路，而是要经过多个批发市场的曲折路线。在每个交易环节，农产品都要装车、卸车、清理、包装，这也增加了人工和搬运成本。在批发市场，运输车辆需要等待交易完成，因而驻留时间较长。城区内的农产品运输多采用封闭型箱式货车，这种车辆载货量更少、运输效率更低。提高农产品运输效率是一个复杂问题，需要从多方面采取措施。开发专用车辆，采用集装箱式的运输能够减少装车、卸车过程。交易与物流相分离，农产品直接从产地运往销地可以缩短运输路线。快速质检、快速交易可以减少车辆在批发市场的驻留时间。城区内专业化农产品配送可以优化运输过程，提高运输效率。

存储是关系到农产品价格的另一物流因素，它与农产品的损耗和价格波动有关。农产品容易腐烂变质，其损耗会摊入成本。农产品成熟具有季节性，销售淡季和旺季会形成价格波动。北京市农产品存储设施长期不足，缺口达到50%以上。在零售环节，超市因缺少场地和设施而不能像存放其他商品一样长时间存放农产品。在批发环节，批发市场中的冷库、仓库主要用于周转而非长期存储农产品。在产地，农户自建的仓库一般容积较小、设备简陋。农产品存储困难的主要原因是存储设施建设成本很高而农产品本身价值较低，如果存储时间较长，存储费用可能会高于农产品本身价值。农产品存储风险也高于其他商品，一旦存储期间腐烂变质，冷库、仓库付出的赔偿可能高于存储费用。因此，仅凭盈利目的，人们很少愿意建设和经营商业性冷库、仓库。北京市政府应将建设农产品存储设施视为公益事业，这是从物流角度平抑农产品价格的重要措施。

(七)加强农产品价格调控

农产品与一般商品的明显差异就是农产品关系到社会民生，因而农产品供应不是单纯的市场活动，政府参与农产品供应是必不可少的。

多年以来，北京市农产品供应政策中含有刺激价格上涨的成分，例如限制运输车辆进京、严格的市场准入政策、烦琐的交易手续等。这些政策增加了农产品供应难度，变相地减少了农产品供应量。政府对农产品价格的调控方向必须明确，农产品供应政策要与抑制农产品价格过快增长的目标相一致。

北京市农产品的市场活动中也含有扰乱价格的因素，例如流通渠道过窄而形成垄断经营、批发市场中的经销大户欺行霸市、各级经销商为谋取暴利而抬高价格、农产品的投机炒作等。这些行为破坏了农产品市场的稳定秩序，加大了农产品价格的波动。政府应致力于建设稳定、高效的市场体系，打击市场活动中的不良行为。

农产品价格受多种因素影响，会出现幅度不同的波动。北京市政府在价格稳定时应减少对市场的干预，但在价格出现异常时必须能够及时进行调控。出于抑制农产品价格过快上涨的目的，大多数市场调控应是增加农产品供应量。短期调控措施中较为有效的是增加农产品储备，当价格过快上涨时释放这些储备。中期调控措施中较为有效的是增强农产品的调运能力，在市场出现短缺时能够及时使外埠农产品进京。长期调控措施中较为有效的促进产业发展，通过产业规划、区域协作来增加农产品的生产、供应能力。

第八章　北京市农产品流通中的安全质量

一、农产品质量安全

（一）农产品质量安全

农产品质量安全是指农产品必须保证人们健康和安全的需要。农产品是人们直接食用的，与身体有直接联系。多种生产、加工、运销中的因素都会造成农产品对人体产生危害，例如有害金属元素、农药残留、动植物型农产品抗生素残留、某些转基因农产品、农产品腐坏，以及农产品的营养成分、色香味添加剂等。保证农产品质量安全就是要消除这些农产品生产、加工、运销中的危害因素。

农产品质量安全还表现在农产品生产、加工、运销中的规范标准，这涉及到农产品的可靠性和使用性，包括农产品的等级、规格、品质等特性要求，以及农产品对人与环境的危害等级水平的要求，例如农产品的保质期、食品添加剂含量等。农产品质量安全标准是国家立法强制要求的，农产品质量安全达不到这些标准也就是非安全的农产品。

影响农产品质量安全的环节和因素是多方面的，这包括生产、采收、运输、加工、销售等多个环节。农业生产包括种植、养殖等活动，是农产品生产的第一个环节，对农产品的质量安全起着至关重要的作用。农业生产中，农药、化学等投入品不合理使用、农产品检验检疫制度不健全，以及环境污染等是造成农产品质量安全问题的主要因素。农产品加工包括农产品的初级加工、再加工，以及农产品加工中的运输、存储，是对农产品的多次处置。农产品生产中，农产品加工工艺落后、检验检疫制度不健全是造成农产品质量安全问题的主要因素。

流通过程对农产品质量安全也有重要影响，这主要包括农产品检验检疫和农产品的运输、存储和销售。农产品检验检疫是保证合格农产品进入流通过程的重要环节。农业生产所产生的农产品质量安全因素大多不是在生产过程检验的，而是在农产品进入流通过程时检验的，因此流通环节才是把好农产品质量安全的最重要关口。运输、存储和销售环节也会影响农产品质量安全，例如农产品腐败变质、添加超标保鲜剂和人工色素等。

保障农产品质量安全的基本意义在于确保广大人民群众的身体健康和生命安全。由于农产品对人们的身体健康有直接影响，因此农产品质量安全不仅仅是经济问题，也是社会问题，这一问题关系到人民生活、社会安定和政府形象。

农产品质量安全对农产品生产加工效益有重要影响。保障农产品质量安全，最重要的意义就是确保广大人民群众的身体健康和生命安全。同时，保障农产品质量安全，能有效解决生产和需求之间、品种和质量之间的矛盾，提高农产品市场竞争力，增加农民的收入，推动优质高效农业发展，推动我国经济增长，扩大国际市场份额。

从农产品流通角度看，保障农产品质量安全是农产品流通体系建设和农产品流通产业发展的一个基本目标。农产品流通体系建设和农产品流通产业发展着眼于农产品流通效率，而农产品流通效率既要考虑流通数量，也要考虑农产品质量安全，这样才能更好地满足市场的需要。

（二）农产品质量安全的影响因素

农产品质量安全受农产品从生产到消费整个过程的影响，这个过程包括环境、生产、加工、运销、质量安全监管和消费者的共同影响。这些影响既有自然因素，也有人为因素；既有物质因素，也有制度因素。

农业生产受环境影响巨大，环境污染是造成农产品质量安全问题的重要原因。环境污染主要来自大气、水、土壤和生物等方面。大气污染的主要污染物是氟化物、二氧化硫、氮氧化物和金属飘尘；水污染的主要污染物是工业废水和生活污水；土壤污染的主要污染物是废气、废水污水、过量化肥、农药残留、农用残膜等；生物污染的主要污染物是生物疾病。环境因素是通过农业生产影响农产品质量安全的，这种影响明显、直接、巨大，必须通过环境改造和改进生产技术方式来解决。

农业生产主要种植、养殖，这一过程对农产品质量安全影响最大，而且更多体现在人为因素方面。农业生产对农产品质量安全的影响主要来自生产投入物、农民行为和生产方式。生产投入物主要是化肥、农药、兽药、饲料等，这些投入物多数是农业生产必不可少的，但过量和不恰当使用则会产生不良后果。我国禁止使用一些高毒、剧毒和对人体有潜在危害的农业投入物，对多数可以使用的投入物也严格规定了使用要求；使用禁用投入物或不合理使用投入物会造成环境污染、使农产品生产毒性。农民行为主要是农民为了追求更大经济利益，例如早日上市、增加产量和美化外观等，而滥用化肥、农药和兽药，大量使用违禁的催生剂、激素和添加剂。农民行为的隐蔽性强，对农产品质量安全的危害常常难以发现。生产方式主要体现在农业生产方式较为落后。很多农民凭借传统技术和经验从事农业活动，他们对合理使用农业投入物、国家对农业生产的规范要求、现代农业生产的方式方法缺乏了解，使所生产的农产品达不到农产品质量安全要求。

农产品加工是指对农产品进行的初次加工和再加工，随着社会发展和人们对农产品需求品种的增加，农产品加工的次数大大增加，这也对农产品质量安全的影响大大增加。农产品加工过程对农产品质量安全的影响主要是不合理使用食品添加剂、产品质量不合格、达不到卫生标准。食品添加剂在食品加工中广泛使用，但不合理使用食品添加剂则会对人民身体健康造成损害。常见的不合理使用食品添加剂包括产品加工过程中超量使用食品添加剂、使用国家明令禁止的食品添加剂、使用不合格的人工合成色素等。产品质量是指没有按照生产质量要求进行生产，产品不合格。前面市场上还存在大量以次充好、假冒伪劣的农产品，这些农产品对人民身体健康有直接损害。卫生标准主要是菌数卫生指标和重金属指标，菌数卫生指标是指菌落总数和大肠杆菌群等指标，重金属指标是指铅、汞、镉等重金属含量。我国对农产品卫生标准有强制性规定，农产品质量安全出现问题是由于超过了这些强制性规定。

农产品流通是指农产品从生产加工到消费者之间的储运、销售过程，对农产品质量安全也有相当程度的影响。农产品储运包括农产品运输和储藏。在产品储运过程中，一些农产品为了保鲜和延长保质期而需要使用冷链流通车和一些必要的保鲜剂。有些商贩会超标、超量使用添加剂或使用非法添加剂，如用孔雀石绿处理水产品使之颜色鲜绿等，这些将影响农产品质量安全。销售过程中，经常出现的影响农产品质量安全的情况有以次充好，销售过期、变质的农产品，隐瞒农产品生产加工和储运中的不安全因素，销售环境不卫生，人员操作不规范等。

农产品质量安全是需要监管保障的，监管力度越强，对农产品质量安全的保障越就越强。农产品质量安全监管涉及多个方面，最重要的包括立法、执法、设施和人员等。我国现已出台了多项农产品质量安全相关法律、法规，但随着农产品的生产、流通、技术和种类的日趋复杂多样，相关法律、法规的漏洞仍然很多。在执法环节，很多地方存在监测范围覆盖面不全、监测对象种类过多、出现质量安全问题难于查处等。在设备设施方面，检测部门普遍存在先进设备仪器缺乏，检测经费不够，检验依据的配套性差等。在人员方面，技术人员不足，检测水平不高，检测工作尚未制度化也影响着农产品质量安全的监管。

消费者对农产品质量安全也有影响。我国消费者在农产品质量安全方面缺乏必要的知识，相当一部分消费者不关注农产品质量安全；有些消费者虽然关注农产品质量安全，但却无法辨识农产品质量安全状况；对出现质量安全问题的农产品缺乏解决问题的手段。由于经济发展水平相对落后,多数消费者更重视农产品价格,这也为存在质量安全问题的农产品流入市场提供了便利条件。

二、北京市农产品流通中的质量安全状况

(一)北京市农产品生产中的质量安全

北京市作为首都,其农产品生产在质量安全较全国具有一定先进性。自20世纪90年代,北京市开始积极发展都市型农业,其宗旨是发展服务于首都的技术先进的现代化农业。这一时期,北京市农产品生产坚持走农业产业化发展,如服务于首都的“菜篮子”工程,在农产品供应保障能力和质量安全水平上都有所提升。

北京市的设施农业从20世纪80年代开始发展,主要有大棚、日光温室、改良阳畦等,是一种集工程技术、信息技术、生物技术、环境技术为一体的现代农业生产方式。2008年,北京市出台了《关于促进设施农业发展的意见》,规划了“两区两带多群落”发展布局,以温室、大棚为主体,规划每年新建设施农业面积4万亩左右。为此,北京市重点实施了“百村万户一户一棚援助型设施农业推进工程”“两区两带规模化设施农业推进工程”“多群落特色产业推进工程”“基础设施配套建设工程”“配套服务体系推进工程”等五项工程。2008年北京设施农业总面积有22.5万亩;2012年北京市设施农业面积达到35万亩,设施农业收入达到52亿元。

北京市对农业生产实行区域性发展。通州是北京市的主要蔬菜种植区,全区目前已经形成了蔬菜、食用菌、水产养殖、畜禽养、设施农业等集中生产区。蔬菜生产区在宋庄、潞城、西集和漷县,通过推广成熟的新品种、新技术,带动培养重点生产基地和骨干农民,全面提升蔬菜生产能力和质量安全。食用菌生产区在永乐店、漷县和马驹桥,通过建设“一带两园三个中心”,发展农产品的工厂化生产。水产养殖生产区在台湖、张家湾和西集,建立有观赏鱼、食用鱼良种繁育、科技试验示范和科技服务三大体系。畜禽养生产区在潞城、西集、永乐店、宋庄和梨园,通过对原有养殖场的基础设施和配套设施进行规模化、集约化、标准化改造,全面提升了规模化养殖水平。设施农业生产区在永乐店、于家务、马驹桥、西集,重点建设工厂化育苗、蔬菜标准园、蔬菜出口加工基地和食用菌产业基地。

北京市农产品生产还在生产技术、品种选育、生产组织上有较大发展。在生产组织上,北京市突出以集体组织为主的生产经营形式,企业或合作社的专业标准和集约化的生产程度高。在品种选育上,通过引进新优品种,使良种覆盖率大大提高,在品种和质量安全有了更好保障。在生产技术上,通过机械化育苗、新型土壤和棚室消毒、绿色生态防控、生产周期控制等,有效地提高了生产品质和农产品质量安全。

(二)北京市农产品流通中的质量安全

北京市农产品流通以批发市场为中心，其对农产品质量安全的控制也主要依据批发市场得以实现。这些农产品质量安全控制措施包括交易主体管理、实行可追溯制度、进场管理、流通方式等。

有些人士在 2002 年就提出北京市农产品准入问题，2007 年北京市开始大力推进农产品市场准入制度。这一制度从规范市场交易主体开始，要求进入北京市农产品交易的主体必须办理营业执照；进京的外埠蔬菜基地应为具有独立法人资格的经济实体或农民专业合作经济组织，产品应获得无公害农产品、绿色食品、有机农产品的相关认证；进入批发市场的交易车辆必须具有产地证明和产品质量证明。2013 年北京市开始对外埠进京蔬菜实行市场准入制度，并对获得进京资格的蔬菜基地进行动态管理，当这些基地蔬菜质量出现问题时将取消其进京资格。

北京市于 2005 年开始尝试农产品追溯，2007 年强化农产品交易的索证索票制度，以便推行农产品追溯制度。进场交易的批发商要具有产地证明、产品质量证明、销售凭证；批发商要给与零售商销售凭证，详细填写销售单位、销售日期、商品名称、产品产地等内容；市场管理部门要对营业执照、产地证明、产品质量证明、产品标签和标识进行登记备案。2013 年，北京市农业局建设了一套食用农产品质量安全追溯系统，此系统是北京市农业局为实施农产品质量安全管理，界定生产与经销主体责任，保障消费者知情权而建立的管理系统。这套系统目前在蔬菜品种上选择部分企业先行试点，主要功能是实现农产品生产、包装、储运和销售全过程的信息跟踪。

北京市农产品批发市场是农产品流通的主渠道，但其设施简陋、交易手段落后仍然是一个难于解决的问题，多数市场采用场地管理和摊位交易上。多数农产品交易市场，鼓励具有追溯标识和包装规范的农产品进场交易，但由于这类农产品所占比重较小而无法限制普通农产品的进场交易。对于具有质量证明的农产品，采用协议方式进行检测，对多次检测不合格的农产品进行退市处理。由于缺乏信息服务、质量检测、电子统一结算、安全监控、垃圾处理等配套服务设施，北京市农产品进场管理不够严格，这使得这一环节成为农产品安全质量管理的薄弱环节。

北京市农产品批发市场的物流功能普遍欠缺，农产品分选包装、冷藏保鲜、冷链物流和配送等设施设备不足。蔬菜长途运输道路不畅，货车非法超载现象严重，有很大的安全事故隐患。冷链不健全致使物流过程中鲜活农产品质量下降、损耗增加。近年来，有些学者提出北京市构建农产品封闭供应链物流体系，这种方式是在现有农产品物流的基础上，通过资源整合，充分发挥自身的优势，以核心企业为链主构筑农产品供应链，将农产品的产前、产中和产后经济活动纳入到封闭供应链的体系之中。封闭供应链物流体系能够大大提高农产品的质量安全水平。但从实践角度看，农产品封闭供应链物流体系与现实差距很大，在短期仍然难以实现。

(三)北京市居民对农产品质量安全的要求

居民的生活和购买行为对农产品质量安全是有影响的。相关调查表明，北京市居民对农产品质量安全的认知程度还不很高，从而使北京市农产品对质量安全水平较低的农产品有相当程度的接受。

北京市人口数量巨大，居民生活节奏较快。在一日三餐中，多数上班族的早餐和中餐不在家吃，多数人在家吃晚餐。居民经常购买的农产品是蔬菜、瓜果、畜产品、水产品、禽蛋、粮油等。居民大部分购买农产品的地点是农贸市场，城区居民主要依靠鲜活农产品市场、超市和社区菜店。居民的忠诚度比较高，常常在同一商贩处购买农产品。

多数北京市居民购买过绿色食品、安全食品或者无公害食品，他们担心食品的安全问题，但对绿色食品、安全食品和无公害食品的区别则了解较少，只是认为化肥、农药会影响食品的安全性。在平时购买活动中，北京市居民最重视农产品的新鲜程度，其次是农产品价格，然后才是农产品的质量安全。这说明北京市居民对农产品质量安全的认知更停留在表面，而不具备多的农产品质量安全知识。北京市居民对农产品品牌的关注度不高，他们认为品牌农产品具有较高的质量安全保证，但品牌农产品的价格偏高、宣传成分较大，对已经取得“三品”认证的农产品的质量安全保障措施信赖程度不高。

多种因素影响着居民对农产品质量安全要求。从年龄看，居民的年龄越大，对农产品质量安全的关心程度；而年轻人更农产品的质量安全。从家庭收入看，收入高的具体 对农产品质量安全较高的关心程度，而底收入家庭则不太重视农产品质量安全问题。从教育程度看，受教育程度越高的人群，对农产品质量安全的关注程度越高。从性别看，女性较男性对农产品质量安全更为关注。

(四)北京市的农产品质量安全宣传

北京市农产品质量安全宣传涉及农业生产、农产品质量安全管理、农产品流通和消费者。

北京市农产品质量安全的管理部门涉及农委和农业局、各区县种植业服务中心、各区县农业环境和生产监测站、各乡镇农业服务站；区县设有农产品认证检查员、乡镇设有技术指导员、生产基地设有内检员；在区县、乡镇和村级还有农业人员。这些机构和人员一方面负责农产品生产的质量安全检测与管理，另一方面负责农产品质量安全的宣传和技术指导。他们熟知农业生产过程，对农药、化肥、种子了如指掌，具有农产品质量安全的专业知识，是农产品质量安全宣传的一线人员。这些人员编写生产技术规程，推广“三品”，介绍农产品质量安全监测，填写和使用农产品质量安全文件；在生产过程解决生产技术问题，推广先进的农业生产技术；基层人员还通过自身的示范作用，带动周围农民提高农产品质量安全意识。

北京市农产品质量安全的管理部门针对农产品生产企业、合作社、生产大户、加工配送企业、大型农贸市场、农药农资经营企业，经常性地组织培训。这些培训涉及农产品质量安全法律法规、农产品质量安全检测技术、提高农产品质量安全的先进生产技术、农产品质量安全形势和整治活动等。提高这些培训，提高农产品质量安全从业人员和相关人员的综合素质。

流通是北京市农产品质量安全宣传的重点和难点，特别是批发市场、农贸市场和社区菜店。农产品经销商对农产品质量安全问题的严重性普遍认识不足，对农产品质量安全信息不够关注；他们一般认为市场管理较为规范，从而放松了对农产品质量安全问题的警惕性；由于市场负责农产品质量安全管理，经销商缺乏对保障农产品质量安全的主动性和积极性；知识水平和收入水平对经销商有直接影响，知识水平和收入水平越低的经销商，越对农产品质量安全缺乏关注；由于运输、存储和摊位的条件限制，经销商常常通过经验判断农产品质量；为了降低成本，经销商也不愿意主动提高农产品质量。北京市农产品市场管理部门会组织管理人员和经销商学习农产品质量安全知识，主要包括农产品质量安全法规、市场管理制度、农产品质量安全违规处置等。

近年来，北京市逐步加强了对市民的农产品质量安全宣传。这些宣传的主要内容包括普及农产品安全消费知识，展示农产品质量安全工作进展及成效，营造全社会共同关注、推动农产品质量安全工作的和谐氛围。这些宣传的方式有举办专题讲座、发放宣传材料、解答群众问题；对社会开放农产品质量安全、让市民参观农产品检测过程；组织农产品质量安全知识竞答和安全农产品进社区活动；利用媒体普及农产品安全知识，加强科普宣传。

（五）北京市的农产品质量认证

北京市的农产品质量认证工作包括无公害农产品、绿色食品、有机农产品和地理标志农产品，统称“三品一标”。“三品一标”是北京市政府主导推进的农产品质量安全工作，目的是通过标准化生产，使农产品生产规模化、基地化，保障农产品质量安全和创立安全优质农产品品牌。

北京市的农产品质量安全工作起步较早，在全国居于领先水平。2004 年，北京市在全市展开无公害农产品工作，当年有认证企业 159 家，认证种植面积约 28 万亩，认证产量 63 万 t。2008 年，北京市无公害农产品的认证企业总数达到 562

家，认证种植面积约 67 万亩，认证产量 178 万 t。北京市的绿色食品认证开始于 1996 年。到 2008 年，获得绿色食品认证的企业有 245 家，认证产品总数近 900 个，多数绿色食品认证企业规模较大，知名品牌较多。北京市有机农产品也开始于 2004 年。到 2008 年，有机农产品认证企业有 380 多家，认证种植面积约 20 万亩，认证产量 20 万 t。相对于绿色食品认证，有机农产品认证企业的规模较小。到 2010 年年底，全市无公害农产品、绿色食品、有机农产品生产企业 1 205 家，获证产品 4 299 个，年实物生产总量超过 300 万 t，产地生产面积逾 100 万亩。2012 年，新认证无公害农产品 200 多个，复查换证率达到 70%；新认证绿色食品生产企业 8 家，产品 80 个，企业续展率达到 80%。到 2013 年，北京市在国家质量监督检验检疫总局一共注册了 10 个，其中农产品地理标志有 7 个，占总数的 70%。

北京市的农产品质量安全认证主要通过农产品质量安全信息系统、农产品质量安全检查手册、优质农产品销售渠道等方式进行。

农产品质量安全信息系统是由北京市农业局组织设计的，包括“三品一标”生产企业信息和短信群发两个子系统。生产企业信息子系统汇集了全市“三品一标”生产企业基本信息和监管动态信息，短信群发子系统借助“12316”信息平台，定期向生产企业及各相关农产品质量安全监管机构人员发送法律法规、技术标准和日常管理信息。

农产品质量安全检查手册由北京市农业局统一组织编写，内容包括生产企业应知应会的法律法规、技术标准、生产规范、投入品使用和包装标识等方面，同时在《手册》中附有生产企业法人代表或生产者签名的“产品质量安全承诺书”，留有农业部门在监督检查过程中需要的记录流水栏目。

优质农产品销售渠道是由北京市农业局积极推行的，它使生产与流通、销售对接，鼓励和支持各方参与“三品一标”优质的销售。在销售过程中，对推动和参与“农超对接”、“农商对接”的“三品一标”生产企业，给予优惠和资金奖励，确保“三品一标”农产品适销对路和优质优价，带动农业增效和农民增收，提升生产企业标准化生产的自觉性。

(六)北京市的农产品质量安全监测

北京市农产品质量安全监测主要包括流通环节监测和生产环节监测。

北京市农产品市场通过多年建设，已经形成了一套农产品质量安全监测方式，这主要包括政府部门抽检、市场自检和经销商自律。政府部门抽检是指农业、工商部门按照相关法律法规及职能分工，对农产品市场进行的农产品质量安全抽检，然后定期分析农产品质量规律，以及公布农产品质量安全状况及信息等。市场自检是指依靠农产品市场自身的市场检测系统和农产品质量检测设备，由进驻市场的理化中心检测机构，对进场交易的农产品进行检测；对于发现不符合质量安全标准的农产品，检测机构将向市场管理和农业、工商部门报告。经销商自律是指经销商按批次提供检测报告，以使经销商提高农产品质量安全意识，自觉做到不销售不符合标准的农产品。2012 年北京市一百多家大中型农产品批发市场、零售市场、商场、连锁超市和社区菜市场建设了具有法定资质的检测站或快速检测室，覆盖了食品生产、流通、消费各环节。

北京市农产品市场的农产品质量安全监测仍然存在缺陷。2013 年北京市曾经对 8 家大型农产品批发市场进行调查，结果发现这些批发市场尽管都配有食品安全检测室，但无统一检测标准，检测人员配备不足。近年国家对农产品批发市场检验检测中心的建立给予了一定的资金支持，但由于抽检发生的相应费用和检验员的工资要由市场支付，批发市场自身检测的积极性不高。进入农产品批发市场的产品具体来源不明，一车产品可能来自众多生产者，很难分清批次，抽样代表性不强。市场管理方则担心，一旦查出问题产品，上报主管部门或被曝光，会给市场带来负面影响。

北京市及京郊区县的农产品检测体系于 2004 年前后开始建设。各区县的农产品监测检测中心在建设初期主要承担市、区县农业行政主管部门下达的农产品质量、安全执法和日常监督检验。检验范围包括农产品中重金属及农药残留物检测，土壤养分、有害物质及农用水等农业环境质量监测，农业生产投入品家药、化肥及有机肥的成分测定分析等。在此基础上，对农产品生产、加工基地和农产品批发单位进行农业生产环境、农产品质量的指导。北京市农产品质量检测中心主要从事农产品质量检测与农田环境监测，重点是产地环境、生产过程和产品质量的检测技术方法的研究。

2014 年北京市基本建设完成了市、区、乡镇及企业三级的农产品质量监测网络，这一网络包括 6 个市级专业质检中心，并配备市级流动检测实验室，每个郊区县分别建成 1 个农产品质量安全综合检测站；在农业龙头企业、重点乡镇、大型农贸批发市场和蔬菜、畜禽生产基地，配备一批快速实用的农产品质量安全检测设备。北京市的三级农产品质量监测网络建设完成后，每年市级定量检测农产品样本不少于 1.5 万个，区县检测样本不少于 20 万个，企业检测样本不少于 40 万个，已经基本形成了多种形式、相互补充的农产品质量安全检测制度。

（七）北京市的农产品质量安全整治

北京市农产品质量安全整治的运行方式是每年部署，组织牵头，部门联动，拉网式检查和依法查处。每年北京市制定《北京市农产品质量安全专项整治方案》，对全年农产品质量安全整治工作进行整体部署。根据农产品质量安全的整治任务的不同，有相关主管部门进行牵头组织。部门联动是指农业、公安、工商、质检等多部门联合工作，从多方面合力查处违法案件。北京市农产品质量安全整治全面覆盖全部区县，全部批发市场、农产品经营企业和单位，特别是整治重点区域和农产品种类。对农产品质量安全违法案件进行立案，依法查处。

北京市农产品质量安全整治的具体内容根据当年农业部提出的农产品质量安全整治部署来确定。例如，2007 年的整治重点是高毒农药与种植业产品整治、动物及动物产品专项整治、水产品质量安全整治、认证产品质量安全整治、标准化生产基地的专项检查和农产品批发市场整治与监测；2012 年的整治重点是农药打假、蔬菜禁限用高毒农药、“瘦肉精”、生鲜乳违禁物质、兽用抗菌药、水产品禁用药物和有毒有害物质、农资打假；2013 年的整治重点是农药及农药使用专项整治行动、“瘦肉精”、生鲜乳违禁物质、兽用抗菌药、水产品禁用药物和有毒有害物、农资打假。

2012 年的农产品质量安全整治中，农药打假专项治理包括加强禁限用农药监管，清理整顿农药生产经营主体，加强农药产品质量监督抽查，强化农药违法案件查处。蔬菜禁限用高毒农药专项整治包括推进标准化生产，规范农药使用行为，推广安全生产技术，加强农药残留监测。“瘦肉精”专项整治包括加强饲料质量安全及畜禽养殖、屠宰、运输、收购环节监管，严把饲料质量安全关、畜禽质量安全源头关、畜禽产品出厂关及外埠畜禽进京关。生鲜乳违禁物质专项整治包括加强生鲜乳收购和运输标准化管理，加大生鲜乳质量安全监测力度，强化生鲜乳质量安全生产制度建设。兽用抗菌药专项整治包括加强兽药生产经营行为、畜禽养殖生产行为及动物诊疗机构的监管，加强药残监控。水产品禁用药物和有毒有害物质专项整治包括加强水产品药残监测，开展渔业高产高效基地建设，加大养殖环节用药监管力度，加强外埠进京苗种药残抽检。农资打假专项治理包括强化行政审批，加大市场监管和案件查处力度，推进农资服务体系、诚信体系建设。

北京市农产品质量安全整治的基本手段是“查”“打”结合。2012 年，对蔬菜农药残留超标案件的查处方式是：按照属地管理原则，北京各区县农业主管部门及时对超标基地或超标企业下发限期整改通知书；由北京市植保站牵头，联合市农优站及时组织市区（县）相关部门开展针对性的生产档案记录和农药库房进行调查，并对相关农药产品进行抽检；对整改期满后基地的蔬菜品种进行再次抽检，对再次抽检仍超标的，建议相关部门撤销其认证资质或相关荣誉，并进行全市通报；各市区县根据职能分工对蔬菜残留超标行为进行查处；对典型案件及时曝光；对符合移交司法机关的一律移送司法机关查处。2012 年，对生产、经营假劣农药案件的查处方法是：责令停止生产、销售和使用不合格产品，查明不合格产品的来源和去向；要求生产或经营单位回收已售出不合格产品；对违法行为实施行政处罚和处理相关假冒伪劣农药产品；对抽检到擅自添加甲胺磷等国家禁用农药成分的农药产品，对其生产、经营单位一律按照相关法律条款的上限进行处罚，并全市通报，建议农业部撤销其农药登记证；对每年抽检有 2 次质量不合格的生产、经营单位，建议农业局将其列入诚信体系的 C 级或 D 级，对每年抽检有 3 次不合格产品的生产、经营单位，市区相关部门将抽检结果反馈到生产、经营单位的发证部门，并全市通报；对典型案件及时公开曝光；对符合移交司法机关的一律移送司法机关查处。

三、农产品质量安全的管理方式

（一）农产品质量安全立法

我国农产品质量安全立法构架由国家和地方两个层面构成，已经具备基本的法律法规，但配套法规制度仍不完善。

我国《农产品质量安全法》于 2006 年 11 月开始施行。《农产品质量安全法》涉及农产品质量安全标准、农产品产地、农产品生产、包装标识、监督检查、法律责任等，是我国农产品质量安全管理的法律基础。农业部 2014 年 1 月印发了《关于加强农产品质量安全全程监管的意见》。《关于加强农产品质量安全全程监管的意见》是实现农产品质量安全监管的具体措施，覆盖了农产品从产地到进入市场或生产加工企业前的生产、收购、储藏、运输等环节，主要包括加强产地安全管理、严格农业投入品监管、规范生产行为、推行产地准出和追溯管理、加强农产品收储运环节监管、强化专项整治和监测评估、着力提升执法监管能力等。

《农产品质量安全法》颁布后，我国各省区制定了相关的《农产品质量安全管理办法》，但多数市、区县尚未出台相关配套法规或规章。地方性农产品质量安全法律法规不健全导致执法依据不足，相关法律衔接不紧，旧法废除后没有新法补充。

（二）农产品质量安全宣传教育

宣传教育是农产品质量安全管理的有效手段，通常采用的手段有媒体宣传、知识培训、专业指导和对消费者的宣传。

媒体宣传是利用网络、电视、广播、报纸等媒体向大众宣传农产品质量安全的相关知识，例如农产品质量安全的意义、农产品质量安全的法律法规。媒体宣传可以增强农产品生产者和流通者的质量安全意识，营造社会对农产品质量安全监督的氛围。

知识培训主要针对农产品生产和流通中的相关人员，例如生产领域的生产基地、合作社、公司企业负责人，流通领域的经纪人、经销商。通过知识培训，促使生产和流通活动更加科学化、规范化，以此减少个人因素和不规范的生产、流通方式对农产品质量安全的影响。

专业指导是指专业技术人员深入农村和农产品流通场所，对相关人员进行的针对性的直接指导。在生产过程中，大部分农户对于国家禁限用的农药不清楚，不了解国家有关无公害农产品的安全生产操作规范，无法认知无公害农产品和绿色食品，不会建立安全的农产品生产记录制度等。在流通过程中，农户普遍缺乏做好包装标识、加强品牌打造的意识，批发和商贩的销售方式分散，可追溯性差等。上述这些内容都是专业指导的重点。

对消费者的宣传也是农产品质量安全宣传的一项内容，包括提高消费者的质量安全意识，普及常识性的有毒、有害物的识别方法，面对农产品质量安全问题产品来积极维护自身合法权益等。

（三）农产品质量安全监测

我国农产品质量安全监测采用多级监测体制。农业部负责对重要农产品质量安全进行监督抽查；有相关资质的部属、省属农产品质量安全检测机构对农产品质量安全进行例行监测；具有相应检测能力的市县检测中心（站）以速测方式为主对农产品质量安全日常监测。

农产品质量安全监测主要包括农业投入品、农产品生产和农产品流通。农业投入品监测包括：生产经营单位是否全面建立进销台账、标签标识、质量追溯等管理制度；农业投入品市场规范化；种子、农药、化肥经营中的禁用高毒农药，以及无证经营和违法经营行为。围绕农产品重点品种，批发、农贸、超市等重点区域以及生产、流通等重点环节，针对蔬菜、水果、水产品、原（杂）粮、干菜（果）、茶叶中农药、渔药等药物残留进行监测。对农产品生产基地进行监测，通过例行抽检，对检测出的不合格农产品进行无害化销毁，严格质量追溯制度，对抽检样品药物残留不合格的生产单位或经营单位进行严厉查处。

（四）农产品质量安全认证

我国农产品质量安全认证包括无公害农产品、绿色食品和有机食品，简称“三品”。无公害农产品是指经省一级农业行政主管部门认证，允许使用无公害农产品标志，无污染、安全、农药和重金属均不超标的农产品及其加工产品的总称。绿色食品是遵循可持续发展原则，按照特定生产方式生产，经专门机构认定，许可使用绿色食品商标标志的无污染的安全、优质、营养类食品。有机食品是指按照有机农业生产标准，在生产中不采用基因工程获得的生物及其产物，不使用化学合成的农药、化肥、生长调节剂、饲料添加剂等物质，采用一系列可持续发展的农业技术，生产、加工并经专门机构(国家有机食品发展中心)严格认证的一切农副产品。

有机食品、绿色食品、无公害食品是农产品质量安全工作的有机组成部分。三者相互衔接,互为补充,各有侧重,共同发展。三者的区别在于,无公害农产品突出安全因素控制;绿色食品既突出安全因素控制,又强调产品优质与营养;有机食品注重对影响生态环境因素的控制。

农产品质量安全认证的实施对象是农产品生产者,包括农业企业、农民专业合作经济组织。农产品质量安全认证的相关工作有产地环境质量监测与评价、质量安全认证、改进农业生产技术和农业生产标准化。产地环境质量监测与评价是农产品质量安全认证的基础工作。在此基础上,组织符合标准的农产品进行"三品"认证。通过改进农业生产技术,促进农产品质量安全水平。农业标准化生产是最终目标,目的从源头加强对农产品的质量安全管理。

(五)农产品质量安全专项整治

农产品质量安全专项整治是针对农产品质量安全的突出问题,围绕重点案件,进行集中检查、集中处理。

2014 年,农业部在农产品质量安全专项整治中推出的整治重点有:在农药市场监管上,以农药产品质量和标签监督抽查为重点,严厉打击生产经营假冒伪劣农药、非法添加隐性农药成分、捆绑销售未经登记农药的行为;在农药使用管理上,以蔬菜、水果、茶叶、中药材等鲜食农产品生产用药为重点,严厉打击违法使用甲胺磷等禁用农药及克百威、氧乐果、水胺硫磷、灭多威、三氯杀螨醇等限用农药的行为。在饲料生产经营环节,以生猪、肉牛和肉羊育肥用饲料产品为重点,严厉打击饲料生产中非法添加"瘦肉精"和非法经营含"瘦肉精"饲料的行为。在养殖环节,以生猪、肉牛、肉羊为重点,锁定问题多发地区,严厉打击养殖场(户)饲喂"瘦肉精"的行为。在收购贩运环节,严厉打击兜售"瘦肉精"、教唆养殖场(户)使用"瘦肉精"、收购贩运含"瘦肉精"活畜和贩运过程中使用"瘦肉精"的行为。突出奶牛主产省、奶牛养殖大县和奶牛养殖重点区域,以婴幼儿配方乳粉奶源安全为重点,严厉打击生鲜乳生产、收购和运输过程中各类违法添加行为,重点治理非法收购生鲜乳、倒买倒卖不合格生鲜乳、恶意争抢奶源的行为,严打非法收购运输"黑窝点"。在兽药生产经营上,严厉打击生产销售禁用兽药、假劣兽药以及不按兽药国家标准违规生产的行为,特别是擅自改变组方、违规添加禁用兽药、人用药品或其他药物的违法行为。严肃查处无兽医处方擅自销售兽用处方药行为。在兽药使用上,以兽用处方药的使用为重点,严厉打击超剂量超范围用药、违规使用原料药、不执行休药期、无兽医处方使用兽用处方药等违法行为。围绕生猪私屠滥宰的高发时段和地域,严厉打击生猪私屠滥宰行为,收购和屠宰病死畜禽行为,注水或注入其他物质行为,宰前使用“瘦肉精”的行为，特别是以增重为目的使用沙丁胺醇的违法行为。围绕国内市场销售的大宗品种和出口主要品种，以水产品养殖企业、获“三品一标”认证的水产品养殖场、健康养殖示范场、出口水产品原料备案场为重点，严厉打击养殖者违法使用硝基呋喃类药物、孔雀石绿等违禁物质的行为。以种子、农药、肥料、兽药、饲料和饲料添加剂、农机等产品为重点，围绕春耕、三夏、秋冬种等重点农时，在农资主产区、小规模经营聚集区、区域交界处等重点区域，突出农资批发市场、专业市场、集散地、运销大户和乡村流动商贩，严厉打击无证照生产经营、制假售假等违法违规行为。

（六）农产品质量安全的设施与队伍建设

农产品质量安全监测与管理需要相应的硬件设施，除化验室等建筑外，还包括环境检测（土壤、大气、水等，重点检测重金属含量）、农药残留检测、微生物检测相关仪器，例如原子吸收、原子荧光、电感偶和等离子体质谱仪、紫外分光光度计、分光光度计、液相、气相、液质、气质、微波消解仪、电热板、大气采样器、氮磷钾速测仪、电子天平等。改善农产品质量安全设施需要增加相应投资，因此资金量直接影响着农产品质量安全管理水平。

农产品质量安全监测与管理还需要专业检测人员，专业检测人员的数量和检测技能也对农产品质量安全管理有直接影响。专业检测人员需要经常性学习，例如农产品质量安全形势和任务、农产品质量安全监管、农业标准化建设、农产品质量安全检测、农产品质量安全应急处置等，在农产品质量安全的监管、检测、执法、生产过程、舆论和消费等方面提高能力。

四、北京市农产品质量安全问题

（一）农产品质量安全管理体制和制度中的问题

参与农产品质量安全管理的部门众多，而且职能不清、管理混乱。目前，参与农产品质量安全管理的部门有农业部门、卫生部门、商业部门、质量监督检验检疫部门、食品药品监督管理部门、环境保护部门、工商管理部门等。这些部门的职能交叉，各自制定有自己的农产品质量安全标准，颁布有自己的农产品质量安全管理规章政策，从而形成了多头管理的局面。面对多头管理，农产品生产者、农产品流通者和农产品消费者常常无所适从，也变相形成了谁也不从。

我国农产品质量安全法规体系包括国家法律、行政法规和部门规章、地方法规和政府规章等，其中国家法律涉及农产品质量安全、产品质量、食品安全、农业、畜牧、动物防疫、清洁生产、环境保护等，行政法规和部门规章涉及食品安全、农药、兽药、饲料、肥料、水产养殖、无公害食品、绿色食品、有机食品等，地方法规和政府规章涉及农产品质量安全实施办法、市场准入等。这些法律、法规和规章存在的主要问题在于其普通实施，特别是地方性法规、规章。在现行法律、法规和规章体系中，多数从各部门角度制定，对农产品质量安全在农产品生产、流通和消费过程中的形成协调不够。现行体系中，国家法律、行政法规和部门规章较多，地方法规和政府规章仍显不足。

（二）农产品质量安全认证与证明中的问题

农产品质量安全认证更多地是在提高农产品的品牌形象，尚不能完全保障农产品的质量安全。首先，“三品”所规定的标准是与发达国家和国际市场需求相相接的，而与现阶段北京市市场上的不同层次需求相脱离；多数情况下市场无法接受高品质高价格的农产品，这使得“三品”的覆盖面仅占少数的市场份额，这等同于认可非“三品”农产品在市场这存在的合法性。其次，获得认证的农产品不能保证农产品的质量安全；无公害农产品受市场环境、条件的制约而无法统一实际标准；绿色食品还不能认为是一流品质的农产品；有机食品在生产过程中也没有达到国际化、市场化运作。最后，“三品”普遍存在重认证、轻管理的问题，农业生产部门希望更多农产品通过认证，但对生产过程中技术、成本和管理认识不足，“三品”的质量安全水平难以持续保持。

农产品质量安全证明的可信度不高。北京市防止不合格农产品流入北京市，逐步实行了市场准入制度，禁止未经认证、认定或检测、检疫不合格的农产品上市销售。各级农产品市场也鼓励销售商在进场交易时出示产品产地证明和质量检测合格证明，以保证进场交易的农产品的质量安全，以及农产品出现问题后可以追溯到生产源头。但是，北京市及其外地的农产品生产多数仍然是小生产，其生产模式和经营模式决定了不可能所有上市交易的农产品都经过认证。农户和产地经销商为了满足市场销售的要求，想尽各种方法获得农产品证明，地方政府和协会组织也会出于对当地经济发展和自身利益考虑而放松监管，这使得进京农产品证明存在着大量虚假成分。

（三）农产品质量安全检验中的问题

北京市农产品批发市场按照国家要求配备有检验室，其他农产品市场也有相应的检验设施，但这些检验室和检验设施的规模、设备、人员差异很大。除少数市场有国家支持资金外，多数市场是由自己出资建设检验室或检验设施的，因此检验室和检验设施的规模和检验能力有很大差别；多数市场配备的检验设备比较齐全，但由于检验需要发生成本，因而这些设备的使用率不高，有些设备处于闲置状态；

多数市场为了节约成本，聘用的检验人员不是专业人员，人员的技术水平较低。

从检验方法看，现有农产品市场基本上采用对市场内正在销售的农产品进行抽检，而非在农产品进入市场时进行检验，这种检验是很多不合格农产品能够进场并已经销售。各个农产品市场对农产品的抽检品种、频率、检测项目没有统一标准，因而各个农产品市场所把握的农产品进场尺度不一样。由于农产品检测费用由市场承担，而不同农产品的检测费用高低不同，检测时间长短也有差异；不少农产品市场偏重对检测成本低、检测时间短的农产品进行抽查，而不愿检验成本高、时间长的农产品。

(四)农产品质量安全问题处理和整治中的问题

目前，北京市农产品质量安全监督管理的方法主要是搞行动、大检查，缺乏管理的系统性和连贯性。管理部门以专项整治为手段，一定时期对出现问题较多的农产品质量安全领域进行突击性检查和处理，但是专项整治的后续措施不足。这种管理方式带来的问题是，不法分子每年躲过几次检查，就进入安全期，仍然可以进行违法生产和流通；这种整治覆盖面不全，总会存在一些死角，问题不是最严重的地方常常让人忽视。

对农产品质量安全违法行为处罚力度不足。农产品市场常常认为出现农产品质量安全问题对自身形象影响不好，对不法行为睁一只眼闭一只眼，对问题农产品的处理做不到将其彻底消灭。目前，多数农产品批发市场都有自己的网站，但在其网站上很少能找到对本市场食品安全抽检的结果和问题产品的退市公告。在地方媒体上，一般消费者也很难了解到农产品质量安全状况，以及对问题农产品的查处信息。

(五)农产品质量安全宣传和责任机制中的问题

农产品质量安全宣传存在方向不明的问题。农产品质量安全宣传的对象主要包括农产品生产者和流通者、农产品质量安全管理者、农产品消费者。目前在这些对象中，宣传最有效果的是针对农产品质量安全管理者，内容包括法律法规、检验技术、工作规范等。对于农产品生产者和流通者的宣传虽然是农产品质量安全宣传的工作重点，但效果并不尽人如意；这方面的宣传内容主要集中在提高生产者和流通者的农产品质量安全意识，但由于利益冲突而导致生产者和流通者在提高农产品质量安全方面处于消极和被动。针对消费者的农产品质量安全宣传是普遍缺乏的，因而导致消费者群体缺乏发现农产品质量安全缺陷和抵制农产品质量安全违法行为的能力。

与农产品质量安全相关的是农产品质量安全的责任机制，这种机制目前仍未真正建立起来。农产品质量安全问题最终的受害者是消费者，只有消费者能够了解真实的农产品质量安全状况，能够以合法方式抵制达不到质量安全的农产品，才会对劣质农产品和农产品质量安全违法行为产生根本性打击。如果不让消费者了解农产品质量安全的真相，使消费者容易接受劣质农产品，劣质农产品和农产品质量安全违法行为就会永远存在。这也就是说，要建立从消费者通过流通和生产过程对农产品质量安全责任进行传递，使劣质农产品的生产者和流通者经由市场得到惩罚。

五、改善北京市农产品质量安全的对策

（一）利用市场力量保障农产品质量安全

农产品质量安全问题之所以难以解决，其主要原因是目前对农产品质量安全管理采用了行政手段。这种手段是将消费者排除在农产品质量安全之外，切断了消费者和生产、流通者之间的联系；取而代之的是诸多涉及农产品生产、流通的管理部门，对农产品生产、流通活动进行检查和处罚所出现的问题。消费者是农产品质量安全的最终和最大关系方，消费者无法参与农产品质量安全活动，这就使农产品质量安全失去了最关键的影响力量。管理部门是农产品生产、流通和农产品消费之外的第三方，由于自身利益与农产品质量安全并不直接相关，这些部门所采取的检查、处罚等也就并不彻底；加之管理部门政出多门、行动不一，也使农产品质量安全处于无人能管、无人愿管的局面。

改变农产品质量安全状况的根本出路是发挥市场经济的作用，将农产品生产、流通者和农产品消费者联系起来，将农产品质量安全状况直接传导到消费者，并由消费者对农产品质量安全存在问题的生产、流通者进行影响。这种影响就是消费者对这些不安全农产品予以拒绝，从而断绝不安全农产品生产、流通者的生存空间。

在常规管理方式上，要减少行政部门管理农产品质量安全的随意性，通过一定稳定的程序，将农产品质量安全纳入规范的常规性管理。在这一管理程序中，核心环节是农产品质量安全的检验检疫，以之所提供的数据向公众、农产品市场管理者、农产品质量安全管理部门、农产品生产和流通者进行传递；对于不安全农产品，公众予以拒绝消费，农产品市场实现禁入，管理部门进行查处；这样通过影响不安全农产品生产、流通者的生存，来最终减少不安全农产品的存在；国家在这一过程中，通过立法、宣传、建立机制等方式，扶持和引导农产品质量安全活动。

（二）建立农产品质量安全强制收费检验检疫制度

农产品检验检疫是辨别农产品质量安全状况的关键环节，目前这一环节的主

要缺陷是检验机构规模小、人员数量少且素质低、检验设备使用率低、检验农产品的数量少、检验水平偏低。农产品检验检疫水平低的根本原因是成本问题。检验检疫需要人员、设备、费用，无论国家还是农产品市场，如果维持检验检疫机构的正常运转，其所承担费用都是巨大的；同时检验检疫作为公益性和政策性活动，其本身没有收益。这种情况使维持检验检疫机构倾向于节约成本、减少检验。

基于这种情况，建立农产品质量安全强制收费检验检疫制度是必要的。农产品质量安全强制收费检验检疫制度的基本设想是对进入市场的农产品进行强制性的检验检疫，而这种检验检疫的费用由农产品销售方承担。

农产品质量安全强制收费检验检疫制度的执行方式如下：(1)所有进京销售的农产品都必须通过检验检疫过程，这里所说的农产品包括本地生产的农产品，也包括外埠生产的农产品；检验检疫机构设在北京市，包括批发市场、超市、农贸市场等。(2)农产品检验检疫结果是允许农产品在京销售的凭证，这种凭证伴随农产品在京流通过程中，直至最终消费者。(3)农产品检验检疫需要收费，费用由销售方进行支付。(4)农产品检验检疫所收取的费用给于检验检疫机构，用于这些机构自我发展。(5)建立相应的农产品质量安全免检制度，对于获得“三品”认证以及国家认可的农产品质量认证的农产品予以免检。(6)检验检疫数据作为公共信息，向社会媒体进行公开。

(三)建立农产品质量安全凭证制度

现行农产品质量安全实行认证和证明制度，其中认证主要包括无公害农产品、绿色食品和有机食品认证，证明主要包括农产品产地证明和农产品质量检测合格证明。无公害农产品、绿色食品和有机食品认证的主要缺陷是更多用于品牌塑造，农产品生产者重认证、轻管理，有时这些认证还能成为弄虚作假的幌子。农产品产地证明和农产品质量检测合格证明的出具方常常在外地，生产者想尽方法弄到这些证明，弄虚作假非常容易。

与农产品质量安全强制收费检验检疫制度配套，可以建立农产品质量安全凭证制度。农产品质量安全凭证制度是指按农产品批次，由专业检验检疫机构发放农产品质量安全凭证。

农产品质量安全凭证制度的执行方式如下：(1)由国家统一制定各类农产品的质量安全检验检疫标准，这种标准应适应农产品的常规质量安全水平，并能进行快速检验。(2)农产品质量安全凭证有专业检验检疫机构进行发放。(3)农产品质量安全凭证应跟随农产品批次，并设有有效时间限制。农产品具有保鲜期，这种特性可以有效防止生产者在获得某种认证疏于管理、弄虚作假。(4)建立农产品质量安全凭证联网查询系统。当前信息技术、物流技术和农产品可追溯系统的发展，已经可以使农产品质量安全凭证做到联网查询。通过农产品质量安全凭证联网查询系统，可以了解农产品质量安全凭证的发放、流通情况，并使该凭证作为农产品可追溯系统的可追溯代码。

（四）建立农产品质量安全信息公开制度

当前农产品质量安全信息是不公开的，或者说公众通过公开渠道难以了解农产品质量安全的信息。产生这一现象的原因首先是农产品质量安全检验检疫的信息不全，由于采用抽样方式进行检验检疫，绝大多数农产品没有相关质量安全信息。其次，农产品认证和证明中的虚假信息较多，生产者和销售商为了销售农产品而搞证明，他们并不愿意将这些含有虚假成分的信息进行公开。最后，农产品质量安全信息主要用于农产品进入农产品市场，随后其价值就将消失。第四，缺少公布农产品质量安全信息的渠道。这一情况的最终结果是消费者无从获知农产品质量安全信息，因而无法辨别农产品质量安全状况；生产者和销售商可以隐瞒农产品质量安全的真实情况，为劣质农产品进入市场留有巨大空间。

农产品质量安全信息公开制度是将农产品质量安全检验检疫所产生的信息，通过公开渠道向社会公众发布，为公众对农产品质量安全进行监督和判别、选择农产品提供条件。

农产品质量安全信息公开制度的执行方式如下：(1)国家或地方政府建设农产品质量安全信息平台，这些平台包括广播、电视、报纸的媒体，专业和非专业信息网站，农产品市场的信息发布窗口等。(2)由农产品质量安全检验检疫机构收集信息，经过整理后向农产品质量安全信息平台发布信息。(3)通过农产品质量安全教育，引导消费者了解和使用农产品质量安全信息。(4)是农产品质量安全信息与农产品质量安全责任、农产品可追溯系统、农产品质量安全违法处罚等相关联，为农产品质量安全管理机构提供实时信息。

（五）加强对公众的农产品质量安全教育

农产品质量安全对公众关系最为密切。公众是农产品的最终消费者，不合格农产品对他们的危害最大。公众为数众多，对农产品质量安全的监督力度最大。公众最为消费者，其选择权对农产品销售有最直接的影响，而农产品生产者和销售商最担心的农产品销售量。因此，公众和农产品生产者、销售商之间才是最重要利害关系方。

当前，公众是最缺乏农产品质量安全知识的群体。这主要是因为公众对农产品质量安全的知识水平偏低，容易忽视农产品质量安全问题。由于公众数量庞大，所需要的农产品质量安全教育的费用成本巨大。对于农产品生产者和销售商而言，公众了解更多的农产品质量安全知识使他们销售农产品更加可能，因而会有意无意地回避对公众提供农产品质量安全知识。

对公众的农产品质量安全教育集中在三个方面：(1)加强农产品质量安全意识，重点是普及农产品质量安全知识，揭示农产品质量不安全因素，说明不安全农产品对公众的危害。(2)使公众了解农产品质量安全状况，重点是通过公开农产品检验检疫信息，展示现实市场上的农产品质量，以及农产品经销商的信誉状况，帮助公众分辨农产品质量。(3)解决农产品质量问题，重点是教育公众通过合法渠道，对农产品质量安全所造成的危害进行追溯，维护公众自身的合法权益。

(六)完善农产品质量安全可追溯体系

农产品质量安全可追溯体系是寻找农产品质量安全问题的源头，打击农产品质量安全违法行为重要手段。目前，农产品质量安全可追溯体系所存在的主要问题是这些系统分散在各地和各个部门，不同系统规模小，系统之间互不兼容。系统不兼容导致信息无法共享，这既提高了开发成本并使系统的效能降低，又由于难于查询而限制了各个系统的应用范围。由于推行农产品可追溯制度较晚，现有系统的技术水平较为落后。农业生产者主要是农户、农业专业合作社，他们过于分散而得不到农产品可追溯系统的应用水平。在流通领域，农贸市场和社区菜市场仍然有很大比重，这些销售地点也难以应用农产品可追溯系统。在制度方面，现行法律法规没有健全，与农产品可追溯相关的标准体系和配套标准还不完整。最后，现行农产品可追溯系统在应用时要投入大量人力、物力和财力，这与农产品可追溯系统所产生的效果还有一定差距，这使得社会对农产品可追溯系统的认可程度还较低。

完善农产品质量安全可追溯体系的主要工作有：(1)建立健全农产品可追溯法律法规，农产品可追溯的实行具有强制性，必须对农产品生产、流通、检验、消费、责任、违法查处等一系列活动进行规范，从而使农产品可追溯进行法律依据。(2)制定完整的农产品可追溯的标准体系，这一标准体系涉及体系、标准和应用指南，以使个股系统兼容、信息资源共享。(3)加强系统研发，利用最先进的信息技术开发农产品可追溯系统，实现各地、各单位的农产品可追溯系统的联网，并使农产品可追溯系统容纳到其他农产品生产、流通等系统中。(4)加快推广普及速度，通过降低农产品可追溯系统的应用成本，提高社会对农产品可追溯系统的认知程度，使农产品可追溯系统更广泛地利用。

(七)加强农产品质量不安全的处置

对质量不安全农产品的处置直接涉及到不安全产品、农产品质量违法事件和相关责任人，是最能够解决农产品质量安全问题的环节。目前，对质量不安全农产品的处置主要依赖集中整治、违法曝光和禁止入市等手段，但这些手段还存在不少问题。农产品质量安全集中整治存在一阵风的问题，违法者躲过整治时期，仍然可以继续从事违法活动。违法曝光则不够充分，农产品生产管理者惧怕自身形象受损而对农产品质量违法事件和责任人遮遮掩掩，这反而助长了农产品质量违法。由于农产品质量证明造假容易，农产品检验检疫不够严格，禁止入市的手段也有很大漏洞。

加强农产品质量不安全的处置应着眼于常规处置，通过建立一种规范化的、日常运行的处置方式，加大处置力度，堵死农产品质量不安全的漏洞。

加强农产品质量不安全处置的主要方式有：(1)建立专门的农产品质量安全查处机构，避免多部门共管、职能交叉、责任不清、查处能力不强的问题。(2)以农产品质量安全检验检疫数据为依据，通过常规提供的数据发现农产品质量安全问题。(3)将多种处置方式相结合，其中主要的方式是曝光、禁止入市、追踪责任源头、行政和法律惩处。对不安全农产品进行曝光，要借助信息公开，在公众容易获得信息的渠道，加长曝光时间。禁止入市要针对不合格农产品的批次，可以尝试对严重危害人们健康的农产品进行扣留或销毁。结合农产品可追溯系统，追踪不合格农产品的源头和责任人。对危害人们健康的农产品事件和责任人按其性质进行性质处罚和追究法律责任。

第九章 北京市农产品的品牌策略

一、品牌与品牌建设

(一)品牌

从一般意义上讲,品牌是一个名称、名词、符号或设计,或者是它们的组合,其目的是识别某个销售者或某群销售者的产品或劳务,并使之同竞争对手的产品和劳务区别开来。

从本质上讲,品牌是指消费者对产品或产品系列的认知程度。品牌是人们对一个企业及其产品、售后服务、文化价值的一种评价和认知,是一种信任。品牌已是一种商品综合品质的体现和代表,当人们想到某一品牌的同时总会和时尚、文化、价值联想到一起,企业在创品牌时不断地创造时尚,培育文化,随着企业的做大做强,不断从低附加值转向高附加值升级,向产品开发优势、产品质量优势、文化创新优势的高层次转变。当品牌文化被市场认可并接受后,品牌才产生其市场价值。人们在接触商品、服务以及相关宣传时,通过和心目中已经熟悉的同类商品和服务对比形成的,对商品和服务的识别印象和对比感受。因此,没有对比就没有品牌。

从更深意义上讲,品牌是产品和企业的价值、文化和个性。品牌是一种商业用语,品牌注册后形成商标,企业即获得法律保护拥有其专用权。品牌是企业长期努力经营的结果,是企业的无形载体。在这种意义上讲,品牌是企业的重要财富。品牌代表着特定商品的属性,这是品牌最基本的含义;品牌不仅代表着一系列属性,而且还体现着某种特定的利益;品牌体现了生产者的某些价值感;品牌还附着特定的文化;品牌也反映一定的个性;品牌暗示了购买或使用产品的消费者类型。

品牌的价值受品牌知名度、品牌认知度、品牌美誉度、品牌偏好度、品牌占有率、品牌满意度、品牌忠诚度的影响。品牌知名度是指潜在购买者认识到或记起某一品牌是某类产品的能力,它涉及产品类别与品牌的联系。品牌认知度是衡量消费者对品牌内涵及价值的认识和理解度的标准,它是公司竞争力的一种体现。品牌美誉度是市场中人们对某一品牌的好感和信任程度，它是现代企业形象塑造的重要组成部分。品牌偏好度是指某一市场中消费者对该品牌的喜好程度，是对消费者的品牌选择意愿的了解。品牌占有率指某企业某一产品的销售量在市场同类产品中所占比重，它反映了企业在市场上的地位。品牌满意度是指顾客对品牌的满意程度评价，提升顾客满意度是做品牌的一个目标，也是鉴定一个品牌好坏的一项指标重要指标。品牌忠诚度是衡量品牌忠诚的指标，它由消费者长期反复地购买使用品牌，并对品牌产生一定的信任、承诺、情感维系，乃至情感依赖而形成。

（二）品牌管理

品牌建设是指品牌拥有者对品牌进行的规划、设计、宣传、管理的行为和努力。品牌建设的利益表达者和主要组织者是品牌拥有者。品牌建设的内容包括了品牌定位、品牌规划、品牌形象、品牌主张和品牌价值观等。

一般而言，品牌建设的重点工作包括品牌识别、优选品牌、品牌延伸、提高品牌资产价值。品牌识别是建立品牌识别系统，以该系统传播产品品牌价值，统帅品牌建设的活动，并利用该系统进行产品营销。优选品牌是规划科学合理的品牌化战略与品牌架构，其主要任务是解决多个产品围绕一个品牌所进行的品牌延伸与沿用、新旧产品使用品牌、企业总品牌与各产品品牌之间的关系的问题。进行品牌延伸是利用现有产品所创建的品牌资源，向其他产品进行开展。无形资产的重复利用是不用成本的，只要有科学的态度与高超的智慧来规划品牌延伸战略，就能通过理性的品牌延伸与扩张充分利用品牌资源这一无形资产，实现企业的跨越式发展。提高品牌资产价值是通过创建具有鲜明的核心价值与个性、丰富的品牌联想、高品牌知名度、高溢价能力、高品牌忠诚度和高价值感的强势大品牌，累积丰厚的品牌资产。

二、北京市不同农产品的品牌状况

（一）北京市的粮油品牌

北京市是我国最大的粮油消费市场之一，因而云集了我国主要的粮油品牌。目前，北京市主销粮油品牌有上百种，最著名的有十余个。“福临门”品牌的经营企业是中粮食品营销有限公司。中粮食品营销有限公司是中国粮油食品（集团）有限公司旗下的全资子公司，其前身是上海福临门食品有限公司。“福临门”品牌的产品主要是食用油、大米、杂粮、糖、调味品等。“北大荒”品牌的经营企业是黑龙江省北大荒米业集团。北大荒集团的前身是黑龙江农垦系统，“北大荒”品牌是北大荒农垦集团总公司授权黑龙江省北大荒米业集团在大米类产品上独家使用的品牌。

"北大荒"品牌以小包装米和高端米为主，是北京市大米消费的主要品牌。"苏垦"品牌的经营企业是江苏省农垦米业有限公司。"古船"品牌的经营企业是北京古船食品有限公司。北京古船食品有限公司是由北京京粮股份有限公司投资的全资子公司，是一家集面粉和食品生产、科研、贸易、服务为一体的大型粮食加工企业。古船食品拥有完善的营销网络，古船牌小包装面粉遍及京城各大超市卖场，市场覆盖率超过98%。

北京市销售的大米基本上来自东北，也有少量来自天津市、河北省等地区，主要畅销品牌有"金龙鱼"大米、"福临门"大米、"盘锦"大米、"五常"大米、"七河源"大米等。"金龙鱼"大米为益海嘉里集团旗下产品，有东北大米、苏北大米、丝苗米、油黏米等多个系列产品，其中供应北京市的大米为东北大米。"福临门"大米有辽宁省东港市、吉林梅河口、黑龙江和江西等4个种植基地，其中供应北京市的大米来自辽宁、吉林、黑龙江。"盘锦"大米来自辽宁省盘锦市，是中国国家地理标志产品。"五常"大米来自哈尔滨市五常县，五常县是全国水稻五强县之一、国家重要的商品粮食基地。"七河源"大米来自黑龙江省庆安县，其产地也是东北优质大米产区。

北京市销售的面粉产品主要分为面粉和挂面，全国多数著名品牌在北京市都有销售，如"古船""香雪""五得利""雪健""河套""湖雪""风筝""皖王""三一""金像"等。"古船"面粉在北京市面粉市场占绝对优势。北京古船面粉集团由北京市粮食工业公司、北京市潞河面粉公司合并而成，拥有北京市面粉三厂、面粉八厂、潞河面粉厂等3个单位，其产品有通用面粉、专用面粉、营养强化面粉等3个系列、20多个品种。"香雪"面粉是辽宁省名牌产品，在北京市面粉市场上也有一定份额。沈阳香雪面粉股份有限公司是由中粮集团与沈阳市粮食局共同投资组建的，该企业我国北方大规模的面粉及面制品加工企业。

北京市食用油市场的开放程度较高，参与者有国内、国外众多企业。北京市当地较为著名的食用油品牌有中粮集团旗下的"福临门""COFCO""悠采"，中国储备粮管理集团有限公司的"金鼎"，京粮集团的"古船""绿宝""火鸟""古币""华藤""大磨坊""正大"，北京中浩丹食品股份有限公司的"浩丹"，中国中纺集团有限公司的"乐美佳"，蒂安缇(北京)科技有限公司的"芬绮"等。北京市的国内其他地区的食用油著名品牌有丰益国际的"金龙鱼"，山东鲁花集团有限公司的"鲁花"，佳格投资(中国)有限公司的"多力 MIGHTY"，益海嘉里旗下的"胡姬花""香满园"，山东三星集团旗下的"长寿花"，山东西王食品有限公司的"西王"，深圳南顺油脂有限公司的"刀唛 Knife"，上海融氏的"Rongs 融氏"，上海良友集团旗下的"海狮"，广东鹰唛食品有限公司的"鹰唛 Yingma"等。

(二)北京市的蔬菜品牌

北京市蔬菜品牌建设起源于农民专业合作社和蔬菜种植企业,其中最著名的蔬菜品牌有十几个。“绿富隆”是北京市绿富隆菜蔬公司的蔬菜品牌,该企业隶属于延庆,是农业部认证的“全国农产品定点市场”和北京市最大的农产品出口企业之一。“小汤山”是北京天安农业发展有限公司的蔬菜品牌,该企业是全国最早和最大的特种蔬菜生产基地和“特菜、特果、特草、特花”农业技术展示基地。“顺鑫农业”是北京顺鑫农业股份有限公司的蔬菜品牌,该企业隶属于顺义县,是多元化农产品种养植和生产加工的大型企业。“三绿”是北京大兴三绿菜蔬有限责任公司的蔬菜品牌,该企业是国家农业部首批认定的无公害蔬菜专营企业。“大地”是北京锦绣大地农业股份有限公司的蔬菜品牌,该企业是一家农业高科技股份制企业。“留民营”是北京留民营生态农业有限责任公司的蔬菜品牌,该企业是北京首批农业观光游示范点。“方圆平安”是北京方圆平安食品开发有限公司的蔬菜品牌,该企业是一家拥有数十万亩土地的实业集团。

北京市还有数量众多的蔬菜配送企业,其中较为知名的也有十余家。这些蔬菜配送知名品牌有北京云杉世界信息技术有限公司的“美菜”品牌、北京绿富隆农业有限责任公司的“绿富隆”品牌、北京北菜园农业科技发展有限公司的“北菜园”品牌、正谷(北京)农业发展有限公司的“正谷农场”品牌、北京湖西岛投资有限公司的“湖西岛”品牌、北京天安农业发展有限公司的“小汤山”品牌、北京瑞正园农业科技发展有限公司的“瑞正园农庄”品牌、北京佰味集商贸有限公司的“佰味集”品牌、北京爱农汇商贸有限公司的“爱农庄园”品牌、北京康顺达农业科技有限公司的“康顺达”品牌等。

北京市蔬菜有70%以上靠外埠省区供应,其中供应量最大的是山东省和河北省。“寿光”是山东省的著名蔬菜地域品牌。寿光是国务院命名的“中国蔬菜之乡”,拥有全国最大的蔬菜生产和批发市场。寿光的蔬菜种植规模大,品种多,绿色无公害,营养丰富,拥有一大批寿光的“品牌蔬菜”。寿光还拥有很多著名蔬菜企业品牌。“乐义蔬菜”是寿光市世纪三元现代农业开发有限公司的蔬菜品牌,该企业寿光市最大的蔬菜产品出口、内销龙头企业之一。“七彩庄园”是山东寿光蔬菜产业集团有限公司的蔬菜品牌,该企业是寿光市蔬菜生产、种植、深加工、出口、技术研发为一体的大型企业集团。河北省也是注重蔬菜品牌建设的蔬菜生产大省,目前已经拥有数百个蔬菜品牌,在北京市蔬菜市场上也有十几个著名品牌。永清县普春果蔬农民专业合作社的“普春”品牌、河北家家缘农产品有限公司的“家家缘”品牌、河北省青县的“青青”品牌等。

(三)北京市的果品品牌

北京市果品生产模式多为农民分散种植,地方政府进行指导,少量农民专业合作社进行协调。由于缺乏产业化经营,没有确定的法人实体,因此果品生产不太重视品牌。北京市的果品品牌在很大程度上具有地区特产性质,突出某些果品的集中产地和产量。北京市比较有名的果品有大桃、西瓜、草莓、板栗、核桃、柿子等。平谷是全国最大的桃乡,全区建成有以大桃为龙头的八大果品基地,占全区有林地面积的将近一半。平谷大桃的种植面积大、品种多、上市时间长、出口量多,有白桃、蟠桃、油桃、黄桃4大系列200多个品种。昌平具有生产草莓的优越自然条件,面积、产量占到了北京草莓的70%。昌平生产的草莓全部达到了无公害的标准,部分产品达到了绿色和有机标准,深受北京市民宠爱。北京市西北部是燕山山脉,自古盛产板栗,目前产量最大的有密云、怀柔、房山。北京市的板栗营养丰富,是高热量、低脂肪、高蛋白质、不含胆固醇的健康食品,是北京市出口最多的果品之一。大兴是“中国西瓜之乡”,大兴西瓜种植分布在大兴区 北臧村乡天宫院村以南,以庞各庄为代表的10个乡。大兴西瓜种植面积比较集中,“大兴西瓜”是京城百姓信赖的品牌。密云核桃是北京著名的水果品种,也是我国知名的核桃种类。密云区是全国绿化先进区、国家生态区,核桃种植有得天独厚的优势。房山磨盘柿是北京市房山区特产、中国国家地理标志产品。房山区地理位置靠南,自然条件适宜柿树生长发育。房山磨盘柿产量占北京市柿总产量的50%以上,是北京市各郊区县磨盘柿产量之最。

北京市果品供应来自全国各地,因此北京市当地果品品牌的影响并不太大。果品的保质期较蔬菜长,再加上果品更容易进行包装运输,因此果品的运销距离更远。我国各地果品也多是农民分散种植,经销商收购、贩运,因此果品的地域特征较强,品牌特征较弱。例如,苹果产区主要集中在邻近渤海湾的山东、辽宁、河北等省,沿黄河故道的豫东、鲁西南、皖北和苏北等地,秦岭北麓的豫西、关中等地。梨主要产区集中在河北、辽宁、山东三省,山西、甘肃、新疆、安徽、江苏、四川栽培也较多。葡萄主要在新疆、山东、河北、河南、辽宁、山西、安徽、江苏等省(自治区)有较多的栽培。枣的集中产区在山东、河北、河南、山西、陕西等省。柿主产于陕西、山西、河北、河南、山东等省。柑橘的主要产区在广东、四川、广西、福建、浙江、湖北、湖南等地。

(四)北京市的禽蛋品牌

北京市居民日常消费的禽蛋类产品主要是鸡蛋。由于鸡蛋容易破碎和难于长途运输,因此鸡蛋多由北京市当地供应。北京市鸡蛋生产有较大变化,从过去的散养收购逐步转变为大规模集中饲养。随着鸡蛋生产的发展,鸡蛋生产企业对品牌的重视度也越来越高。外埠鸡蛋在北京市禽蛋市场上也有相当占有率,其中河北省、辽宁省、山东省的散蛋和包装蛋数量较多,距离较远的省区则主要是高档包装蛋。

目前,北京市销售的鸡蛋中有25%～30%是有商标的,其中比较知名的品牌也有近20个。北京市较为知名的鸡蛋品牌有"德青源""圣迪乐""咯咯哒""六合""六和""绿灌""华曦""神丹""百年栗园"等。"德青源"是德青源(北京)生态园旗下的鸡蛋品牌。德青源(北京)生态园是国家高新技术产业化现代农业示范基地,也是全国农业标准化示范区。德青源生态鸡蛋是我国禽蛋类产品的第一品牌,目前在北京品牌鸡蛋市场占有率高达68%,是消费者最信赖的鸡蛋品牌。"圣迪乐"是四川圣迪乐村生态食品有限公司的鸡蛋品牌。四川圣迪乐村生态食品有限公司是四川铁骑力士集团控股的生物科技企业,是全国制订国家蛋品标准的两个企业之一。"咯咯哒"是大连韩伟养鸡有限公司的鸡蛋品牌。连韩伟养鸡有限公司是世界蛋品协会会员,中国蛋品行业的领军企业。"六合"是六合禽业有限公司的鸡蛋品牌。六合禽业有限公司是南京市的禽蛋生产企业。"六和"是山东六和集团的鸡蛋品牌。山东六和集团是农业产业化国家重点龙头企业、中国制造业企业500强,"六和"商标也是中国驰名商标。"绿灌"是江苏绿灌禽业有限公司的鸡蛋品牌。江苏绿灌禽业有限公司是农业产业化重点龙头企业。"华曦"是昆明华曦牧业集团有限公司的鸡蛋品牌。昆明华曦牧业集团有限公司的蛋鸡综合生产规模居中国前四位,是"全国蛋鸡企业20强"和"全国蛋鸡行业优秀团队"。"神丹"是湖北神丹健康食品有限公司的鸡蛋品牌。湖北神丹健康食品有限公司是以蛋制品加工销售为主,融饲料加工、种蛋禽饲养、服务与一体的农业产业化国家重点龙头企业,高新技术企业。"百年栗园"是北京百年栗园生态农业有限公司的的鸡蛋品牌。北京百年栗园生态农业有限公司是一家致力于生态化种养殖、有机食品研发、生产、销售的生态农业公司。另外,"鸟王""菁华山""草原之宝""朝农""白洋淀""小农""德亿源""阁润德""农家香"等鸡蛋品牌也进入了北京市的禽蛋市场。

(五)北京市的乳品品牌

北京市乳品市场是一个相对成熟的市场。北京市乳品市场的第一梯队由"三元""伊利""光明""蒙牛"构成。三元集团是经北京市政府授权经营的国有独资公司,是以农牧业为基础的大型企业集团。三元食品股份有限公司负责乳品经营,目前已在国内A股上市。三元成立伊始,三元奶在北京市场的占有率高达90%。目前公司已经控制了北京周边国有奶牛场99%的奶源,在北京市场占有率稳居第一,2019年营业收入70亿元。内蒙古伊利实业集团股份有限公司是中国规模最大、产品线最全的乳制品企业。伊利集团稳居全球乳业第一阵营，蝉联亚洲乳业第一，2019 年实现营业总收入超过 800 亿元，是亚洲乳品行业业绩最好的企业。光明乳业股份有限公司是由国资、社会公众资本组成的产权多元化股份制上市公司，从事乳和乳制品的开发、生产和销售，奶牛的饲养、培育，物流配送，营养保健食品开发、生产和销售等业务，是目前国内最大规模的乳制品生产、销售企业之一，2019 年营业收入 220 亿元。蒙牛乳业(集团)股份有限公司总部设在内蒙古自治区呼和浩特市和林格尔县盛乐经济园区，是国家农业产业化重点龙头企业、乳制品行业龙头企业，2019 年营业收入超过 600 亿元。

除“三元”“伊利”“光明”“蒙牛”外，“养乐多”“雀巢”“君乐宝”“惠氏”等品牌在北京市乳品市场上也有较强影响力。“养乐多”是养乐多(中国)投资有限公司旗下的乳品品牌。养乐多(中国)投资有限公司是日本厂商投资的企业，是全球著名的酸奶厂商。“雀巢”是雀巢公司旗下的乳品品牌。雀巢公司起源于瑞士，以生产巧克力棒和速溶咖啡闻名遐迩，雀巢的乳品主要是全脂奶粉。“君乐宝”是君乐宝乳业集团旗下的乳品品牌。君乐宝乳业集团是河北省最大的乳制品加工企业、农业产业化国家重点龙头企业、国家高新技术企业。“惠氏”是美国惠氏公司旗下的乳品品牌。惠氏公司是全球 500 强企业之一，婴儿奶粉是其在中国销售的著名产品。

我国各省区都自己的著名乳品企业，这些企业的产品在北京市也有销售。由于地理分布较远，外埠省区在北京市主要销售的产品类型是奶粉或其他乳制品，销售液态奶的很少。我国各省区著名的乳品品牌有“澳优”“圣牧”“贝因美”“皇氏”“雅士利”“天润”“燕塘”“科迪”“庄园牧场”“花园”“熊猫”“骑士”“达诺”“一景”“桂牛”等。澳优乳业原为荷兰著名乳业公司，澳优乳业(中国)有限公司总部位于长沙，为国家高新技术企业。中国圣牧拥有全球最大规模的沙漠有机产业体系，是中国乃至世界领先的有机乳品公司。贝因美集团总部位于杭州市，其产品主要是婴儿乳品。皇氏集团主要经营乳制品及蛋白饮料的加工、生产和销售，拥有国际先进、国内行业领先水平的智能制造工厂。雅士利国际集团有限公司是一家知名度较高的现代化大型企业，主要生产婴儿乳品，在新西兰独资建立有生产基地。新疆天润乳业股份有限公司隶属于新疆建设兵团。广东燕塘乳业股份有限公司是农业部广东农垦的直属企业。河南科迪乳业股份有限公司是科迪食品集团股份有限公司下属企业，主要主营各种乳制品的生产和销售。兰州庄园牧场股份有限公司主要从事乳制品和含乳饮料的生产、加工、销售及奶牛养殖业务。“花园”是西部牧业旗下的乳品品牌，西部牧业也隶属于新疆建设兵团。熊猫乳业是中国规模较大的炼乳生产企业，“熊猫”品牌历史悠久。内蒙古骑士乳业集团股份有限公司是一家集农、牧、乳、糖全产业链发展的综合性企业。安徽达诺乳业有限公司达诺乳业是一家新型的集乳品科研、生产、销售为一体的综合性乳品企业。一景乳业有限公司是一家新兴的农业龙头企业，主要从事牛奶加工销售、奶牛养殖和酒类生产。广西桂牛乳业(集团)有限公司是广西最大的专业水牛乳制品企业之一。

(六)北京市的畜产品品牌

北京市居民日常消费的畜产品主要是猪肉，其次是牛羊肉，其他畜产品占比较小。我国猪肉实行养殖场与肉联厂挂钩，限定肉联厂进行屠宰加工。北京市的鲜猪肉供应基本都来自北京市本地和周边河北省的肉联厂。北京市本地肉联厂有10家，这些肉联厂出产的鲜猪肉质量都能保证，因此品牌差异不大。稍有名气肉联厂有第二肉联厂、第五肉联厂、京京肉联厂、大红门肉联厂、荷美尔肉联厂、顺义肉联厂、中原肉联厂等。北京市的牛羊肉供应主要来自外埠，生产地区有内蒙古、山东、河北和辽宁，其中品牌知名度最高的是内蒙古，如“科尔沁”品牌等。

从综合实力看，北京市畜产品市场上最著名的品牌有“双汇”“雨润”“金锣”“得利斯”“鹏程”“绿健”“华都”“资源”“大红门”“中食”“精气神”等。双汇集团是中国最大的肉类加工基地，农业产业化国家重点龙头企业。北京二商大红门肉类食品有限公司是北京市最大的生猪屠宰加工企业，该企业隶属于北京二商集团，是一家集生猪屠宰、冷鲜肉加工、熟肉制品生产、冷冻储藏、物流配送、连锁销售为一体的大型国有肉类联合加工企业，拥有 3 个市级定点屠宰肉联厂和 2 个专业冷冻厂。华都集团公司的前身是北京市畜牧局，现拥有全资、控股、参股企业 11 家，主导产业是食品业、种畜禽业、生物制药业，拥有很强的畜产品加工能力。鹏程食品分公司隶属于北京顺鑫农业股份有限公司，是集种猪繁育、生猪养殖、屠宰加工、肉制品深加工、仓储物流为一体的农业产业化龙头企业。“鹏程”是中国肉类行业的知名品牌，其产销量在北京市场始终处于领先地位。北京资源集团是首批农业产业化国家重点龙头企业，其经营范围以猪肉为核心，集饲料、添加剂、兽药、种猪养殖、商品猪养殖、生猪屠宰、肉制品加工、生物制药及畜牧信息软件于一体。中国食品工业(集团)公司是经国家经贸委批准，在原中国食品工业总公司基础上组建的大型国有企业，隶属中国轻工集团公司。双汇集团在全国建有 30 多个现代化的肉类加工基地和配套产业，形成了养殖、饲料、屠宰、肉制品加工、新材料包装、冷链物流、连锁商业等完善的产业链。临沂新程金锣肉制品集团有限公司是中国最大的生猪屠宰企业，拥有以山东、黑龙江、吉林、内蒙古、湖南、四川等生产基地为主的生猪、肉鸡屠宰及肉制品生产加工线，是全国农业产业化重点龙头企业。山东得利斯食品股份有限公司 是以生猪屠宰、冷却肉、低温肉制品、调理食品加工为主的大型食品专营企业。吉林精气神有机农业股份有限公司是集山黑猪遗传育种、养殖、加工、销售一体化的全产业链农业企业，公司总部位于吉林省长春市。雨润集团是一家大型民营企业集团，该集团旗下的食品工业企业是中国最大的肉制品生产企业之一，其生猪屠宰产能居世界首位。

(七)北京市的水产品品牌

北京市是典型的内陆城市，水资源十分缺乏，水产品生产能力较弱。北京市惟一一家以水产业生产经营为主的农业产业化重点龙头企业是北京市水产总公司。北京市水产总公司主要从事海、淡水鱼养殖、远洋捕捞、水产品加工、饲料生产、科研、仓储运输、批发市场、观赏动植物等近 10 大行业的生产经营，年经营额交易额近 40 亿元，在北京水产品市场占有率约在 60%。“北水”“京水”是北京市水产总公司的产品商标和企业标志，最主要的产品有池沼公鱼、鲟鱼、罗非鱼、虹鳟等 7 大系列 20 余种。

除本地水产品外，北京市的绝大部分水产品来自外埠。淡水鱼供应地为河北、天津、山东和我国南方几个淡水鱼养殖大省。海产品来自渤海、黄海等渔场。外埠水产品在北京市销售市场上的品牌差异并不显著。最主要原因是北京市居民消费的水产品相对较少，人们对水产品的品牌辨别能力不强。例如，北京市居民消费的淡水鱼多为水箱暂养的活鱼，人们较多关注其鲜活程度，而较少关注其产地来源。海产品多为冷冻销售，品牌多样而销售量少，人们较多关注有什么海产品，而较少对不同品牌进行比较。

(八)北京市的花卉品牌

北京市是我国重要的花卉生产和消费地区。北京市地区种植的花卉品种有 1 200 个，其中产量较大有火鹤、郁金香、蝴蝶兰、月季、一品红、切花菊等，约占全市花卉产量的 30%。

从生产方面看，北京市知名的花卉生产基地有盛芳园、北林科技等。盛芳园花卉种植基地位于南四环四合桥以南的花乡花卉大道，是全国花卉生产示范基地、龙头企业。北林科技是北京市首批农业产业化龙头企业，拥有小汤山、八家、固安、通州和三亚等 5 个花卉生产基地。比较知名的花卉观赏种植园还有位于北京通州区漷县镇的吉鼎立达有限公司。北京市丰台区的花乡地区是北京市传统的花木之乡，花乡种植花卉有 800 多年历史，目前已经成为北京市花卉生产、花卉交易、花卉观光的知名品牌。在花乡之后，大兴区正在成为北京市重要的花卉生产地区。2019 年大兴区花卉种植面积有 1 万多亩，其花卉在北京市的市场占有率超过 40%。

从销售方面看，北京市的花卉交易市场正在发生巨大变化。过去，北京市较为著名的花卉市场有莱太花卉市场、亚运村花卉市场、东郊花卉市场、中蔬大森林花卉市场、西联航天桥花卉市场、九州卉通花卉市场、玉花园花卉市场、老官园花鸟鱼虫市场、良乡蚕种场花卉市场。近年来，花乡花卉产业园、盛芳国际花卉总部基地、四环花海花卉市场、九州卉通花卉市场、花香源花木场、神天龙园艺场、金奇树花卉市场等大型花卉市场相继关停、搬迁到北京的丰台新发地、丰台马家楼和房山良乡地区，以及河北永清、固安、高碑店和燕郊等地。北京现有比较大型的零售花卉市场还有花乡花卉创意园和莱太花卉商城，为消费者提供了较为高端的花卉产品和消费体验。

花卉观光产业也是北京市花卉产业的一个亮点。世界花卉大观园是北京市四环以内最大的花卉种植观光园。世界花卉大观园景观由 7 大温室和 15 个花园广场组成。各温室内的植物千奇百怪、花团锦簇。室外景观有各具特色的花园、广场及异国风情建筑让世界花卉文化和精美的园林艺术在这里交相辉映，巧妙和谐地融合在一起。北京世界园艺博览会在延庆区，是北京市承办的最高级别的世界园艺博览会。北京世界园艺博览会从生产、流通、消费等全产业链角度，展示了花卉、果树、蔬菜、中药植物、茶、咖啡等内容。游客在此可以看到中国特色花卉、乡土花卉、自育新优花卉。

三、北京市农产品品牌常见方式

(一)农产品区域公用品牌

农产品区域公用品牌指的是特定区域内相关机构、企业、农户等所共有的，在生产地域范围、品种品质管理、品牌使用许可、品牌行销与传播等方面具有共同诉求与行动，以联合提供区域内外消费者的评价，使区域产品与区域形象共同发展的农产品品牌。

农产品区域公用品牌是农产品品牌的一种重要类型。农产品区域公用品牌要建立在区域内独特自然资源或产业资源的基础上，借助区域内的农产品资源优势。品牌权益不属于某个企业或集团、个人拥有，而为区域内相关机构、企业、个人等共同所有。农产品区域公用品牌具有区域的表证性意义和价值。特定农产品区域公用品牌是特定区域代表，因此，经常被称为一个区域的名片，对其区域的形象、美誉度、旅游等都起到积极的作用，其品牌的价值和影响力越来越大。

北京市的平谷大桃于 2017 年获得“中国百强农产品区域公用品牌”称号。平谷大桃的品种包括大久保、庆丰(北京 26 号)、京艳(北京 24 号)、燕红(绿化 9 号)、八月脆(北京 33 号)、艳丰 1 号、陆王仙、华玉、大红桃、二十一世纪等 10 个白桃品种。北京市平谷区人民政府《关于划定平谷大桃国家地理标志保护范围的函》提出了平谷大桃的种植地域保护范围，为北京市平谷区现辖行政区域。保护地域范围内的生产者，可向北京市平谷区质量技术监督局提出使用“平谷大桃标志”的申请，由国家质检总局公告批准。

(二)特色农产品品牌

特色农产品是指在传统农业发展过程中，由于地理环境、市场变化、技术等原因形成的具有资源条件、区域、产品品质、消费市场等方面特定性的农产品。特色农产品无论是在形态还是品质上都有很大优势，其具有明显的地域特色、优良品质和特殊功效。特色农产品即能利用当地独有的自然条件来种植其他地区无法大范围种植的农产品，又可以通过当地的资源、环境、技术、政策等优势来重点大范围种植具有比较优势的农产品，进而扩大其种植规模，使这种农产品优于其他地区的农产品。

品牌的作用就是让消费者了解产品。特色农产品品牌具有品牌的一切优势，其独特性可以促使顾客记住这些产品。品牌商标专用权受法律的保护，品牌是企业重要的无形资产。特色农产品品牌通过注册商标来保护企业权益，同时商标的独特性推广企业，增加企业销售收入。

京白梨是北京市门头沟区的特产。京白梨品质最为优良的品种之一，其独特性在于它是北京果品中唯一冠以“京”字的地方特色品种。

(三)农产品质量安全认证品牌

农产品质量安全是农产品在农业活动中获得的植物、动物、微生物及其产品的可靠性、使用性和内在价值，包括在生产、储存、流通和使用过程中形成、残存的营养、危害及外在特征，既有等级、规格、品质等特性要求，也有对人、环境的危害等级水平的要求。

我国目前推行的农产品质量安全认证包括无公害农产品认证、产绿色食品认证、有机农产品认证。无公害农产品是指产地环境和产品质量均符合国家普通加工食品相关卫生质量标准要求，经政府相关部门认证合格、并允许使用无公害标志的食品。绿色食品是指无污染、优质、营养食品，经国家绿色食品发展中心认可，许可使用绿色食品商标的产品。有机农产品是指根据有机农业原则，生产过程绝对禁止使用人工合成的农药、化肥、色素等化学物质和采用对环境无害的方式生产、销售过程受专业认证机构全程监控，通过独立认证机构认证并颁发证书，销售总量受控制的一类真正纯天然、高品位、高质量的农产品。

农产品质量安全认证是对农产品品质的一种鉴定，可以看作是政府部门对农产品品质的一种担保，政府部门也通过农产品质量安全认证而对特定农产品进行扶持。因此，农产品质量安全认证在农产品品牌中具有很高的含金量。

北京市多年以来一直推进“三品”农产品生产。2017 年北京市无公害农产品种植业生产主体共有 657 家，获得认证的产品数量达到 2 457 个，产品产量占全市种植业农产品产量的 32%；北京市绿色食品企业总数 64 家、产品总数 321 个，占同类农产品产量的覆盖率的 24%。

(四)农产品地理标志品牌

农产品地理标志是指标示农产品来源于特定地域，产品品质和相关特征主要取决于自然生态环境和历史人文因素，并以地域名称冠名的特有农产品标志。根据《农产品地理标志管理办法》规定，农业部负责全国农产品地理标志的登记工作，农业部农产品质量安全中心负责农产品地理标志登记的审查和专家评审工作。省级人民政府农业行政主管部门负责本行政区域内农产品地理标志登记申请的受理和初审工作。农业部设立的农产品地理标志登记专家评审委员会，负责专家评审。

农产品地理标志对农产品品牌有明显提升作用。农产品地理标志显示了农产品的地域特色、农产品地理标志不但具有“无公害农产品、绿色食品、有机食品”的安全性，且具有独特的品质和风味，传承悠久的人文历史。农产品产地可以利用地理标志，让消费者了解区域公用品牌，提升品牌的知名度和影响力，吸引商家和消费者购买地标产品。

海淀玉巴达杏是北京市首批农产品地理标志产品，产地范围在海淀区苏家坨镇七王坟村、西埠头村、车耳营村、西山农场、徐各庄村、北安河村、南安河村、草场村、周家巷村、聂各庄村，温泉镇白家疃村、温泉村、杨家庄村，西北旺镇冷泉村、韩家川村，四季青镇香山村。

(五)市场地位品牌

市场占有率指某企业某一产品(或品类)的销售量(或销售额)在市场同类产品(或品类)中所占比重。市场占有率反映了企业的市场上地位。通常市场占有率越高，企业的竞争力就越强。

产品品牌与企业的市场地位是密切相关的。品牌知名度是指目标消费者对品牌名称及其所属产品类别属性的知晓程度。品牌知名度越高表明了消费者对其越熟悉，而熟悉的品牌总是令人感到安全、可靠，使人产生好感，也有助于赋予品牌更多的联想。企业的市场地位越高，说明越多的人接受该企业的产品，其产品知名度越高。同样，品牌的知名度越高，人们对该产品越有好感，越愿意购买该企业的产品，该企业的市场地位越高。

北京“三元”乳品很大程度上是一种市场地位品牌。三元集团从整体规模上较伊利、光明、蒙牛要小，但三元集团凭借生产企业地处北京的优势和奶源分布在北京周边的优势,其“三元”品牌乳品牢牢占据北京市乳品市场的首位。

(六)企业实力品牌

企业实力是企业在生产、技术、销售、管理和资金等方面力量的总和。企业实力与企业品牌形象存在一致性。生产能力较强的企业可以提供数量更多、质量更好、成本更低的产品。技术能力较强的企业在产品研发和工艺技术创新保持优势。销售能力较强的企业更善于设计和推广企业品牌。管理能力较强的企业更善于协调和处理企业与消费者之间的关系。资金雄厚的企业更有能力为树立企业品牌投入资金。企业实力是企业品牌形象的基石,品牌形象是企业实力的最终表达方式。

中粮集团有限公司是立足中国的国际一流粮食企业,是全球布局、全产业链、拥有最大市场和发展潜力的农业及粮油食品企业,集贸易、加工、销售、研发于一体的投资控股公司。中粮集团是中国最大的农产品加工企业,涵盖了中国人日常消费的主要农产品品类。在食品领域,中粮集团的业务涵盖奶制品、肉食、酒、茶叶、食品包装,拥有福临门、蒙牛、长城、中茶等具有影响力的品牌,以及 230 万家终端售点。中粮集团这样的巨无霸企业,在其涉足的绝大多数领域,其竞争者都难于超越。

四、北京市农产品供应中的品牌问题

(一)农产品品牌化程度普遍较低

与其他商品相比,农产品的品牌化程度较低,其中蔬菜、果品、水产品、花卉等鲜活农产品的品牌化程度则更低。

农产品品牌化程度较低的原因是多方面的。从生产角度看,多数农产品是分散种养殖的。蔬菜、果品、粮食,甚至乳品中的原料奶都属于分散生产。经销商从许多农户收购农产品,然后运往批发市场进行销售。在这一过程中,农产品本身就是多家生产、品质不一的。在批发环节,经销商更愿意回避农产品追踪;在我国现行法律下,经销商没有必要给农产品标注商标。

从销售角度看,除乳品、食用油和部分粮食、禽蛋、畜产品外,多数农产品是以散装形式销售的。散装农产品由于没有包装,很难标注产品商标;没有商标则更不容易形成品牌。多数农产品的销售利润不高,如果进行包装,则会大大增加其销售成本。果品、粮食等农产品一般采用大批量运输,虽然可以使用小包装而标注商标,但小包装的成本会非常高。像蔬菜这类农产品,如果进行包装,不但会增加销售成本,还会破坏蔬菜的新鲜度。淡水鱼、果品采用补货方式,新货和旧货会混杂在一起,也不宜使用商标。

目前,人们购买农产品时更关注农产品的鲜活程度和价格。人们评判蔬菜质量的一般标准是新鲜程度、品相、生产时间,有时也会加入农药残留等;购买果品时关注其品种、新鲜程度、品相;购买淡水鱼时也就看看其个头和鲜活程度;购买花卉时则只是关注其强壮、存活时间等。出现这种情况是因为农产品更容易从外观判别其品质,而品牌则是一种内在品质的标志。

(二)不同农产品的品牌有明显差异

不同类型农产品的品牌表现差异明显。乳品是所有农产品中品牌影响最大的。三元、伊利、蒙牛在北京市乳品市场上占有绝对优势;光明也是著名品牌,但在北京市乳品市场上稍有逊色;其他乳品品牌在北京市乳品市场上远远落后于上述品牌。三元在北京市乳品市场上雄踞首位,但其收购的河北三鹿在北京市乳品市场销路不佳。粮油的品牌影响也很大。在食用油市场,品牌与市场占有率呈紧密相关关系,福临门、金龙鱼、鲁花等品牌的市场占有率很大,而其他小品牌食用油的市场占有率相对较小。在粮食市场,东北大米、古船面粉的市场占有率很高,其他品牌的市场占有率相对均匀。畜产品有一定的品牌影响。北京市的畜产品采用"长场挂钩"方式,对畜产品质量有严格管制;北京市的集贸市场已经消失,社区菜市场销售畜产品也较少。上述措施使无品牌畜产品流入北京市畜产品市场的可能性较小,这使得人们购买畜产品时可以关注到品牌。但畜产品属于鲜活农产品,人们对畜产品鲜活程度、质量和价格的关注程度要远远高于品牌。品牌对禽蛋产品稍有影响。散装禽蛋很少标注品牌,因而人们很难辨识散装禽蛋品牌;包装禽蛋常常与产地和生产企业相联系,特别是与家禽饲养企业相关联,因而包装禽蛋会标注品牌。近年,禽蛋品牌的影响开始稍有增加,其原因是散装禽蛋比重减少,而包装禽蛋的比重在增加。果品的品牌表现较低但高于蔬菜。果品的产地通常较远,果品的保质期比蔬菜长,果品采用包装箱和远途运输的较多,因而果品更容易标注品牌。近年,各地大力推广"三品一标"和农村专业合作社的发展,效果影响最明显的是果品生产,因此品牌对果品的影响正在增加。蔬菜的品牌表现很低。人们购买蔬菜时更关注蔬菜的新鲜程度,对蔬菜品牌的关注度极低;由于多数品牌蔬菜的价格较高,人们购买蔬菜是会刻意远离品牌蔬菜。水产品的品牌表现也很低。鲜活水产品在销售时无法标注产地,这使得人们完全无法辨别其品牌;北京市远离海洋,人们对海产品缺乏了解,对海产品的品牌认知就更低。花卉是品牌表现最低的农产品。北京市的花卉品牌主要体现在花卉产地;在零售市场上,人们购买花卉时仅仅关注其品种、质量、价格,对其品牌几乎没有关注。

(三)农产品品牌与生产、经营的工业化程度相关

通过对农产品市场的考察,我们可以看出农产品品牌与生产、经营的工业化程度有关。越是倾向于工业化生产、经营的农产品，其品牌作用越大。

品牌是商品内在品质的标志。许多商品的功能和外在特征是相同或近似的，人们为了辨别其内在品质的差异，因而需要借助品牌。品牌是多因素的结合，功能、质量、可靠性、企业实力、价格、产品特殊性都是形成品牌的必要因素。从消费角度看，判别商品品种难度越大，品牌的作用也越大；同一种商品的消费次数越少，品牌的作用越大。工业产品和农产品相比，工业产品的品牌作用更大。

品牌是与商品管理有关的。品牌的基础是商标，商标的基础是企业。经营者创办企业后，通过注册后取得商标使用权，然后使特定商标产生影响力而形成品牌。多数农户不是企业，因而从一开始就不具备形成品牌的基础。乳品、畜产品、食用油等农产品的生产者是企业，因而拥有商标并具备形成品牌的基础。

品牌还和商品价值有关。一般产品构成包括核心产品、形式产品、期望产品、延伸产品、潜在产品。核心产品是指向顾客提供的产品的基本效用或利益。形式产品是指核心产品借以实现的形式，包括品质、式样、特征、商标及包装。期望产品是指购买者在购买产品时期望得到的与产品密切相关的一整套属性和条件。延伸产品是指顾客购买形式产品和期望产品时附带获得的各种利益的总和，包括产品说明书、保证、安装、维修、送货、技术培训等。潜在产品是指现有产品包括所有附加产品在内的，可能发展成为未来最终产品的潜在状态的产品。产品的工业化程度越高，其形式产品、期望产品、延伸产品、潜在产品在产品构成中的比重越大。

（四）农产品品牌的建设、管理难度较大

农产品品牌涉及农产品生产者、地区政府，农产品品牌建设、管理的难度较大。

农产品生产者缺乏经营意识，品牌观念不强。“从产品到商品、从商品到品牌”是渐进的认识过程，品牌观念与市场竞争有着密切联系。目前，多数农产品生产者的经营观念还停留在产品生产上，他们着重农产品的产量、质量和特色，而不看重农产品的品牌。多数农产品被视作初级产品，很少注册商标，生产者也很少关注产品间的差异。多数农产品生产者将产品出售给经销商，自己不直接参与市场活动，因而也不了解品牌的市场价值。

各级政府部门以推广“三品一标”来促进农产品的品牌建设。“三品一标”的着眼点是农产品的质量和特色，它有助于品牌建设，但不等同于农产品品牌。“三品一标”的取得方式是产品认证，评价因素是农产品质量安全和区域特色，认证来自专门机构。商品品牌来自市场竞争，是消费者对商品认同差异的反映。从本质上讲，“三品一标”不等同于商品品牌。

农产品品牌的一个软肋是品牌容易退化。农产品相似度高，不同生产者生产的农产品在外观、口感、品质等方面的差异度很小，这使得农产品非常容易混淆品牌。有资料表明，北京市销售的“五常大米”中绝大多数并不产自黑龙江省五常地区。这些非五常大米掺杂在“五常大米”中销售，使消费者对“五常大米”产生了怀疑，降低了“五常大米”的品牌信誉度。

农产品品牌的宣传和保护是另一个难点。由于农产品的生产和销售存在分离，农产品生产者无法参与市场活动，因此农产品生产者难于对自己的产品品牌进行宣传。从另一角度看，多数农产品生产者势单力薄，即使是农业专业合作社的力量也不强大，因此农产品生产者对品牌宣传的承受力也很低。虽然地方政府希望协助农产品生产者进行品牌宣传，但政府不是市场，政府对个性化、经常化的品牌宣传、品牌维护显得力不从心。农产品品牌保护需要配套的质量检测、质量标准体系、品牌保护政策、品牌保护执行体系。但从目前的情况看，农产品品牌保护的相关体系还不健全，农产品品牌侵害成本低而农产品品牌保护的难度大。

五、北京市农产品供应中的品牌策略

（一）实行有差别的农产品品牌策略

北京市农产品供应颇为复杂，必须针对不同情况，实行有差别的农产品品牌策略。从地域而言，本地农产品侧重于品牌建设，外埠农产品侧重于品牌选择。北京市一产比重逐年下降，但对农产品生产应要紧抓不放。品牌建设是农产品生产的重要组成部分，如果品牌建设缺失，在日益激烈的市场竞争下，北京市本地农产品将被逐出市场。品牌是商品的外延部分，它与商品的质量有直接联系。对于外埠进京农产品，北京市应通过品牌选择，阻止劣质农产品进入北京市农产品市场，提高农产品的品质。

北京市农产品对品牌要求的迫切程度不一样。乳品、粮油的品牌建设较好；畜产品、禽蛋、水产品中加工、包装型产品的品牌建设较好，散装型产品的品牌影响力较弱；花卉缺乏品牌建设，但不影响销售；果品迫切需要品牌，目前品牌建设速度正在提升；蔬菜也迫切需要品牌，但品牌建设最为落后。因此，北京市农产品品牌建设的重点应放在蔬菜、果品上，特别应重视蔬菜的品牌建设。

农产品的种类繁杂，标准化程度较低，因此应从重要农产品类别入手，以点带面地推进品牌建设。从销售渠道看，大型生鲜农产品超市可以要求进行品牌化销售。从生产过程看，经过加工的农产品可以要求进行品牌化销售。从产品类型看，高端特色农产品可以进行品牌化销售。

（二）推进农产品的企业化经营

品牌是商品的特性，企业化经营是品牌的基石。品牌的出现是源于人们辨识商品的需要，同时品牌也是企业对自己产品品种进行的一种信誉担保；这两种力量的结合，最终使品牌成为商品的一部分，使品牌具有了自身的内在价值。农产品品牌化较低，其根本原因是农产品生产的企业经营化程度较低。农户将农产品仅仅作为产品，生产完成后将农产品交由经销商，自己不对农产品的品质和后续服务担负责任。消费者希望辨识农产品品种，但企业化程度较低使人们无法得到这一目的。因此，通过企业化经营的程度，使农产品包含品种识别和品质担保，才能抓住农产品品牌的根本。

推进企业化经营的首要环节就是创办企业，应鼓励农民专业合作组织、农产品生产大户、农产品经纪人等完成企业化转变。有些农民专业合作组织是经营实体，多数则是协作组织身份；农产品生产大户经营规模较大，有利于向企业转变；农产品经纪人创办企业，则可以成为合法经营主体。多数农户的生产规模较小，则需要其他企业带动，或通过入股方式创办股份制企业。

推进商标注册是又一项重要工作，农产品生产企业和农产品流通企业都可以拥有自己的商标。商标可以帮助消费者辨识商品，企业利用商标对消费者承担质量担保责任；企业可以利用商标进行产品宣传，因此商标是塑造品牌的基础；企业可以利用商标进行自我保护，查处假冒伪劣和品牌侵犯。

（三）通过市场塑造农产品品牌

“三品一标”与农产品品牌塑造有直接关系，但“三品一标”并不等同于农产品品牌。“三品一标”是产品认证，它的基本功能是对农产品质量安全和农产品特色进行担保。“三品一标”有助于农产品品牌塑造，提高农产品品牌价值。农产品品牌是消费者对农产品的认知和接受程度，它从根本上有别于产品认证。

农产品品牌塑造必须通过市场进行，产品宣传是最直接有效的途径。品牌是消费者对产品的认知程度，良好的产品品牌意味着有更广大的消费者了解某种产品。提高品牌认知程度的有效手段有广告宣传、卖场销售、促销活动、网络推广、市场拓展、渠道建设等，提高品牌认知程度需要精细的品牌策略。产品宣传会产生成本，这也是产品品牌具有价值的原因之一。

品牌是企业对产品品种的担保，这也是一种市场行为。良好的品牌形象以优质产品为基础，企业需要在农产品的品种、质量、鲜活度、食品安全上下足功夫。品牌还是一种商业信誉，企业向消费者承诺并履行承诺，使自己的产品能够达到品种要求。品牌需要维护，企业需要防止他人以次充好和冒用品牌。

（四）提升农产品品牌的商业价值

品牌具有商品管理、促进销售、宣传企业的商业功能，品牌建设又需要进行大量投入，因此品牌本身具有商业价值并且是一项极为重要的企业资产。目前，不少企业将农产品品牌视作农产品的产品知名度，缺乏对农产品品牌的商业价值和资产价值的理解。因此，将品牌作为农产品构成的必备要素，使品牌更多参与农产品生产、经营全过程，能够有效提升农产品品牌的商业价值。

在其他商品领域，品牌的成功之处在于可以进行交易。品牌交易可以通过授权，赋予他人或相关产品利用特定品牌进行生产或销售；其他企业可以通过购买或企业兼并获得特定品牌。品牌可以进行交易，意味着品牌本身也是商品，也有品牌市场。品牌交易的另一功效是企业可以将品牌塑造的投入，通过品牌交易回收回来，这样企业才敢于为品牌塑造进行投入。在农产品品牌领域，目前更多强调的是品牌塑造和保护，品牌交易相对薄弱。因此，促进农产品品牌建设的有效途径是建立农产品品牌市场和农产品品牌交易制度，从而是农产品品牌成为真正的商品。

(五)建立和完善农产品品牌制度

品牌是北京市农产品供应中的薄弱环节，与农产品品牌相关的制度尚未建立起来。在品牌建设较为成熟的产品领域，技术、经济、法律制度都较为完善，例如专利、商誉、产权等。北京市的社会、经济发展较其他地区更具优势，农产品品牌制度建设可以更快一步。

农产品品牌相关的制度可以包括现代企业制度、商标制度、产品质量安全认证、产品质量担保、品牌保护、品牌交易制度等。现代企业制度是使农产品生产经营企业化，以保证农产品品牌有特定的法人拥有者。商标制度是使农产品拥有可识别的标识，这是品牌的基础。产品质量安全认证可以提高农产品的品种，帮助提高农产品品牌价值。品牌质量保证是一种责任制度，要求经营者对自己的农产品提供品种保障，防止农产品品牌退化。品牌保护是一种权力保障制度，防止他人盗用品牌和进行品牌侵害。品牌交易制度可以促使农产品品牌以商品形式进入市场，实现农产品品牌的商业价值。

建立和完善农产品品牌制度需要政府和企业两方的努力。政府以法律、法规体系为框架，建立农产品品牌制度，以相关政策为手段引导企业进行农产品品牌建设。企业以农产品品牌建设的要求，建立、维护和充分利用自己的农产品品牌。

参 考 文 献

[1] 白凤文,曹琦.北京市鲜活农产品冷链物流各主体之间契约模式的研究[J].今日湖北,2012(9):27-28.

[2] 蔡馨蕾,陆娟,杨慎.北京市食用菌产品品牌发展研究[J].食用菌,2016(6):1-5.

[3] 陈喜波.北京市特色农产品物流发展的问题与对策研究[J].物流技术,2009(2):31-33.

[4] 崔晨.疏通农产品流通的重要节点[J].北京观察,2012(3):18-21.

[5] 丁俊发.农产品物流与冷链物流的价值取向[J].中国流通经济,2010 (1):15-17.

[6] 董文娟,陈京洁.北京市鲜活农产品冷链物流发展分析[J].中国商界,2012(1):87-88.

[7] 杜岩.我国农产品营销渠道优化研究[M].北京:经济科学出版社,2010.

[8] 杜艺佳.我国农产品物流现状及对策研究[J].物流科技,2009,32(1):100-102.

[9] 盖雄雄.农产品被"逼"的品牌化[J].广告主,2012(2):36-37.

[10] 郭崇义,庞毅.北京农产品批发市场创新营销研究[J].北京工商大学学报:社会科学版,2011(6):16-20.

[11] 何飞,黄体允,李英艳.电子商务下农产品物流运作模式研究[J].科技经济市场,2009(7):96-97.

[12] 洪岚,黄琪,张喜才.京津冀农产品流通现状与问题分析[J].中国经贸导刊,2019(28):17-19.

[13] 洪岚,许海晏,尹相荣.北京京郊自产农产品物流问题研究[J].物流技术,2018(8):15-18.

[14] 洪涛.流通产业经济学[M].北京:经济管理出版社,2007.

[15] 胡国明.管好用好农产品区域公用品牌[J].农产品市场周刊,2019(14):18-19.

[16] 黄德林,安岩.农产品流通研究[M].北京:中国农业科学技术出版社,2010.

[17] 贾向丹.北京市居民食品消费与农产品物流水平关系实证研究[J].中国物价,2016(8):67-69.

[18] 靳欣欣,朱建国,邓金香.北京市大兴区农产品质量安全检测体系建设情况及发展思路[J].食品安全质量检测学报,2016(2):484-489.

[19] 赖阳，王春娟. 北京农产品流通现状及对策分析[J]. 中国国情国力，2018(6)：72-74.
[20] 李碧珍. 农产品物流模式创新研究[M]. 北京：社会科学文献出版社，2010.
[21] 李国飞，徐广才，邱明明. 北京郊区“一村一品”发展动态变化与对策分析[J]. 农学学报，2016(6)：61-66.
[22] 李学工. 农产品物流框架体系构建[M]. 北京：中国物资出版社，2009.
[23] 梁喜凤，吴小兰. 农产品物流及其在现在农业发展中的作用[J]. 新农村，2009(11)：25-26.
[24] 凌中南. 我国农产品物流产业的主要问题及对策[J]. 河南农业科学，2009(10)：5-8.
[25] 刘佳勋，赵慧峰. 北京市农产品直接销售模式发展现状及对策研究[J]. 河北农业大学学报(农林教育版)，2013(5)：121-124.
[26] 刘敏，张宏雨，薛丽，等. 北京市昌平区农产品质量安全检测存在的问题及对策[J]. 现代农业科技，2017(4)：261-262.
[27] 刘普合，马龙龙. 中国农产品批发市场实操手册[M]. 北京：中国经济出版社，2010.
[28] 刘智超. 农贸市场与农产品超市经营比较分析[J]. 商业经济，2010(21)：14-15.
[29] 陆华，姬龙康. 北京市农产品配送模式创新研究[J]. 商业经济研究，2018(21)：117-119.
[30] 陆华，岳跃. 京津冀协同发展下北京市农产品配送模式创新研究[J]. 物流技术，2017(12)：12-18.
[31] 马洁. 构建低流通成本的北京农产品物流体系[J]. 中国市场，2015(12)：23-24.
[32] 马增峻. 中国农产品批发行业发展报告[M]. 武汉：武汉出版社，2010.
[33] 宁立，刘威，王宾. 北京市房山区农产品质量安全监管体系建设探究[J]. 北京农业，2014(12)：194-196.
[34] 农业部市场与经济信息司. 中国农产品市场调研报告 2014[M]. 北京：北京出版社，2015.
[35] 秦昊，刘田青. 北京市农贸批发市场冷链物流的现状、问题与对策研究[J]. 中国市场，2013(12)：27-28.
[36] 秦新. 北京市城镇居民品牌鸡蛋购买意愿分析及展望[J]. 农业展望，2019(4)：70-73.
[37] 史何新，米志广，侯瑞锋. 北京市生鲜农产品冷链物流发展研究[J]. 物流科技，2014(8)：124-126.

[38] 佟姗姗.果蔬农产品物流模式探析[J].全国商情,2009(04):44-45.
[39] 王超,范延彬.北京市生鲜农产品配送现状研究[J].电子制作,2015(5):291-292.
[40] 王晶.我国农产品产业内贸易研究[M].北京:中国农业出版社,2010.
[41] 王兰,李华.北京市品牌鸡蛋消费分析[J].农业展望,2016(12):93-98.
[42] 王青燕.论北京市农产品物流的发展现状及对策研究[J].中国储运,2015(3):119-121.
[43] 王晓红.农产品流通体系建设中的若干问题研究[J].农村经济,2009(11):99-101.
[44] 王燕,魏国辰.北京特色农产品物流配送现状与发展趋势分析[J].中国集体经济,2009(3):112-113.
[45] 王志刚.农产品批发市场交易方式的选择[M].北京:中国农业科学技术出版社,2009.
[46] 魏东雄,华玉武,李宇佳.北京农村电子商务发展现状及前景[J].农业展望,2018(5):96-101.
[47] 魏国辰,肖为群.基于供应链管理的农产品流通模式研究[M].北京:中国物资出版社,2009.
[48] 温卫娟,唐秀丽.北京市农产品批发市场升级改造必要性及措施分析[J].物流技术,2015(1):11-12.
[49] 谢志华,方燕,庞毅.北京农产品流通研究[M].北京:中国统计出版社,2009.
[50] 许海晏,张军.北京农产品批发市场疏解升级问题研究[J].商业经济研究,2016(13):215-217.
[51] 严霄蕙.北京市农产品市内共同配送体系研究[J].物流技术,2014(11):21-23.
[52] 杨超民,王萌,孔军.北京市批发市场农产品冷链物流的发展研究[J].消费电子,2014(6):126-126.
[53] 杨浩雄,程红晶,何明珂.北京市鲜活农产品虚拟共同配送体系构建研究[J].江苏农业科学,2013(1):411-414.
[54] 于慧君.我国农产品出口贸易与提升竞争力的对策[J].生产力研究,2009(20):102-104.
[55] 喻昊,丁怡.影响农产品出口的内外因[J].品牌与标准化,2010(24):28-29.
[56] 张爱莉.后低价时代我国新型农产品流通体系构建[J].商业经济,2009(32):13-14.
[57] 张红,杨悦,刘戈.北京市农业产品资源供给与消费格局分析[J].资源科学,2010(8):578-583.

[58] 张井涛. 北京市农产品流通问题与对策研究[J]. 新经济,2016(23):8-9.
[59] 张久和. 中国农产品贸易的现状及对策[J]. 天津农业科学,2009,15(6):75-77.
[60] 张敏. 农产品物流与运营实务[M]. 北京:中国物资出版社,2009.
[61] 张明玉. 中国农产品现代物流发展研究[M]. 北京:科学出版社,2010.
[62] 张诺,伊黎. 北京市无公害农产品认证与监管的成效及问题分析[J]. 农产品质量与安全,2013(2):26-28.
[63] 张星联,张慧媛,张冰妍. 农产品质量安全风险交流策略优化研究[J]. 农产品质量与安全,2016(2):49-53.
[64] 赵洁,冯华. 供应链管理下的我国农产品流通模式探析[J]. 中国物流与采购,2009(8):64-65.
[65] 赵黎明,王兢,李东方. 北京市农产品批发市场发展前景研究[J]. 农业展望,2010(7):56-58.
[66] 中国农业部. 中国农业年鉴[M]. 北京:中国农业出版社,2016.
[67] 周丹丹,王艳. 北京市零售市场主导型农产品供应链模式的现状分析[J]. 中国商贸,2015(31):1-3.
[68] 周丹丹. 北京市农产品农宅对接供应链的模式研究[J]. 中国商贸,2014(26):165-166.